STAVE TÉRY

Les
Allemands
chez nous

A l'Œuvre
25, rue Royale, 25
PARIS

Les Allemands chez nous

GUSTAVE TÉRY

Les Allemands chez nous

A l'Œuvre

25, Rue Royale, 25

PARIS

Avant l'avant-guerre

C'est à vous d'abord que j'offre ce livre. Puisqu'on me réduit à le rappeler, il faut que vous sachiez précisément que, six ans avant la guerre, j'ai fondé une petite revue tout exprès pour dire chaque semaine à mes compatriotes : « Nous sommes à la veille de l'invasion, ou plutôt elle est déjà commencée. Regardez ici, regardez là : de quelque côté que vous tourniez les yeux, vous apercevrez des Allemands installés chez nous, qui nous exploitent ou nous espionnent, et, sournoisement ou cyniquement, préparent la conquête de notre pays qu'ils prétendent achever demain par les armes. » Six années durant, j'ai dit, j'ai répété, j'ai crié cela inlassablement, sur tous les tons, sous toutes les formes, dans plus de mille articles. Vous n'en retrouverez ici qu'un petit nombre, mais ils suffiront, je pense, à vous donner une idée de cette campagne acharnée, dont je vous laisse apprécier la clairvoyance.

Assurément, il m'eût été loisible de le publier beaucoup plus tôt, ce recueil. J'aurais pu, comme d'autres, l'intituler : l'Avant-guerre, ou plus simplement : Avant la guerre, ce qui a peut-être le même sens. Mais je n'ai pas coutume de réunir mes chroniques en volume. A tort ou à raison, j'es-

time qu'un bon article est écrit pour être lu le jour
où il paraît, et que, dès le lendemain, il se fane
et s'évente.

Vous me direz qu'en 1914 la déclaration de
guerre avait rendu quelque intérêt et même quelque saveur à mes prédictions. Il est vrai; mais
excusez-moi s'il ne m'est pas venu alors, comme à
d'autres, la pensée d'en tirer gloire; j'avais trop
de chagrin d'avoir été si bon prophète pour en
concevoir le moindre orgueil. Sans doute, avant la
guerre, ma campagne contre les « Allemands chez
nous » ne m'avait valu que des railleries, des
outrages, des procès, des amendes, mille déboires;
je ne sais si j'aurais droit maintenant à quelque
compensation, mais je n'ai jamais demandé ni fait
demander par mon journal, comme M. Daudet,
que l'on me donnât la croix d'honneur, en salaire
de mes vaticinations. Si je n'en voulais pas en
temps de paix, j'aurais été trop heureux certainement de la mériter en temps de guerre; mais comment un « non-combattant » pourrait-il y prétendre, quand il y a tant de héros qui ne l'ont pas
encore ? Sous prétexte de continuer mon œuvre d'assainissement patriotique, je n'ai même pas demandé, toujours comme M. Daudet, que l'on me nommât
ministre de l'Intérieur ou tout au moins préfet de
police.

Je me rappelle seulement qu'il y a dix ans
je fus cité comme aujourd'hui en cour d'assises
pour y répondre d'une autre campagne d'intérêt
national, dont je ne suis pas moins fier; quand je
m'en fus expliqué devant les jurés du Lot-et-
Garonne et que leur verdict m'eût donné raison, je
leur dis : « Messieurs, je ne sais qu'une façon de
vous remercier : je continue .»

J'ai continué. La guerre venue, j'ai continué à
combattre les Boches avec ma plume, ne pouvant

le faire autrement. La petite revue qui s'appelait
l'Œuvre est devenue un grand journal ; je l'ai mis
au ser... de la même cause, et ce n'est plus toutes
les semaines, c'est tous les jours que j'ai travaillé
à « bouter » l'ennemi hors de nos foyers.

« Pendant la guerre, pensez-vous, ce devait être
autrement facile. »

N'en croyez rien ; je conterai un jour les incroya-
bles difficultés que j'ai rencontrées pour signaler
chez nous la présence des Boches masqués, leurs
intrigues et leurs manœuvres criminelles ; combien
de fois, sous menace de suspension et de saisie, la
censure nous a-t-elle interdit d'imprimer certains
noms, de dénoncer des Allemands dont, par ignorance, imprudence ou complicité, on avait accepté
la collaboration à l'œuvre même de la défense
nationale ! Hier encore, que de peine nous avons
eue pour imprimer les noms du député Turmel, du
président Monnier, de l'avoué Desouches, de Pierre
Lenoir, et du pacha Bolo ! Car tous ces noms,
messieurs, j'ai le droit à cette heure de vous le rappeler, c'est encore et toujours l'Œuvre qui les a
révélés au public, malgré les résistances et les vetos
de la censure, malgré la formidable et toute-puissante coalition des intéressés, qui, déjà convaincus
par nous d'être les agents de l'Allemagne, n'ont
rien trouvé de mieux pour se défendre que de
retourner contre nous l'accusation et de nous représenter comme vendus à l'ennemi !

⚓

C'est cela, messieurs les jurés et les juges, c'est
cette calomnie effrontée qui m'amène devant
vous. Me voilà tenu d'y répondre sérieusement,
car il s'est rencontré des hommes, en apparence
sérieux, pour recueillir et s'efforcer de répandre le
propos infâme. Parmi ceux-là je reconnais avec

une indicible tristesse des confrères qui furent les collaborateurs de mon œuvre ou d'une œuvre pareille. Quel est, pour appeler la chose par son nom, le secret de leur haine ? N'y a-t-il chez ceux-ci que de la jalousie exaspérée par le succès grandissant de mon journal ? N'y a-t-il chez ceux-là — pour expliquer leurs ressentiments par le mobile le plus noble — que le dépit de n'avoir pas réussi, malgré leurs instances, à me convertir au royalisme ? N'y a-t-il point, dans l'aberration des uns et des autres, un peu de cette démence spéciale que développe l'état de guerre dans les cervelles surexcitées ?

Toujours est-il que je n'ai cure des autres impostures, de toutes les autres insultes ; il n'est qu'une imputation à cette heure qu'un écrivain français n'ait pas le droit de mépriser : c'est celle d'avoir vendu sa plume à l'ennemi. Voilà mon procès, tous mes procès ; car vous entendez bien que, poursuivant ou poursuivi, que M. Charles Humbert me cite en cour d'assises pour me demander raison de l'atteinte que j'ai portée à sa considération sénatoriale en faisant connaître au public les affaires Bolo, Desouches et Lenoir, — ou que je cite en correctionnelle ce même Charles Humbert et ses champions, stipendiés ou bénévoles, pour avoir dit, écrit ou fait écrire cette monstrueuse ineptie que l'Œuvre est un journal boche, la querelle que l'on me cherche est toujours la même, et c'est bien une querelle d'Allemand.

Ne me dites pas que j'aurais pu me contenter de répondre à ces extravagantes ignominies par un haussement d'épaules ou un éclat de rire : je l'ai cru d'abord, moi aussi. Mais j'ai dû mesurer, depuis quelque temps, l'effroyable progrès d'une calomnie, que favorise et enhardit l'impunité. C'est pourquoi je vous demande, messieurs, de la flétrir et de la punir. Puisque je dois plaider ma cause, ce volume sera ma meilleure défense ; mieux que le plus éloquent avocat, il vous dira qui je suis. Voilà ce que j'ai fait, ce que je fais : jugez-moi.

Mais jugez du même coup mes abominables détracteurs.

Si vous estimez qu'à la faveur d'une loi sur la presse qui n'a pas assez prévu et prévenu la calomnie, ils ont lancé contre moi, sûrs de n'encourir qu'une amende dérisoire, l'accusation la plus déshonorante, qu'ils savaient être mensongère ; s'ils ont abusé de mon ferme propos, maintes fois répété, de n'engager aucune polémique personnelle avec un Français tant que la France est en péril ; si, quoi qu'il pût m'en coûter, je me suis fait une règle d'observer jusqu'au bout le pacte d'union sacrée, laissant aux tribunaux le soin de châtier ceux qui essaient de le rompre ; si mes diffamateurs, escomptant l'insuffisance des lois et l'indulgence des juges, se sont moqués d'une première condamnation et ont cent fois renouvelé leurs vilenies ; si en s'appliquant de la sorte, par envie ou par rancune, à discréditer les meilleurs serviteurs de la patrie et à semer chez nous le soupçon, la discorde et la haine, ces fauteurs de guerre civile ont mieux servi les intérêts de nos ennemis que les espions et les traîtres mêmes dénoncés dans mon journal comme dans ce livre ; si vous jugez cela, messieurs les juges, vouez ces misérables au mépris national et marquez les de leur infamie.

Ce n'est plus moi qui vous le demande ; c'est le salut public qui l'exige.

Et, retournant à mon Œuvre, je ne vous adresserai, comme aux juges, comme aux jurés d'Agen, que ce simple remerciement : « Je continue. »

GUSTAVE TÉRY.

L'éditeur a groupé dans la deuxième partie les documents, chroniques documentaires et articles de reportage publiés par l'ŒUVRE sur le même sujet.

Les Boches ont pris la Sorbonne

Qui est-ce, Agathon ?

Les uns disent que sous ce pseudonyme il faut reconnaître un de nos vieux professeurs de la Sorbonne. D'autres affirment qu'il est jeune. Jeune ou vieux, ses articles sont d'un maître.

Ils ont paru dans *L'Opinion* sous ce titre d'apparence paradoxale : *La Sorbonne contre la culture classique*. S'il faut en croire Agathon, — et malheureusement il faut l'en croire, — nous serions menacés d'une nouvelle invasion allemande, infiniment plus dangereuse que celle de 1870. Menacés n'est pas assez dire : l'Allemand est au cœur de la place, ou plutôt il tient le cerveau de la France, puisqu'il occupe aujourd'hui notre Sorbonne.

Oh! ce n'est pas d'aujourd'hui que l'on dénonce ce péril! En 1904, *L'Œuvre* disait déjà :

« Jaurès est aussi l'universitaire nouveau jeu, hélas! en ce sens qu'il professe, comme tous les professeurs de sa génération, un goût immodéré de la science allemande. Oui, pour cette Allemagne pédante que ne saurait de M. Sorel, cette « Allemagne de séminaire et de laboratoire, archivalesque, contributive, annotante, référente, collationnante, épilogueuse et critique », Jaurès a un culte qui tient du fétichisme, un culte qui suffirait à vous rendre nationaliste. En Angleterre, *made in Germany*, ça veut dire camelote. Nous autres, nous lisons *nanan*. Ah! l'érudition, la philologie, les méthodes, la critique allemandes! Et la critique, l'esprit critique, ce n'est rien ; parlez-moi d'un bon « appareil critique », parlez-moi de ces messieurs gourmés et rassis qui mettent sur de petites fiches tout ce que pensent les autres, qui classent les fiches dans une petite boîte, rangent les idées par ordre alphabétique et, de la sorte, ont de l'esprit plein leurs tiroirs. Dites-leur zut, ils vous demanderont aussitôt la référence. Mais Jaurès ne leur dit pas zut. Il admire, avec un ahurissement de poule qui regarde passer une automobile, ces pions de Germanie au dogmatisme balourd et tranchant, qui détiennent la science infuse dans leurs petites boîtes, comme des sardines. Il flaire respectueusement tout ce qu'ils rongent, tout ce qu'ils grattent, raclent, épluchent et décortiquent... Rien n'est moins dans le tempérament de Jaurès que cette « savantasserie », cette érudition morbide, cette conception administrative et bureaucratique de la science et de la pensée, tout le formalisme aride, insipide et glacé de cette néo-scolastique. Mais ce tour d'esprit, si l'on peut dire, est du dernier genre universitaire, et Jaurès s'efforce de l'attraper, comme ces naïfs petits jeunes hommes de lettres, qui, pour être dans le train, se donnent laborieusement des vices contre nature.

C'est bien contre ces mêmes pions de Germanie qu'Agathon part en guerre :

Nous avons essayé de définir, dit-il, l'esprit de la nouvelle Sorbonne ; nous avons montré notre Faculté des lettres envahie par les méthodes de la science allemande. Sous la discipline autoritaire de quelques maîtres, nous avons vu ce corps universitaire illustre, considéré comme le gardien de la haute culture française, rejeter par esprit de système ce qui passait jusqu'à présent pour l'essentiel de cette culture, condamner les vraies « humanités » et se livrer exclusivement à des recherches de philologie et d'histoire, à la bibliographie, à la chronologie, à tout ce qui est enfin « la manipulation scientifique des textes ».

Car c'est ainsi que l'on parle maintenant en Sorbonne. On « manipule » les bons auteurs dans les « laboratoires »; on se livre à des « travaux pratiques » sur Racine; on traite Voltaire comme un bouillon de culture. Et quand on use congrûment du vocabulaire physico-chimiste, voire biologique, on est, ou l'on se croit très savant. Agathon raille et déplore la lourde vanité de cet appareil pseudo-scientifique. Il en découvre la piperie...

✥

Ce n'est pas que nous ignorions tout ce qu'il y eut de raisonnable et d'opportun dans la réaction contre l'ancienne rhétorique. Par leurs commentaires des textes, les maîtres de la vieille école n'avaient guère d'autre souci que d'éveiller chez leurs élèves le sens de la beauté. On s'aperçoit aujourd'hui que ce n'était peut-être pas si bête. Sans doute, lorsqu'ils s'efforçaient de nous faire partager leurs admirations, ils employaient parfois des moyens ingénus. Je me rappelle cette note de Gustave Merlet au bas d'une fougueuse tirade de Corneille : « Bien rugi, vieux lion ! » Je me rappelle aussi (vous en souvient-il, Franc-Nohain ?) notre excellent père Deltour réunissant le dimanche une douzaine de rhétoriciens studieux pour leur expliquer *L'Enéide* et pleurant de vraies larmes sur les malheurs de Nisus et d'Euryale. Cette émotion paraîtrait sans doute bien ridicule à certains cuistres de la nouvelle Sorbonne; mais est-il très sûr que leurs prétentions à l'« objectivité » scientifique ne le soient pas davantage?

Aujourd'hui, nous dit-on, l'originalité, la personnalité, l'esprit, le talent sont considérés comme des tares à la Faculté des lettres. Les étudiants sont comme des ouvriers, des terrassiers de bibliothèque, qui travaillent à l'allemande, sous la direction d'un entrepreneur d'histoire littéraire. Publiant un volume sur l'art de la prose, M. Gustave Lanson le présente ainsi : « Ce riche sujet vaudrait la peine qu'un professeur d'université s'y attaquât et y mît ses étudiants pour nous faire, sur l'Art de la prose chez les écrivains français, le livre savant, approfondi, méthodique dont nous avons besoin. » Un professeur d'Université « s'attaque » donc à l'art de la prose comme un ingénieur « s'attaquerait » à une montagne pour y percer un tunnel ; il « y met » une équipe d'étudiants, comme l'autre y mettrait une équipe de cheminots.

Il y a là, certes, un autre excès qui n'est ni moins fâcheux, ni moins déplaisant que ceux de la rhétorique surannée. Agathon en rend plus particulièrement responsables MM. Lanson et Seignobos. Je ne vois pas très bien de quoi M. Seignobos est coupable. Historien, il s'est appliqué de son mieux à fixer les règles de la critique historique et à faire de l'histoire une manière de science : s'il n'y a qu'imparfaitement réussi, la tentative n'en est pas moins méritoire.

Quant à M. Lanson, il a loyalement observé la règle qu'il impose à ses cheminots de la littérature. Je veux dire qu'ascète de la bibliographie, il fait tout ce qu'il peut pour dissimuler son talent. Par bonheur, il le montre malgré lui ; tous ses livres avouent qu'il a le goût très sûr et très fin. Personne, pas même lui, ne saurait contester que son *Histoire de la Littérature française* ne soit une œuvre très personnelle et très littéraire.

Aussi bien, il est assez probable que M. Lanson ne consentirait pas à [   ]er la question de la même manière que son contradicteur. Ou tout au moins, M. Lanson trouverait injuste la querelle qu'on lui cherche, car il déclarait lui-même, voici tantôt quinze ans :

Par une funeste superstition, dont la science elle-même et les savants ne sont pas responsables, on a voulu imposer la forme scientifique à la littérature : on est venu à n'y estimer que le savoir positif. Il me fâche d'avoir à nommer ici Renan comme un des maîtres de l'erreur que je constate : il a écrit dans *L'Avenir de la Science* cette phrase où j'aimerais à ne voir qu'un enthousiasme irréfléchi de jeune homme, tout fraîchement initié aux recherches scientifiques : « L'étude de l'histoire littéraire est destinée à remplacer en grande partie la lecture directe des œuvres de l'esprit humain ». Cette phrase est la négation même de la littérature. Elle ne la laisse subsister que comme une branche de l'histoire, histoire des mœurs ou histoire des idées (1).

C'est là, justement, ce que répète Agathon. Et si M. Gustave Lanson ajoute que « l'étude de la littérature ne saurait se passer aujourd'hui d'érudition », qu' « un certain nombre de connaissances exactes, positives, sont nécessaires pour asseoir et guider nos jugements », — et qu'au surplus la fonction d'un professeur de

____

(1) *Histoire de la Littérature française*, avant-propos.

Sorbonne n'est pas de former des hommes de lettres, mais bien des professeurs et des érudits, Agathon lui-même reconnaîtra qu'on ne saurait mieux dire. Pour achever de se disculper, M. Lanson le priera sans doute de relire ces réflexions que je trouve encore dans l'avant-propos de *l'Art de la prose* :

Je voudrais que ce livre aidât les personnes de moyenne culture à raffiner leur sensibilité littéraire, à aiguiser leur goût et à multiplier leurs jouissances en les nuançant...

Je souhaiterais que les étudiants vissent bien qu'à côté de l'impressionnisme, il y a place pour une distinction des styles fondée sur la connaissance historique des époques, des milieux et des écoles, et qu'il faut se livrer, pour bien faire cette distinction, à toutes sortes d'analyses délicates qui exigeraient un goût aussi pénétrant et une faculté d'émotion aussi riche que pouvaient en avoir ces lettrés dogmatiques du vieux temps, qu'on s'imagine avoir emporté avec eux la pure étude littéraire. Toutes les méthodes exactes, érudites et patientes, dont médisent volontiers les gens qui ne les comprennent point ou ne sont pas capables de les manier, ne vont pas à supprimer le sentiment littéraire, mais à lui donner une nouvelle activité, un jeu plus sûr et plus large, et des possibilités inépuisables de jouissance.

Voilà d'excellentes intentions, et si l'enseignement littéraire de la Sorbonne était conforme à ce programme, on n'y verrait rien à reprendre. Malheureusement, il n'en est pas ainsi, et Agathon le démontre avec une surabondance de preuves qui ne laisse aucun doute sur la nature et la gravité du mal. L'érudition n'est plus un « moyen », elle semble se suffire à elle-même : c'est une « fin en soi ». Conséquence : le triomphe des médiocres, des malins ou des sots (c'est souvent même chose), et le déclin ou la déchéance de la culture française.

❧

Surtout, gardez-vous de croire qu'il n'y ait ici qu'une controverse académique ou une simple querelle de pédagogues. On vous montre à la Sorbonne ce que l'*Œuvre* vous a montré partout ailleurs, de quelque côté que vous tourniez les yeux, qu'il s'agisse de nos mines, de nos poudres de guerre, de nos « bas de laine », de notre théâtre ou de nos journaux : c'est partout la même invasion des barbares, et — les barbares appellent les barbarismes, — c'est partout la même « dénationalisation » de la France. Disons, si vous préférez, la même entreprise de démolition nationale..

Le cri d'alarme que jette Agathon sera-t-il entendu ? Cette nouvelle guerre franco-allemande, qui vient de s'allumer autour de la Sorbonne, se terminera-t-elle encore par une défaite ? C'est alors vraiment qu'il faudrait dire : *Finis Galliæ !*

Ah ! si, dûment avertis du péril, les quelques écrivains français que j'aperçois encore dans la presse voulaient joindre leurs efforts aux nôtres, quelle belle campagne, quelle belle croisade à entreprendre ! Quelle joie patriotique nous goûterions, en attendant mieux, à « bouter dehors » ces cuistres d'outre-Rhin et à interrompre leurs sales manipulations de la cervelle française ! Reprendre l'Alsace-Lorraine, c'est fort bien, mais si nous commencions par la Sorbonne ?

25 août 1910.

L'Invasion allemande

— Prenez garde à votre argent !

C'est un conseil qu'il faut donner avec discrétion à ceux de nos amis qui ont quelques économies, mais, à cette heure, *il faut* le donner. La leçon qui se dégage du conflit franco-allemand ne saurait être perdue. Essayons de la préciser.

D'abord, nous l'avons échappé belle. Ce n'est un mystère pour personne que le plus clair de notre or coule à l'étranger. L'année dernière, à pareille époque, c'est-à-dire à un moment où rien ne troublait les relations internationales, nous avons montré comment et pourquoi cette exportation des capitaux français était l'œuvre de nos grands établissements de crédit.

Ajoutez que nombre de riches Français, redoutant l'impôt sur le revenu, recherchent les combinaisons qui leur permettent d'échapper au fisc, en portant leur fortune aux banques suisses. De Suisse, l'argent passe en Allemagne : c'est grâce à notre concours financier, conscient ou inconscient, que l'industrie et le commerce germaniques ont pris depuis une vingtaine d'années un si prodigieux et si menaçant essor.

Supposez que les négociations en cours n'aient pas traîné en longueur et que la guerre ait éclaté comme un coup de tonnerre dans un ciel serein : il était impossible de faire rentrer les capitaux français et les banques suisses

sautaient ; par contre-coup, nous avions tout
lieu d'appréhender un krach, où, tout au
moins, nos établissements de crédit étaient
fort éprouvés.

Par bonheur, on a eu le temps de réfléchir et
de « sauver les meubles » ; dans la mesure où
il a été possible, le retrait de nos capitaux
accumulés dans les caisses allemandes eut la
conséquence contraire : au lieu d'éclater à
Paris, la crise s'est produite à Berlin.

Ce n'est pas à dire d'ailleurs que nous sommes absolument sûrs de l'éviter. Si l'aventure
marocaine tourne mal, on s'empressera de cou-
rir aux guichets du *Crédit Lyonnais*, du *Comptoir d'Escompte* ou de la *Société Générale*. En
cas de guerre, tous éprouveraient le même
besoin de mettre leur argent en lieu plus sûr,
et, si tous les déposants s'avisaient à la fois de
se faire rembourser leurs fonds, il est trop certain que les établissements de crédit seraient
incapables de les restituer.

Comme leur nom l'indique, ces établissements de « crédit » ne vivent que de la confiance qu'ils réussissent à inspirer, et, pour la
plus large part, leur « crédit » est fait de *bluff*.
Mais n'en va-t-il pas de même pour tout ce qui
touche à la finance ? L'argent lui-même n'a
qu'une valeur fiduciaire ; le pire aigrefin ne
ment pas plus que la plus honnête pièce de
cent sous. Et, tout compte fait, l'on n'est pas
encore arrivé à savoir si nos établissements de
crédit, en spéculant sur leurs dépôts, jouaient
en France un rôle bienfaisant ou néfaste.

Toujours est-il que les gens prudents commencent à prendre des précautions. Une certaine inquiétude s'est manifestée ces jours-ci. Ecoutez le chroniqueur financier du *Temps* : « L'argent est devenu rare et par conséquent très cher pour les reports et pour les escomptes des effets sur l'étranger. » C'est exact : l'argent était si « cher » à la fin de la semaine, qu'on ne le prêtait plus qu'à 7 %. Et pour ceux qui sont habitués à prendre la température de la Bourse, ce taux très élevé décèle un mouvement de fièvre.

Il est grand temps d'en finir avec cette exaspérante question du Maroc : sinon, gare la panique et les catastrophes !

Sous le titre : le *Conflit franco-allemand et ses enseignements*, je trouve dans une revue financière ces réflexions qui me paraissent judicieuses :

La grande presse ne sait pas tout cela ou semble l'ignorer. Qu'elle ait jugé opportun, utile, réconfortant de saisir et fixer la faiblesse financière germanique, cela est bien.

Avant qu'elle retire un rendement suffisant de ses innombrables et puissantes entreprises, avant qu'elle soit à même de réserver un superflu monétaire à une politique de prêts internationaux, l'Allemagne aura, encore souvent, besoin des capitaux français et de l'assistance de nos grands financiers.

C'est cela, sans doute, que les grands quotidiens ont cherché à préciser, en montrant la soudaine restriction du crédit allemand — en pleine période de conflit, tout au moins diplomatique — la faiblesse des ressources financières, l'insuffisance monétaire, le besoin d'une politique calme et sans à coups — et, surtout, l'importance de la collaboration de nos capitaux.

Cette fois, nos voisins, du moins ceux qui ne sont pas aveuglés par la folie guerrière, devront reconnaître qu'une évolution plus forte que les traditions, les partis pris et les haines, a modifié le système des rapports réels des nations entre elles. Ce système d'intérêts communs a enchevêtré leur mode d'existence à un tel point que, toutes, ont besoin les unes des autres. Une tension plus vive que de coutume entre deux ennemies habituelles a, déjà, des conséquences déplorables. Une lutte guerrière aurait des résultats incalculables pour les belligérantes comme pour les neutres. Ce qui prouve que, même entre ennemies, nous sommes devenus solidaires : nous avons besoin les uns des autres.

Ici, de bons apôtres demandent :

— Pourquoi cette solidarité ne serait-elle pas reconnue officiellement ? L'Allemagne voudrait obtenir l'admission de ses valeurs sur le marché français; on dit même que c'est une des principales questions que discute en ce moment notre diplomatie. Quel inconvénient sérieux y aurait-il à laisser coter en Bourse les titres allemands ?

La Bataille syndicaliste n'en voit pas. Et nous devons convenir que, si l'on fait la part de l'esprit du parti, le tableau qu'elle nous trace de la situation financière ne manque ni de clarté ni de finesse :

L'Allemagne a une industrie extrêmement développée; mais des ressources médiocres en numéraire. La France, au contraire, dont l'industrie est médiocre, dispose d'un formidable capital.

Les bourgeois français ne placent pas leur argent dans les entreprises françaises; ils le prêtent complaisamment à l'étranger. Les multiples emprunts argentins, brésiliens, bulgares, chinois, égyptiens, haïtiens, grecs, japonais, serbes, russes, etc., enlèvent au bas de laine national de nombreux milliards chaque année. Surtout les emprunts russes, puisqu'ils ont pompé environ treize beaux milliards de notre épargne...

Mais l'Allemagne? — L'Allemagne, elle, n'a pas accès au marché français. Elle a pourtant besoin de fonds, de ce qu'on appelle pratiquement, en termes de Bourse, l' « argent frais ». Elle en trouve. Horreur ! notre ennemi héréditaire les trouve chez nous !

Des centaines de millions prennent chaque année la route de Berlin pour alimenter l'industrie ennemie. Notre épargne féconde la prospérité de nos adversaires ; notre argent sert à fondre les canons qui massacreront nos soldats !

Seulement, pour se rendre outre-Rhin, ils empruntent un chemin indirect. Ce n'est pas le public français qui favorise l'Allemagne, ce sont les grandes banques françaises dont le patriotisme est incommensurable.

Les choses se passent simplement, élégamment presque. Un petit bourgeois dépose au *Crédit Lyonnais*, par exemple, ses économies. Celui-ci lui sert 1 ½ ou 2 % ; la grande banque s'en sert pour sauver le tsarisme, pour introduire la civilisation au Brésil ou pour avancer à la Bulgarie le prix des canons qu'elle achète à l'Autriche. Mais, si elle n'a pas de meilleur emploi, elle le prête aux industriels allemands à raison de 6 %, sans compter la petite commission qui est de rigueur. Le bénéfice est coquet.

C'est ainsi que des millions ont passé déjà la frontière. La grande banque se réjouit de ces excellents placements.

Supposons pourtant une minute que les valeurs industrielles allemandes soient introduites sur le marché de Paris. Les bourgeois patriotes de 1911 n'hésiteraient pas plus à en acheter que ceux de 1899 à placer leurs fonds en Consolidés anglais en pleine crise de Fachoda !

Il n'y aurait pas un sou français de plus au delà de la frontière. Seulement, par suite de l'offre directe à nos rentiers, les grandes banques qui nous gouvernent perdraient leur monopole de fait — et leurs bénéfices.

Voilà pourquoi la haute finance ne veut pas de l'introduction des valeurs allemandes. L'oligarchie financière veut bien qu'on prête de l'argent français à nos ennemis, mais seulement en passant par ses mains. Toute autre combinaison serait, paraît-il, antipatriotique, et voilà pourquoi la presse est invitée à protester.

Il y a du vrai dans cette ironique diatribe. L'admission des valeurs sur le marché français ne changerait peut-être pas grand chose à la situation : elle ne ferait guère que la consacrer. C'est à peine si elle nous rendrait plus sensible une conquête économique commencée depuis longtemps déjà.

Car l'Allemagne s'applique et réussit à capter de toutes manières nos forces vives. C'est notre argent qui subventionne son industrie ; mais les produits de cette industrie, c'est nous qui les consommons. Indolente et distraite, la France se trouve réduite au rôle de prêteuse, et l'on commence à s'apercevoir que l'abondance du numéraire, dont elle s'enorgueillit, n'est peut-être plus un signe de prospérité, ni même une preuve de richesse. N'allons-nous pas revivre l'histoire de l'Espagne ?

∴

La plus redoutable invasion n'est pas celle dont nous avons souffert il y a quarante ans et que demain peut-être nous aurons encore à déplorer. Il en est une autre, lente, sournoise, insensible, qui se poursuit dans l'ombre, et qui, peu à peu, nous enveloppe, nous paralyse et nous annihile.

Partout où il y a quelque chose à faire, l'Allemagne substitue son activité à la nôtre, et ce n'est plus seulement à l'étranger, que s'opère cette substitution, mais chez nous, sur notre territoire. Est-il besoin de rappeler les exemples cités dans l'*Œuvre*, bien avant le conflit actuel ? Qu'y avait-il sous le scandale de la Shanga, sinon une manœuvre allemande ? De même, n'a-t-on pas failli livrer les mines de l'Ouenza à un consortium de financiers inféodé à la maison Krupp ? Allez faire un tour dans la circonscription de M. Chéron : vous y trouverez des mines exploitées par une société allemande. C'est une société allemande, qui, présentement, monte à Segré une gigantesque entreprise métallurgique. Et n'est-ce pas encore — ça, c'est le comble ! — une société allemande qui fabrique le coton poudre et les explosifs nécessaires à notre défense nationale ? (1)

Je cite ces faits au hasard du souvenir. Une enquête méthodique (que nous ferons) nous permettrait de les multiplier. Ne faut-il pas y voir autant de symptômes de faiblesse et de décadence ?

Déjà, en face de l'Allemagne, nous ne vivons plus que d'une existence chétive et subordonnée. Nous lui fournissons bénévolement les moyens de nous ruiner ; elle s'enrichit à nos dépens, en attendant qu'elle puisse se passer de nous. Et alors, c'est que nous n'existerons plus...

____

(1) En feuilletant la collection des dernières années de l'*Œuvre*, on trouvera de nombreux détails sur tous ces faits, qui n'ont jamais été et qui ne pouvaient pas être démentis.

Un jour ou l'autre, la guerre viendra. Si ce n'est pas le « coup d'Agadir » qui la fait éclater demain, une autre cause occasionnelle après-demain mettra le feu aux poudres. Tous les esprits clairvoyants regardent la conflagration comme fatale. Et ce n'est point que l'Allemagne ait besoin de nous accabler une seconde fois pour nous réduire plus complètement à sa merci ; elle n'a aucun intérêt à meurtrir une proie dont elle dispose si librement. Mais entre l'Angleterre et l'Allemagne, le choc est inévitable, et il n'est que trop aisé de le prévoir : c'est nous qui ferons les frais de la lutte.

Nous est-il permis de croire que cette lutte a encore quelque chance de tourner à notre avantage, et que la France, libérée de l'étreinte germanique, pourrait redevenir elle-même, retrouver dans la victoire son indépendance, sa force et sa grandeur perdues ?

Dans ce cas, il ne faudrait plus redouter la guerre comme un fléau, mais l'attendre comme une renaissance.

Ce sont là, il est vrai, des perspectives si hasardeuses qu'on n'ose y arrêter son regard. Entre les horreurs de la guerre et les hontes du « régime abject », on préfère laisser au destin le soin de choisir...

21 septembre 1911.

Les Boches
fournisseurs de
l'armée française [1]

Depuis plus d'un an, nous n'avons pas cessé de dénoncer à nos lecteurs le péril de l'invasion allemande, — invasion sournoise, infiniment plus redoutable en temps de paix qu'en temps de guerre.

Nous avons vu les Allemands assiéger tout ensemble la Sorbonne et la Bourse ; nous les avons vus, dans nos ports, ruiner nos compagnies maritimes ; nous les avons vus à l'œuvre dans les grandes sociétés minières et métallurgiques, dans nos journaux et dans nos banques. Les premiers, nous avons dénoncé, sous toutes ses formes, la concurrence de la main-d'œuvre germanique (garçons d'hôtel, casquettiers, tailleurs, etc...) Notre enquête resterait incomplète, si nous ne montrions pas, suivant notre coutume, par des exemples précis, le tort causé à l'industrie et au commerce français, non par la concurrence, mais bien par la contrefaçon et les malfaçons allemandes.

Qu'on en juge par ce cas qui nous semble topique :

Knorr, originaire de Heilbronn-sur-Neckar (Wurtemberg), s'introduit en France en instal-

(1) Cet article valut à *l'Œuvre* l'honneur d'un procès en diffamation intenté par les Boches qu'elle dénonçait (voir plus loin, page 66).

lant son siège social et des usines à Nancy, 218,
rue du Montet. Il a deux maisons annexes à
Paris et à Vincennes, mais ses principales fabriques sont en Allemagne, à Heilbronn.

Il fait patronner ses produits alimentaires par
un M. Labbé, chef de Laboratoire à la Faculté
de Médecine de Paris, et auditeur au Conseil
d'Hygiène Publique de France (?), qui peut être
un homme très compétent en matière alimen-
taire, mais que Knorr a choisi uniquement pour
donner le change à l'opinion publique, en laissant croire qu'il s'agit du docteur Labbé,
membre de l'Académie de Médecine, ce qui
n'est pas tout à fait la même chose.

Comme tous les Allemands, Knorr ne manque
pas d'audace, et non seulement il exploite l'alimentation courante en faisant distribuer des
caisses entières d'échantillons à tous les docteurs, sages-femmes, etc..., mais encore il ose
s'introduire dans les casernes, et nombreux
sont les officiers qui, ignorant sa nationalité,
prêtent l'oreille à ses agents. Ceux-ci sont français pour la plupart, mais, bien entendu, les
chefs de file sont allemands.

De même que Knorr cherche à induire le public en erreur par une confusion sur le nom de
M. Labbé, il réussit à tromper les docteurs par
une équivoque de même genre sur son propre
nom. Il existe, en effet, une antipyrine Knorr,
préparée par un pharmacien bien français, et
les médecins se figurent simplement que les
produits alimentaires Knorr ont la même origine que les produits pharmaceutiques.

Cette façon de faire n'est, d'ailleurs, pas personnelle à Knorr. Un autre bon Allemand,

nommé Springer, laisse supposer à toute l'épicerie qu'il vient de la maison Springer, d'Alfort, très connue et très estimée dans le commerce de la levure, alors qu'en réalité il n'est que le prête-nom du Hambourgeois Rademacher.

A la faveur de cette méprise, Springer, lui aussi, cherche à se faufiler dans l'armée. Par ce temps de complications diplomatiques, il y a vraiment lieu de surveiller l'attitude de ces Teutons, qui vingt-quatre heures après la déclaration de guerre, si guerre il y avait, s'empresseraient de passer la frontière après avoir inondé nos casernes de leurs marchandises nocives.

✤

Mais si avisés que soient les Allemands en matière de commerce, ils sont parfois imprudents, et nos braves épiciers français liront sans doute avec autant d'intérêt que nos officiers les offres que faisait la maison Knorr en juin 1909 à la Militärküche allemande :

Heilbronn, juin 1909.

Nous vous prions de bien vouloir prendre en considération nos offres, parce que nous avons pris de grands engagements vis-à-vis de l'Intendance Militaire, en nous engageant pour des fournitures considérables en cas de déclaration de guerre.

Pour être donc prêts à la première alerte, nous devons trouver en temps de paix les débouchés suffisants pour occuper notre personnel ainsi que nos machines.

Et voilà les industriels qui prétendent nourrir nos soldats ! N'allez pas croire que nous

exagérons, car le 79° de ligne à Nancy, en pleine
Lorraine, consomme les produits Knorr ; nous
pourrions en citer d'autres.

Knorr qui, en France, s'évertue à se faire
passer pour un excellent patriote, n'étale pas
en Allemagne un moindre patriotisme. Ce n'est
pas le même, voilà tout.

Le 27 août 1910, Knorr écrit de Heilbronn à
un de ses clients, M. Gaspar Sauer, de Mulheim-
sur-Rhin, une lettre que nous avons sous les
yeux et dans laquelle il insiste sur la nécessité
de préférer la sauce « Knorr » à tous les autres
produits similaires qui ne sont pas fabriqués en
Allemagne.

Nous savions déjà par l'*Œuvre* que, pour la
fabrication de ses poudres, la France était tributaire de l'Allemagne. Si les fournisseurs de
nos « ordinaires » sont aussi des Allemands, on
ne s'explique pas très bien ce qu'une guerre
changerait à la situation. Par tout ce que nous
savons, n'est-il pas évident qu'à l'heure présente
la moitié de notre pays, n'est déjà plus qu'une
province germanique ? Aurons-nous le courage
et la force de défendre le reste ?

26 octobre 1911.

Springer et Baumann

Un certain Springer, représentant et associé du Hambourgeois Rademacher, a le toupet de nous poursuivre parce que nous avons dit qu'il était aussi injurieux pour le commerce français que dangereux pour la défense nationale d'aller chercher au-delà du Rhin les fournisseurs de notre armée.

Ce Springer, qui, dans son assignation même, avoue sans pudeur son origine prussienne, espère-t-il vraiment nous imposer silence en nous demandant vingt-cinq mille francs de dommages-intérêts ?

Les magistrats de la neuvième Chambre auront sans doute à cœur de lui prouver qu'il y a encore des juges en France. Nous lui montrerons, en outre, qu'il y aussi des Français.

☿

L'*Œuvre* vient d'encourir une nouvelle condamnation, il est vrai par défaut.

Nous avons conté comment l'Allemand Springer, — qui s'est fait naturaliser pour vendre à l'armée française des conserves fabriquées à Hambourg, — eut l'insolence de nous intenter un procès devant la neuvième Chambre.

Une erreur de notre gérant, qui crut l'affaire remise et quitta le Palais, fit que l'*Œuvre* ne put répondre mercredi à l'avocat de nos adversaires. C'est en vain que Gustave Téry, présent à l'audience, revendiqua la responsabilité de la campagne ; c'est en vain que l'avocat de l'*Œuvre* déposa des conclusions et demanda l'autorisation de prendre la parole. La présence du gérant était indispensable, et nous fûmes condamnés.

L'affaire, sans doute, n'est que remise, car nous avons fait opposition, et, en attendant qu'il nous soit possible de plaider, nous aurons tout loisir de compléter notre dossier. Nous pourrons y joindre, par exemple, des documents très démonstratifs, comme la lettre que vient d'adresser le sénateur Le Breton au Juif allemand Baumann, directeur des Moulins de Corbeil, — qui se trouve exactement dans le même cas que notre Springer.

Nous ne parlons pas, bien entendu, de Knorr, autre Allemand, fournisseur de l'armée française, qui, lui, n'a

même pas cru nécessaire de se faire naturaliser ou de
recourir aux bons offices d'un homme de paille. Et il est
certain qu'au point où nous en sommes, les Allemands
n'ont plus à se gêner.

Voici la lettre de M. Le Breton :

> A M. Baumann,
> Directeur des Moulins de Corbeil,
> Sainte-Mélaine, Laval, 29 juin 1912.

Monsieur,

Vous reconnaissez que vous êtes resté jusqu'à l'âge de quarante ans sujet allemand, que, pendant vingt ans, vous avez
été volontairement soumis à la loi militaire allemande, puisque
vous avez attendu jusqu'à quarante ans pour réclamer votre
réintégration dans la nationalité française.

Ce sont là des précédents qui ne s'effacent pas.

D'après le projet déposé par le secrétaire d'Etat Delbruck,
un Allemand ne perd pas la nationalité allemande quand il a
obtenu la nationalité d'un pays étranger, pas plus qu'un Juif
ne cesse d'être Juif quelle que soit sa résidence.

Nous sommes encore un certain nombre qui avons vu des
natifs de Bade et de Francfort établis et exerçant en France les
professions les plus diverses plusieurs années avant 1870,
disparaître subitement au moment de la déclaration de guerre,
pour revenir quelques mois plus tard, guider les avant-gardes
des colonnes allemandes dans les fermes où ils avaient l'habitude d'offrir leurs services pour réparer les horloges ou acheter des peaux de lapins.

Ceux qui ont conservé ces souvenirs s'étonnent que des
situations d'une importance particulière comme la direction
des Moulins de Corbeil, ne soient pas exclusivement réservées
à des nationaux de race française n'ayant jamais consenti à
cesser d'être Français.

Sans incriminer nullement vos intentions personnelles, je
ne pense pas que votre lettre les fasse changer d'avis.

Recevez, monsieur, l'expression de mes sentiments distingués.

> P. LE BRETON,
> sénateur.
>
> 1er février 1912.

Pourquoi
nos cuirassés sautent

Voilà trois ans que nous avons poussé le cri d'alarme, révélé les malfaçons dans la fabrication de nos poudres de guerre, — dénoncé la trahison.

Ces révélations avaient causé dans la presse comme au parlement une émotion considérable ; elles ont provoqué la démission de M. Thomson et la chute du ministère Clémenceau ; par malheur, elles n'ont pas empêché l'explosion de la *Liberté*.

Après ce désastre, comme après les autres, on a fait des enquêtes ; mais on n'a réalisé aucune réforme sérieuse. Un journal vient d'établir que, depuis le 1er janvier, il n'a pas été constaté dans l'armée « moins de 63 combustions spontanées de poudre, et cela pour des cartouches de fusil Lebel placées dans des cartouchières portées par des hommes ». C'est un avertissement tragique. A quand l'explosion de notre troisième cuirassé ?

Ce qu'il y a d'effroyable, c'est qu'on sait la cause du mal et qu'on en connaît le remède.

La poudre B n'est pas mauvaise en soi ; mais il faut que sa fabrication soit méticuleusement surveillée « *et que les matières premières employées soient de la qualité la meilleure* ». C'est ce qu'un des spécialistes les plus distingués vient de déclarer au ministre de la Marine.

Or, les matières premières employées sont sans contredit de qualité très inférieure.

En dehors du coton et de l'acide sulfurique, il entre dans la composition de la poudre B un corps organique, *la diphénylamine*, qui est un élément de stabilisation, essentiel pour éviter les décompositions spontanées ; c'est dire que la pureté de ce corps importe au plus haut point.

Eh bien ! c'est l'Allemagne qui nous fournit cet acétate ! Non seulement sa qualité est médiocre — suivant la formule du commerce d'outre-Rhin, *schlecht und billig*, mauvais et bon marché, — mais encore il provient du pays qui est le plus directement intéressé à la mort de nos hommes et à l'explosion de nos bâtiments.

⚜

Dès le 25 juin 1909 nous écrivions :

« Qui se doute en France que, par les soins du ministre de la Guerre Etienne *toute la fabrication de la poudre nécessaire à l'armée française a été placée dans la dépendance de l'Allemagne* ?

« Est-il vrai que la fourniture d'un produit chimique sans lequel nos poudres ne peuvent être fabriquées a été confiée à la maison E. Heuer, dont les deux établissements se trouvent à Aussig (Autriche) et à Dresde (Saxe) ?

« Est-il vrai que la poudrerie de Sevran-Livry recevait d'Aussig exclusivement l'élément essentiel de son travail ?

« Est-il vrai que l'intermédiaire entre Aussig et Sevran-Livry a été, jusqu'à sa mort, un sujet allemand nommé Hilbig, qui avait, bien entendu, ses entrées à la rue Saint-Dominique ?

Le fait n'était pas contesté.

Le 4 novembre 1909, nous revenions à la charge :

« Faudra-t-il attendre une déclaration de guerre, disions-nous, pour découvrir au public que nos poudres de guerre sont faites avec du coton de provenance allemande, et que le coton nécessaire à la fabrication de la poudre B est fourni par deux usines allemandes ?

« Nous attendons le démenti du ministère de la Guerre, et s'il devait nous convaincre d'erreur, nous aurions grand plaisir à l'enregistrer; mais l' « Œuvre » est malheureusement trop sûre de ce qu'elle avance.

Le 23 décembre nous précisions encore nos révélations. C'est alors qu'une instruction fut ouverte... contre moi! Elle fut close... par un non-lieu. Malheureusement, la poudre B ne s'en tint pas là.

☙

Aujourd'hui, nous apportons encore un fait nouveau ; ce n'est pas seulement pour le coton de la poudre B que nous sommes tributaires de l'Allemagne, mais aussi pour la diphénylamine.

En effet, la fabrication de nos poudres exige environ 2,000 kilos (deux mille) par mois de cette matière, soit 25 mille kilos par an. Une seule usine, l'usine Poirrier de Saint-Denis, est chargée de la fournir aux poudreries de l'État. Cette usine est la propriété du sénateur Alcide Poirrier, grand industriel.

Est-il vrai que les usines Poirrier ne sont pas à même de produire cet acétate, et qu'un seul ingénieur est chargé, à Saint-Denis, d'en fabriquer une petite quantité dans son laboratoire ?

Est-il vrai qu'il n'en fabrique que quelques

ballons par an — juste de quoi fournir à la Sorbonne ce qui est nécessaire à ses expériences — quatre à cinq kilos au plus, sur 25.000 kil. dont ont besoin nos poudreries ?

Est-il vrai qu'en conséquence les usines Poirier achètent la diphénylamine aux grandes usines de produits chimiques allemandes, telle que la « Badische Anilin Farben Gesellschaft » qui peuvent livrer ce produit à bon marché, à si bon marché que sa fabrication en France coûterait beaucoup plus cher ?

Les usines allemandes — pouvons-nous le leur reprocher ? — n'ont pas de scrupule à nous livrer des matières de mauvaise qualité. D'abord, ces matières sont vendues à bas prix. Puis, s'il y a des explosions, c'est en France que se produisent les catastrophes.

Aussi bien, — c'est effroyable, mais c'est ainsi, — l'intérêt évident des Prussiens n'est-il pas de nous réserver ces matières susceptibles de déflagration spontanée ? Quelques centaines de nos matelots qui périssent, quelques cuirassés de moins dans nos escadres, ce sont autant d'hommes qui ne tireront pas sur eux, ce sont autant de bâtiments qui ne pourront pas entrer en ligne contre leurs *Braunschweig*.

N'est-ce pas là pour la Défense nationale le plus angoissant et le plus redoutable des périls ?

29 août 1912.

Guillaume tient sa poudre sèche... et la nôtre aussi

La note qui précède fut communiquée vendredi soir à la presse parisienne. Le lendemain, la *Liberté* chargeait un de ses rédacteurs d'en vérifier l'exactitude, et voici, tels que les a publiés notre confrère, les résultats de son enquête :

LES ALLEMANDS COLLABORENT A LA FABRICATION DE NOS POUDRES

Le ministère de la guerre est obligé de se procurer de la dyphénylamine chez des industriels d'outre-Rhin. — Ce qu'on dit à la Société des matières colorantes.

Sous ce titre : *Pourquoi nos cuirassés sautent*, le numéro de l'*Œuvre* qui paraîtra demain expose que quelques-unes des matières principales qui servent à la fabrication de la poudre B nous sont fournies par l'Allemagne.

(Suit un résumé de notre information)

La diphénylamine étant un élément de stabilisation essentiel pour éviter les décompositions spontanées, les questions posées par l'*Œuvre* étaient plus particulièrement troublantes.

Nous avons tenu à procéder à une enquête et nous avons demandé à la *Société des matières colorantes*, dont M. le sénateur Poirrier est effectivement le président du conseil d'administration, ce qu'il fallait retenir de ces révélations.

La Société des matières colorantes, dont les usines sont à Saint-Denis et qui a son siège social rue Lafayette, à Paris, est seule chargée de fournir aux poudreries de l'Etat la diphénylamine. On nous y a donné les renseignements suivants :

« La diphénylamine que nous sommes seuls à fabriquer en France servait uniquement, il y a quelques années, à la composition des matières colorantes. Elle y rentrait pour une très petite part et nos usines en produisaient donc juste la quantité nécessaire pour les colorants.

« Or, il y a deux ans environ, les ingénieurs des poudres et salpêtres découvrirent que la diphénylamine serait le meilleur stabilisant des poudres. Elle offre plus de garanties que l'alcool amylique. On remplaça donc celui-ci par celui-là et nous reçumes immédiatement des commandes.

« Nous n'étions pas encore suffisamment organisés pour une grosse production et nous dûmes, partant, acheter les matières premières entrant dans la composition de la diphénylamine en Allemagne. Nous les raffinions nous-mêmes.

« Puis, rapidement, nous avons procédé à une organisation complète. Le service des poudres estima qu'une production de soixante-dix mille kilos et non vingt-cinq mille par an lui serait nécessaire. Nous nous mîmes en mesure d'y pourvoir et vous pouvez affirmer que nos usines peuvent produire et produisent soixante à soixante-cinq mille kilos de diphénylamine par an. Nous sommes donc loin du seul ingénieur et du petit laboratoire dont parle votre confrère.

« Cependant, actuellement, nous nous sommes vus dans l'obligation d'avoir recours de nouveau aux usines allemandes. Voici pourquoi :

« Par suite des stocks considérables de poudres qui ont été noyés, le ministère nous a demandé une très grosse surproduction de diphénylamine. Pris au dépourvu, il a bien fallu recourir à nos premiers fournisseurs et nous adresser à l'Allemagne.

« Des usines allemandes nous servent actuellement le surplus de diphénylamine qui nous est réclamée et le ministère ne l'ignore pas. C'est d'accord avec lui que nous avons pris cette mesure et passé nos commandes.

« Est-ce à dire cependant que l'Allemagne nous fournit de mauvais produits ? L'accusation ne repose sur aucun fondement. La diphénylamine qui nous vient d'outre-Rhin n'est livrée, comme la nôtre, d'ailleurs, qu'après un contrôle très minutieux, si minutieux même qu'il est étonnant que l'on puisse encore avoir les surprises douloureuses qui ont jeté le deuil en France. »

— Allez-vous agrandir de nouveau vos usines, demandons-nous, et comptez-vous prochainement pouvoir vous passer des produits allemands ?

— « Nous n'avons pas à agrandir nos usines. Je vous répète que c'est en raison du renouvellement des stocks que nous avons été pris au dépourvu ; mais nous sommes en mesure de produire la quantité nécessaire en temps normal. »

Telles ont été les déclarations qui nous furent faites et que nous rapportons fidèlement et sans commentaires.

Nous ne discuterons pas avec M. le sénateur Poirrier la question de quantité. Que la *Société des matières colorantes* fasse venir d'Allemagne 5.000 ou 50.000 kilogrammes de diphénylamine, — que ce recours aux usines germaniques soit régulier ou provisoire (nous savons ce que signifie le mot), — c'est un fait : l'un des éléments essentiels à la fabrication de nos poudres de guerre nous est fourni par l'Allemagne, M. Poirrier l'avoue, et il ajoute que le ministre de la guerre ne l'ignore pas.

Considérez maintenant tout ce qui tient de risque, de menace et aussi d'énorme ironie dans la constatation d'un pareil fait. Nos poudres sont instables, c'est-à-dire qu'elles ont une fâcheuse tendance à se décomposer dès que la température s'élève, et ces décompositions ont les conséquences que vous savez : l'*Iéna* saute, la *Liberté* saute.

Comment éviterons-nous à l'avenir de pareilles catastrophes? C'est tout simple : nous allons demander aux Allemands le remède au mal. Et par pure philanthropie, avec un admirable désintéressement, ceux-ci vont nous fournir, à des conditions particulièrement économiques, le moyen de les fusiller et de les mitrailler sans péril à la prochaine guerre, que l'on dit imminente.

Car c'est cela, c'est cela très exactement qu'il y a derrière ce mot bizarre, joli et perfide, inventé par les chimistes : *diphénylamine*. Il y a cette réalité comique et monstrueuse, et l'on pourrait avoir le cœur d'en rire, si l'on n'avait vu défiler dans les rues de Toulon, sur des prolonges d'artillerie, les restes calcinés des cinq cents gars de Bretagne et de Normandie qui périrent sur nos cuirassés, aussi instables, hélas ! que notre poudre B.

❦

Dans *l'Autorité*, notre excellent confrère Gabriel Baume commente en ces termes les nouvelles révélations de *l'Œuvre* :

Nous avons reproduit hier, un article de l'*Œuvre* relatif à la fabrication de nos poudres avec la diphénylamine achetée en Allemagne par une usine de Saint-Denis, propriété de M. le sénateur de la Seine, Alcide Poirrier.

Rappelons la conclusion de notre confrère :

« Est-il vrai que les usines Poirrier achètent la diphénylamine, aux grandes usines de produits chimiques allemandes telle que la « Badische Anilin

— 29 —

Farben Gesellschaft » qui peuvent livrer ce produit
à bon marché alors que sa fabrication en France
coûterait beaucoup plus cher ? »

Eh bien, oui, cela est vrai, de l'aveu des intéressés
qui l'ont déclaré à un de nos confrères de la *Liberté*.
Qu'il y ait ou non un cas de force majeure, tous les
patriotes estimeront qu'il est absolument inadmissi-
ble que le gouvernement français se fournisse en
Allemagne d'un élément essentiel de stabilisation de
nos poudres, et pour des raisons d'économie.

Libre à M. le sénateur Poirrier de faire, comme
industriel, ce qu'il lui plaît, mais le département de
la guerre a d'autre soucis.

Cette révélation de M. Gustave Téry confirme ce
que disait l'autre jour M. Paul de Cassagnac : à savoir
que la mauvaise qualité de nos poudres provient
surtout du bon marché qu'exige le gouvernement
pour leur fabrication, fabrication qu'un ingénieur
M. de Chardonnet, qualifiait hier de « déplorable ».

Nous sommes tributaires de l'Allemagne dans
toutes les branches de notre activité commerciale,
mais nous ne pouvons supporter de l'être dans le
domaine de la défense nationale, car cette dépendance serait le prélude de la défaite.

C'est évident. Mais jusqu'à présent, dans la
presse, nous sommes tout juste trois à le
dire.

Nous ne portons d'ailleurs aucune « accusation » personnelle contre M. Poirrier. Ce
sénateur est sans doute un honorable commer-
merçant, qui conduit ses affaires au mieux de
ses intérêts. Il faut même lui savoir gré d'avoir
reconnu avec une certaine franchise la majeure
partie de la vérité. Car tout comme un autre,
— comme Springer, par exemple, — il pouvait très bien nous poursuivre pour diffamation
et nous faire condamner encore à lui payer
une ruineuse amende.

Étonnerons-nous beaucoup nos lecteurs en leur confessant que, sur ce point-là, comme sur beaucoup d'autres, nous ne disons pas le dixième de ce que nous savons ? Vous en devinez la raison, qui n'a rien de commun avec la couardise : toutes les fois que nous avons envie de parler, il nous faut nous poser la question préalable : « Si nous essayons de rendre ce nouveau service à notre pays, qu'est-ce que ça va nous coûter encore ? »

Convaincus comme nous le sommes que, dans le journalisme actuel, le mensonge seul nourrit son homme, par quels préjugés d'un autre âge, par quelle funeste folie nous obstinons-nous à exercer autrement notre profession ? Pourquoi nous entêtons-nous à nous imaginer qu'elle nous impose de si pénibles devoirs ?

Comique et lamentable situation de l'infortuné journaliste, qui tient la vérité d'une main, tâte sa bourse de l'autre, et doit résoudre chaque jour cet affreux problème de maximum et de minimum dont les deux termes sont sa conscience et son pain !... C'est ce qu'on appelle en France la liberté de la presse.

Mais qu'est-ce que je vous raconte là ? Évidemment, ça n'intéresse personne.

20 août 1912.

Qu'y a-t-il encore de français en France?

Oui, M. le sénateur Alcide Poirrier, après nos graves révélations sur la diphénylamine, a reconnu que ses usines étaient tributaires de l'Allemagne. Il a avoué que ce produit — élément de stabilisation essentiel à la fabrication de nos poudres de guerre, — lui était fourni par les Allemands.

Nous avons rendu hommage à sa bonne foi.

Mais comment aurait-il pu nier un fait d'une aussi criarde évidence ? La *Société des matières colorantes*, dont M. Alcide Poirrier préside le conseil d'administration, n'est-elle pas la vassale des industriels d'outre-Rhin ?

Il existe en effet à Ludwigshafen une formidable société à laquelle nous faisions allusion dans notre dernier numéro : la *Badische Anilin und Soda Fabrik*. Fondée en 1865, elle devenait une puissante organisation dès 1873, et ne tardait pas à établir une agence à Paris et une succursale à Neuville-sur-Saône. Cette société a conclu des accords avec les établissements germaniques analogues. De sorte qu'ils sont maîtres du marché français. Inutile de lutter contre eux sous peine de faillite.

M. Poirrier s'est donc entendu avec eux. Pour la fabrication et la vente des colorants soufrés, des noirs substantifs, l'accord est établi et M. Poirrier ne livre au commerce que des produits germaniques. C'est notamment la *Badische* qui fabrique le *rouge d'alizarine*.

« La production industrielle de l'alizarine, dit-elle dans l'historique de la maison, fut le premier succès retentissant de la *Badische*. Cet indispensable et très important colorant était tiré jusqu'alors de la garance. » Oui, la *Badische* a supprimé l'emploi de la garance. Du coup, trois départements français, qui la cultivaient, ont été ruinés. Et ce sont — ironie funambulesque, énorme, effroyablement symbolique, — des chimistes prussiens qui fabriquent la couleur rouge dont on teint les pantalons de nos troupiers !

Quant au bleu de la capote de nos soldats, c'est avec du bleu d'indigo qu'on l'obtient — du bleu d'indigo que fabrique à Creil une autre usine allemande, l'usine *parisienne* Meister Lucius !

Tributaire pour tous ces produits, la *Société des matières colorantes* l'est aussi pour l'huile d'aniline et le chlorhydrate d'aniline, avec lesquels on fabrique la diphénylamine !

Ainsi, M. Poirrier — on l'a vu dans notre dernier article — confessait au rédacteur de la *Liberté* que l'Allemagne fournissait par son intermédiaire à nos poudreries une partie de la diphénylamine qui leur est nécessaire, mais il ajoutait que ses usines en fabriquaient une autre partie. Avec quoi ? Avec des matières qui nous viennent, elles aussi, d'Outre-Rhin !

Essaiera-t-on de nous faire accroire qu'au lendemain d'une déclaration de guerre ce trafic avec l'Allemagne serait encore possible ? Où prendrions-nous alors de la poudre pour nos fusils et nos canons ?

Cette conquête économique de la France n'empêche pas l'Allemagne de préparer la guerre qui doit l'achever et la consacrer.

Où se trouvent, chez nous, les succursales des grandes maisons germaniques, dont nous parlons aujourd'hui ? La réponse est d'une éloquence particulièrement troublante.

La *Badische* a ses usines à Neuville près du camp retranché de Lyon et il en est de même pour *l'Actien Gesellschaft*, dont l'usine est à Saint-Fons ; quant à la *Bayer Gesellschaft*, elle est installée à Flers (Nord), c'est-à-dire aux portes de notre camp retranché de Lille.

Voilà pour le premier trust de matières colorantes. Le second — presque aussi puissant — comprend deux maisons : la Société Casalla de Francfort dont la succursale est toujours à Lyon, et la société *Meister Lucius* — celle qui fabrique le 606 — dont l'usine « française » est à Creil, tête d'étape pour l'armée allemande en 1870.

Comme le 25 juin 1909, quand nous avons poussé le cri d'alarme, nous devons crier : *Toute la fabrication de la poudre nécessaire à l'armée française est subordonnée au bon plaisir de l'Allemagne !* Pour le coton, nous l'avons déjà prouvé ; pour le nitrate de soude, la *Badische* nous tient par la Société des nitrates de soude de Norwège ; quant au phénol, il est fourni aux poudreries françaises par l'Allemagne, par l'intermédiaire d'un Suisse nommé Richter ; pour clore l'énumération, il manquait la diphénylamine. Voilà qui est complet.

5 septembre 1912.

Quelques dates

C'est bien l'*Œuvre* qui a pris l'initiative de cette campagne contre « l'invasion allemande » que poursuivent aujourd'hui avec une ardeur si méritoire nos meilleurs confrères de la presse quotidienne. Si nous croyons devoir le faire remarquer, ce n'est pas seulement par un sentiment de légitime orgueil ; c'est aussi parce que certains journaux feignent de l'oublier. Le *Matin*, par exemple, dit tout, excepté qu'il nous emprunte nos articles.

Nous mettons notre coquetterie à nous montrer en toute occasion d'obligeants confrères, mais nous nous faisons de la courtoisie cette conception peut-être surannée qu'elle doit être réciproque, et nous sommes aussi sensibles aux manques d'égards qu'aux procédés galants. Car, si nous ne sommes pas Juifs, nous ne sommes pourtant pas assez chrétiens pour pardonner toutes les injures.

Cela dit, toujours sans la moindre amertume, donnons à nos nouveaux lecteurs quelques précisions chronologiques. Dans le numéro de l'*Œuvre* du 25 juin 1909, — c'est-à-dire il y a plus de trois ans (et plus de deux ans avant la catastrophe de la *Liberté*) — nous avons commencé à établir non seulement que nos poudres de guerre étaient sabotées, mais que les Allemands collaboraient à ce sabotage en nous fournissant des matières premières de qualité suspecte. Pendant deux ans (1), nous avons été les seuls à le dire et à le redire, et nous l'avons dit si fort qu'une instruction fut ouverte contre... les saboteurs de nos poudres de guerre ? Pensez-vous ! L'instruction fut ouverte contre moi. Mais après m'avoir convoqué à quatre reprises dans son cabinet du Palais de Justice, le juge d'instruction Chênebenoit, qui a de l'esprit, préféra ne pas insister et je bénéficiai (heureux veinard !) d'un non-lieu. Par malheur, à quelque temps de là, la poudre B parla encore plus fort que moi dans la rade de Toulon, et les trois cents cadavres des marins de la *Liberté* apportèrent à M. Chênebenoit trois cents preuves nouvelles de la véracité de mes dires. Il fallut bien cette fois nous entendre et nous donner raison. Et si nous notons en passant que la puissante *Société de la dynamite* est aujourd'hui plus convaincue que nous de l'intérêt patriotique d'une telle campagne, c'est simplement pour bien marquer, à toutes fins utiles, que nous avons cessé de dénoncer la malfaisance de la poudre B juste à l'heure où tant de bons apôtres se rencontrèrent pour instruire bruyamment le procès du monopole.

Quant à notre campagne contre l'invasion germanique, depuis notre numéro du 25 août, dont la couverture porte ce titre : **Les Allemands chez nous : comment ils colonisent la France**, il n'est pas de semaine où l'*Œuvre* n'ait consacré plusieurs pages à l'inquiétante concurrence

-----

(1) Voir notamment les numéros du 4 novembre et du 23 novembre 1909, du 4 février 1910, du 2 novembre 1911.

faite à l'industrie et au commerce français par
des Boches à faux nez. Vous trouverez l'essentiel de cette série d'articles, où nous avons
passé en revue tous les genres de négoce et
toutes les variétés de la pacotille allemande,
dans les numéros du 6 avril, 4, 11, 18, 26 mai,
1er, 8, 25 juin, 14 et 21 septembre, 5, 12, 19 et
29 octobre, 2 et 9 novembre (*le commerce français aux prises avec la concurrence allemande*),
14 et 28 décembre 1911, 18 janvier, 14 et 21
mars, 11 avril, 2, 9 et 23 mai, 20 et 27 juin, 4
et 11 juillet, 1er, 8, 15, 22 et 29 août, 5 septembre et 3 octobre 1912. Naturellement, comme
notre campagne contre le favoritisme, comme
notre campagne contre les saboteurs de la
marine, cette campagne contre l'invasion allemande devait nous ramener au Palais de Justice, et c'est en effet le 20 novembre prochain,
à la neuvième chambre, que nous aurons l'avantage de nous expliquer avec une société allemande qui a commis l'imprudence de nous
poursuivre. Mais les Knorr d'Heilbronn et les
Springer de Hambourg, devenus les fournisseurs de notre armée, se croient sans doute
tout permis. Nous tâcherons de leur prouver
qu'il y a encore quelques Français en France,
et des juges à Paris.

17 octobre 1912.

Le prix du sang

— Allons donc ! me dit ce « ventre doré »
en me faisant l'honneur de taper sur le mien ;
vous vous figurez, vous aussi, que la guerre
nuit aux affaires ? De grâce, épargnez-nous ce
cliché...

— Il me semble pourtant que le commerce
de luxe...

— Soit ; quelques actrices commanderont
peut-être quelques robes de moins; les bijou-
tier. de la rue de la Paix vendront moins de
perles... Les bijoux ne perdront d'ailleurs rien
pour attendre... Et après ? En revanche, la
grande industrie ne travaille jamais mieux
qu'en temps de guerre.

— Qu'appelez-vous la grande industrie ?

— C'est d'abord la métallurgie. Songez à la
consommation de fusils, de canons, de cuirassés que représente un sérieux « coup de
chien ». Il faudra remplacer tout ça. Et en
admettant que toutes les puissances n'entrent
pas dans la danse, comme il y a tout lieu de
l'espérer...

— ... de l'espérer ?

— Mettons de le prévoir... Elles n'en seront
pas moins obligés de renouveler en partie leur
armement. Réfléchissez, en effet, que depuis
une vingtaine d'années on a inventé pour la
défense nationale un tas de nouveaux outils,
dont on n'a pas encore éprouvé la valeur. La
guerre est l'expérience décisive. Elle démontre
avec éclat que les armes du vaincu sont mau-

vaises, et tous les peuples qui ont les mêmes
s'empressent de les changer : d'où afflux de
commandes.

— Et les spéculateurs s'en donnent à cœur
joie !

— A qui le dites-vous ? Le champ des affaires
devient illimité, et les affaires ont une variété,
un imprévu ! Savez-vous, par exemple, ce qui
a provoqué, il y a quelques semaines, cette
panique de la Bourse qui parut d'abord inexplicable ?

— C'est que les rumeurs de guerre deve-
naient inquiétantes ?

— Elles ne l'étaient pas ce jour-là plus que
les autres. La preuve qu'il ne faut pas y voir
la vraie cause de la crise, c'est que la guerre
elle-même a beaucoup moins troublé les cours.

. . . .

— Mais on nous parlait d'une guerre de
races, de nationalités, de religion ?...

— Ça n'empêche pas ! Les Monténégrins se
battent, j'en suis sûr, avec autant de conviction que les Bulgares. Il le faut d'ailleurs ; ou
ce ne serait plus de jeu...

— Jeu est le mot ; il y a des moments où je me
demande si nous n'assistons pas à une grande
course de bicyclettes ou d'automobiles. Vous
voyez les comptes-rendus : « Dans un *rush*
splendide, Poilu est arrivé bon premier, sur
sa vaillante bécane Peugeot, munie de pneus
Michelin... » De même, nous allons lire : « Les
Bulgares sont arrivés à Constantinople sur les
canons du Creusot. »

— Il s'agit, en effet, d'un grand match international entre Krupp, Armstrong et Canet.

Lisez-moi cette dépêche d'un reporter du *Daily News* : « Un officier d'artillerie allemand, qui a assisté à la bataille de Lule-Bourgas, déclare que la bataille a été gagnée, non pas par les fusils, mais par les canons français employés par les Bulgares ; les batteries ont placé obus après obus, avec une rapidité étonnante, à cinq pieds l'un de l'autre. Je suis convaincu que, pour l'Allemagne, le résultat de cette guerre sera une modification de son système d'artillerie ; les canons Krupp ne peuvent tirer ni aussi rapidement ni avec autant de précison que les Creusot meurtriers. » Voilà déjà cent mille hommes réduits en bouillie ; quelle magnifique publicité pour la marque Schneider !

— Il est au moins consolant de penser que les succès des Bulgares sont dus à la supériorité de l'artillerie française. Krupp et Von der Goltz reçoivent une bonne tape...

— L'artillerie française ? Permettez. Votre « colonel » remarquait très justement la semaine dernière que les canons de nos artilleurs ne viennent pas du Creusot. L'État fabrique lui-même son matériel. Qu'est-ce qu'il vaut ? Il est certain que le canon de 75 de notre armée est antérieur au modèle du Creusot. Est-ce à dire qu'il soit inférieur ? On va certainement discuter là-dessus, comme sur la valeur de nos pièces de siège et sur la qualité de nos poudres : excellente occasion pour rouvrir l'éternel débat sur les avantages comparés du monopole et de l'industrie privée. Le résultat de ces controverses sera le même que celui de votre campagne sur le sabotage de nos cuirassés : des commandes, une pluie de com-

mandes ! Et les commandes ne sont pas sans
arrosage ni sans commissions. Comprenez-vous
dès lors que tant de braves gens se frottent les
mains quand ils apprennent que la Russie et
l'Autriche se cherchent des noises sournoises ?

— En somme, un mathématicien de force
moyenne pourrait calculer à un centime près
ce que vous rapporte un litre de sang...

— Mais sans doute, dit le financier avec un
charmant sourire ; une guerre ne se raconte
pas, elle se chiffre. Vous trouverez peut-être
que je manque un peu d'idéalisme ? C'est vrai :
je ne vois pas les choses de très haut, mais j'ai
la prétention de les voir telles qu'elles sont.
Et la guerre, c'est comme l'amour ; ça se ramène
toujours à la même question : « *Combien ?* »

D'un geste machinal, il se caressa le bas du
ventre, comme pour m'indiquer plus précisément ce qu'il entendait par « amour ».

14 novembre 1912.

Les canons de Marianne

Nous apprenions avec stupeur, jeudi dernier, que le sous-préfet de Verdun avait interdit *l'Œuvre*, et que le gouverneur de la place, par la voie du rapport, consignait à la troupe les magasins et librairies où *l'Œuvre* est mise en vente. Une pareille défense causait le plus grave préjudice à nos dépositaires verdunois, et l'un d'eux évaluait ses pertes à cent francs par jour.

Pourquoi cette mesure de rigueur : Parce que *l'Œuvre* avait publié la semaine précédente au cours de son enquête : *Si nous avions la guerre...* une lettre expliquant d'une manière saisissante qu'avec un peu d'audace les Allemands pourraient prendre Verdun en quelques heures, et emporter, presque sans coup férir, tous les forts de la région... (1)

Nous ne savons pas encore qui nous a écrit cette lettre. Mais elle nous parut si bien documentée et d'un intérêt si poignant, qu'après l'avoir soumise à un spécialiste dont nul ne conteste la compétence, nous n'avons pas hésité, sur son conseil, à la mettre sous les yeux de nos lecteurs.

---

(1) On prit par la suite les précautions indispensables que *l'Œuvre* réclamait. Avait-elle eu tort d'attirer l'attention sur ce point, deux ans avant la guerre ? La bataille de Verdun a répondu...

Si cette prise des forts de Verdun, dans les conditions indiquées par notre correspondant, n'était qu'une hypothèse absurde, il était facile de le démontrer. Si les faits et les chiffres, sur lesquels il appuyait son argumentation, étaient faux ou fantaisistes, il n'était pas moins facile de l'établir. Mais mettre Verdun en état de siège pour empêcher l'*Œuvre* d'y pénétrer, quel singulier procédé de discussion ! Il n'en fallait pas davantage pour convaincre tout le monde que l'article était malheureusement trop véridique...

On l'a sans doute compris en haut lieu, car, au bout de trois jours, l'interdit a été levé, et nous n'aurons pas à demander au « Syndicat de la presse », qui d'ailleurs s'en contrefiche, de quel droit le gouverneur et le sous-préfet de Verdun mettent l'*Œuvre* à l'index. Il est vrai qu'il y a le précédent de l'ancien préfet de la Seine, M. de Selves, qui jadis n'hésita pas à faire « boucler », par les piqueurs de la voirie, tous les kiosques des boulevards où l'on vendait notre *Président, son fils et Lanes*. Puisque le préfet de la Seine a pu commettre impunément cet abus de pouvoir, il est tout naturel que le moindre sous-préfet se croie tout permis.

Nous n'aurons pas la candeur de demander à ce propos ce que devient la liberté de la presse, car nous commençons, non pas à être payés pour le savoir, mais à payer suffisamment d'amendes pour en apprécier la valeur. Dans l'espèce, il ne faut poser qu'une question ! *Doit-on le dire ?* et, hier encore, à la commis-

sion du budget, le ministre de la marine féli-
citait l'*Œuvre* d'y avoir toujours répondu affir-
mativement.

Certes, a dit M. Delcassé, je ne cache pas qu'il y ait
eu beaucoup à faire quand mon prédécesseur, l'amiral
Boué de Lapeyrère, est arrivé au ministère de la
marine, le 1ᵉʳ août 1909. Il a trouvé une situation
beaucoup plus grave que celle dont s'alarme aujour-
d'hui M. Painlevé. Depuis cette époque, la marine a
reçu 100,000 projectiles de gros calibres, chargés à
la mélinite, et 422,000 projectiles de moyens et de
petits calibres. Pour ma part, j'ai fourni 64.000 des
premiers et 242,000 des seconds.

Passons à la poudre :

Les trois quarts des poudres de la première escadre
et de l'escadre légère sont fabriqués à la diphénylamine et sont à bord. Un quart des poudres de la
deuxième escadre est déjà prêt. Ce qui manque est
remplacé par de la poudre à l'alcool amylique et prêt
à être embarqué. Il faut au maximum cinq heures
pour que le plein des soutes à poudres soit fait sur
tous les bâtiments de l'escadre.

Si l'*Œuvre* n'avait pas fait, il y a quatre ans,
sur le sabotage de nos cuirassés et la fabrication des poudres de guerre une campagne dont
la presse et le parlement ont fini par s'émouvoir, M. Delcassé ne prononcerait pas aujour-
d'hui ces paroles rassurantes (dont nous sommes,
au reste, très loin de partager l'optimisme).

Et si l'*Œuvre* recommence à Verdun — ou
ailleurs — l'utile besogne qu'elle a faite à
Toulon, nous dirons sans ambages comme
sans modestie à M. le Gouverneur et à M. le
sous-préfet qu'on ne saurait mieux servir les
intérêts bien entendus de la défense nationale.
Le patriotisme véritable ne consiste pas à répéter, entre deux roulements de tambour,

qu'il ne manque pas un bouton de guêtre, mais à bien s'assurer qu'à l'heure critique nous ne manquerons ni de poudre, ni de canons...

Or, s'il faut en croire les dernières nouvelles, nous avons les meilleurs canons du monde, les meilleurs ingénieurs pour les perfectionner, les meilleures usines pour les fabriquer ; seulement... nous préférons les vendre à l'Italie !

Écoutez le général Maitrot :

« L'Italie vient, après les expériences les plus sérieuses, d'adopter le canon Deport présenté par la Société des Forges de Chatillon-Commentry. Or, cette pièce n'est autre que notre 75 amélioré. Elle en a toute la puissance avec la légèreté du canon allemand et, de plus, peut tirer sur toutes les inclinaisons. Il paraîtrait que l'Allemagne est en pourparlers avec son alliée au sujet de l'introduction éventuelle dans l'armée allemande de ce nouveau canon Deport. Si pareil fait se réalisait, l'artillerie de nos adversaires deviendrait nettement supérieure à la nôtre grâce à l'adoption d'une pièce française. Nous aurions fourni à nos ennemis une arme pour nous battre ! »

Après celle-là, il ne reste plus qu'à tirer l'échelle. Car c'est tout ce que nous pouvons tirer, en attendant que les Prussiens tirent sur nous *nos* canons...

⁂

Mais que dis-je ? Il nous en reste d'innombrables, et nous avons bien tort de nous alarmer. Méditez plutôt ces paroles réconfortantes qu'adressait, l'autre jour, l'ancien ministre Louis Puech aux débitants de boissons réunis en congrès :

Vous êtes cinq cent mille disséminés sur toute l'étendue du territoire, possédant tous une situation qui vous permet de faire rayonner autour de vous les idées qui vous sont chères. Si vous vous attachez à vos syndicats à vos fédérations « et aux amis que vous avez dans les corps élus », si vous vous laissez guider par un seul et même idéal, rendre à votre corporation la place et les droits qui lui sont dûs, votre puissance, je vous l'assure, deviendra irrésistible.

Cinq cent mille bistros! Etes-vous capables de calculer le nombre de canons que ça représente?

La voilà bien, la force de Marianne! En cas de danger, comptons sur le comptoir. Qu'importe l'acier, puisqu'il nous reste le zinc !

N'allez pas croire surtout que je plaisante. Je n'aurais pas le cœur de plaisanter sur un sujet pareil. Ce que je vous offre ici, c'est le meilleur du programme radical-socialiste. Depuis longtemps déjà les intellectuels du parti, comme Edouard Herriot, déploraient qu'il n'eût point de doctrine. L'ancien ministre Puech vient de combler cette lacune, et ce serait, après le marchand de vins Fallières, le plus brillant théoricien de notre bistrocratie, si le ministre du commerce, présidant à l'Elysée Montmartre le banquet des mêmes bistros, n'avait ajouté (je cite *Le Temps*) :

Vous êtes à la fois, messieurs, des hommes de progrès et de conservation sociale, au bon sens du mot. A vous doit aller la confiance d'un gouvernement qui a conscience des responsabilités qui lui incombèrent du jour où il assuma la tâche de conduire la France à ses lointaines destinées. *Je vous considère comme les meilleurs artisans de la prospérité nationale, et c'est en vous rendant cet hommage que je lève mon verre...*

5 décembre 1912.

Dernière heure

Voici peut-être le document essentiel qui éclaircit le mystère, ou qui explique tout au moins le silence embarrassé du gouvernement.

D'après les techniciens, ce qu'il y a de plus intéressant dans l'invention du colonel Deport, c'est l'affût qui permet de tirer rapidement dans toutes les directions, sans qu'il soit besoin de remettre en batterie, quand on a dépassé un certain angle.

Or, cet affût a été proposé avec insistance au ministère de la Marine, comme en fait foi la lettre suivante de ce même Léon Lévy, directeur général des Forges de Châtillon-Commentry, qui se trouve aujourd'hui sur la sellette. Cette lettre du 1er juillet 1907 est adressée à M. Thomson, ministre de la Marine. La date entre parenthèses est celle de son arrivée rue Royale ; le chiffre est un numéro d'enregistrement.

(2 juillet 1907)
1079

Cⁱᵉ DES FORGES DE
CHATILLON-COMMENTRY
ET NEUVES-MAISONS

Paris, 1ᵉʳ juillet 1907.

Monsieur le Ministre,

Vous avez mis l'an dernier au concours la construction des tourelles cuirassées des nouveaux bâtiments d'escadre. Au programme que nous avons tracé pour servir de base aux études des constructeurs figuraient certaines innovations, telles que le chargement des canons sous tous les angles et le pointage par hausses conjointes avec cadrans indicateurs. La mise en application de ces dispositifs paraît avoir été suggérée à votre administration par la visite de l'escadre anglaise à Brest au cours de l'année 1905. Nous croyons bon de rappeler que les perfectionnements en question sont le fruit des conceptions de notre collaborateur, le lieutenant-colonel Deport, et qu'il n'a pas dépendu de nous que la marine nationale ne s'en assurât l'usage exclusif à leur apparition même, qui remonte à une dizaine d'années.

C'est en effet en 1895 que le Colonel Deport imagina un nouveau type de tourelles marines réalisant, entre autres progrès, le chargement sous toutes les incidences et les hausses conjointes avec cadrans indicateurs. Au lendemain même du dépôt de la demande de brevet nous nous sommes fait un devoir, selon notre constant usage, d'adresser à votre prédécesseur une description complète de l'invention. Notre lettre introductive est du 20 mai 1895. Elle a été suivie de plusieurs autres communications datées des 5 et 10 juin, 19 juillet et 12 décembre de la même année. Si vous voulez bien vous y reporter, vous constaterez que nous n'avons rien épargné pour éclairer votre administration sur l'intérêt de nos études. Nous avons été plus loin. Nous avons suspendu, jusque vers l'expiration des délais réglementaires, nos démarches pour l'obtention des brevets étrangers de manière à nous réserver la possibilité de retirer le brevet français même avant sa publication et de vous assurer le monopole avec secret de l'invention, au cas où vous en auriez exprimé le désir. Notre lettre du 19 juillet est particulièrement explicite sur ce point.

Nous avons eu lieu de croire que nos projets avaient été soumis à l'examen des divers services intéressés; mais, malgré nos pressantes instances, nos propositions sont restées sans réponse. La Direction de l'Artillerie s'est bornée à nous faire savoir verbalement qu'en présence des bons r'sultats donnés par le type en service il paraissait téméraire de s'engager dans la voie des nouveautés. Devant ces marques d'indifférence, il ne nous restait qu'à accomplir les formalités complémentaires que réclamait la protection de nos inventions.

Quelques mois après, la firme Vickers Sons et
Maxim nous fit des ouvertures pour la cession de nos
brevets anglais. Elles aboutirent le 6 août 1896 à la
conclusion d'un traité qui marque le point de départ
de leur application aux bâtiments de la flotte
britannique.

Il ne nous appartient pas d'apprécier les motifs de
la réserve observée naguère par votre Département.
Mais nous ne pouvons — et vous ne nous le repro-
cherez pas, Monsieur le Ministre — taire nos regrets,
quand nous voyons aujourd'hui la Marine nationale
emprunter à la flotte étrangère une invention française dont ses auteurs lui avaient, il y a douze ans,
offert la primeur et l'usage exclusif.

Veuillez, etc.

Le Directeur,
Signé : LÉON LÉVY.

Les tourelles et les affûts étaient construits
d'après les mêmes principes. Et ce qui se
passe en ce moment, pour l'affût, est exactement ce qui s'est passé pour la tourelle.

Même négligence, même impéritie ; et le
modèle de tourelle passe en Angleterre,
comme le modèle d'affût passe en Italie — et
de là, sans doute, en Allemagne (voir, dans
l'article qui précède, ce qu'en dit le général
Maitrot).

Pourquoi, dès cette époque, les offres de
Châtillon-Commentry n'ont-elles pas été
prises en considération par le ministère de la
Marine ? Parce qu'il était fort occupé, en ce
temps-là, par le coup de bourse qui se préparait sur la fameuse poudre Luciani.

Il faut reconnaître que la lettre de ce M. Lévy
est une merveille d'ironie. Et il est évident
qu'à l'heure actuelle — s'il est vrai que tous
nos ministres présents, passés et futurs sont

solidaires — elle doit gêner terriblement
M. Delcassé.

Comprenez-vous maintenant pourquoi, malgré les attaques de plusieurs confrères, les administrateurs de Châtillon-Commentry ne cherchent pas à se disculper ? C'est qu'ils « voient venir » le gouvernement et tiennent en réserve la lettre que nous publions.

D'autre part, le gouvernement doit leur dire : « Attention ! Si vous livrez à la publicité cette lettre qui vous décharge, mais en établissant que la Marine n'a pas compris l'importance de l'invention du colonel Deport, nous vous coupons toutes les commandes... »

L'État est un client trop sérieux pour qu'on ne le traite pas avec ménagement. Et le conseil d'administration, sous la présidence de M. Léon Lévy, attend avec patience que le conseil des ministres ait enfin trouvé la bonne petite combinaison, le biais qui arrangera tout et conciliera tous les intérêts, sauf, bien entendu, ceux de la défense nationale...

Nous sommes au regret, messieurs, de mettre encore une fois les pieds dans l'assiette au beurre...

5 décembre 1912.

Nous fabriquons des canons ...pour les Boches !

Finirons-nous par savoir la vérité sur cette livraison de nos meilleurs canons français à nos ennemis éventuels, que n'a pu nier la société des forges de Châtillon-Commentry ?

Il y a quinze jours, au moment où nous mettions sous presse, on nous apporta une lettre adressée au ministre de la Marine le 2 juillet 1907 par M. Léon Lévy, directeur de Châtillon-Commentry. Cette lettre prouvait qu'une autre invention du colonel Deport — un modèle de tourelle cuirassée — avait été soumise au ministère, qui n'en avait pas compris l'importance.

Bien édifiante, et, s'il s'agissait d'un sujet moins grave, bien réjouissante, cette histoire de tourelles. Devant l'indifférence ou le refus du gouvernement français, les constructeurs vendent leurs brevets à la compagnie Vickers Sons et Maxim. Aussitôt, les cuirassés britanniques sont pourvus de tourelles Deport. En 1905, l'escadre anglaise vient nous rendre visite à Brest.

— Oh ! s'écrient nos « maritimes », vous avez là des tourelles admirables ! Elles permettent le chargement des canons sous tous les angles et le pointage par hausses conjointes

avec ses trans indicateurs. C'est une merveille...
Quel est donc l'inventeur de cet ingénieux
système ?

Et l'on voit, sur le pont de son navire, un
amiral anglais aux lèvres ironiques répondre
avec un sourire « rentré » :

— L'inventeur ? Mais c'est *votre* colonel Deport !

Là-dessus, nos maritimes s'échauffent : il
leur en faut aussi, de ces tourelles cuirassées !
Et je crois bien qu'ils ont fini par en avoir...
dix ans après l'Angleterre !

⁂

Cet épisode vaudevillesque est raconté entre
les lignes, dans la lettre aux réticences nar-
quoises et aux dessous pointus que nous avons
publiée. Elle permettait à M. Léon Lévy de répondre aux justes et nécessaires attaques dont
il a été l'objet : « Que voulez-vous ? C'est toujours la même histoire ; quand je construis une
bonne tourelle blindée ou un affût perfec-
tionné, je commence par les offrir aux ministres
de France ; est-ce ma faute s'ils n'en veulent
pas ? Alors, je me retourne vers l'étranger. Ne
me dites pas qu'au moment où j'ai traité avec
l'Angleterre, il n'était pas encore question
d'entente cordiale ; nous étions même menacés, en ce temps-là, d'un bombardement de nos
côtes par la flotte britannique, et, ce que je
vendais à l'Angleterre à la veille de Fachoda,
c'étaient des engins qui pouvaient l'aider à
couler plus aisément les bateaux français,
comme je vends aujourd'hui à la Triplice d'excellents canons pour réduire en marmelade

les soldats de France. Mais qu'est-ce que vous
voulez ? Les affaires sont les affaires... »

※

Commentant la lettre de Lévy publiée par
l'Œuvre, notre confrère Cassagnac, dans un
violent et généreux article, s'en prenait au
« misérable » Thomson et l'accusait, une fois
de plus, d'avoir saboté la marine française.
Venant à la rescousse, le *Rappel* l'accusait de
« haute trahison ».

M. Thomson a senti la nécessité d'esquisser
un geste de protestation, et, piteusement, il a
prié le colonel Deport de plaider sa cause.
Celui-ci vient d'écrire au *Rappel* :

> *Monsieur le Directeur,*
>
> *Vous empruntez, ce matin, à l'Œuvre l'information
> suivante : « Le colonel Deport avait offert ses tourelles et
> ses canons à M. Thomson, ministre de la Marine. Il ne
> reçut jamais de réponse. »*
>
> *La vérité est que c'est en 1895 que les innovations se rap-
> portant aux tourelles marines ont été préconisées et sou-
> mises à la Marine. M. Thomson, qui détenait le porte-
> feuille de la Marine en 1906, a, au contraire, prescrit la
> première application de mes conceptions, en en retenant
> les principes et en faisant appel à la concurrence des usines
> industrielles, pour en assurer la réalisation. Quant à mes
> canons, je n'ai jamais eu l'occasion d'en présenter au mi-
> nistère de la Marine.*
>
> *Agréez, monsieur le Directeur, mes salutations distin-
> guées.*
>
> DEPORT,
> *lieutenant-colonel en retraite.*

Je me permets de faire observer au colonel
Deport que l'information du *Rappel* n'était pas
empruntée à *l'Œuvre*, mais bien à la lettre
même du directeur de Châtillon-Commentry.
Et nous avons pris soin de distinguer l'affaire
des tourelles et celle des canons, pour en faire

mieux ressortir, d'ailleurs, la frappante analogie.

Quant à la personnalité de Thomson, elle est vraiment négligeable dans un tel débat. Ce qui nous intéresse, c'est l'état de notre défense nationale, et le *Rappel* ajoute très justement :

Nous donnons acte, bien volontiers, de ses déclarations à M. le colonel Deport.

Si elles dégagent la responsabilité de M. Thomson sur ce point, elles engagent par contre celle de ses prédécesseurs, de 1895 à 1906.

Ce qui importe d'ailleurs, essentiellement, c'est le *fait* que des canons français et des tourelles françaises, inventées par un officier français et qui constituaient une supériorité d'armement, aient pu être vendues à des puissances étrangères.

La question reste entière. Nous attendons une réponse.

La réponse tardant à venir, la question fut posée de nouveau, sous la forme parlementaire, par le député Joseph Denais. Le *Journal officiel* du 6 décembre publiait cette lettre à M. Millerand :

Est-il exact que les établissements de la guerre aient construit, pour le compte d'une société privée, des canons destinés à une puissance étrangère, et dans le cas de l'affirmative, à quel chapitre, à quel article de budget de la guerre ont été portées en recettes les sommes payées pour cette fourniture ?

Le 14, M. Millerand a répondu :

Le fait visé par la question ci-dessus n'est pas exceptionnel : il est arrivé fréquemment que le ministère de la guerre — comme d'autres départements ministériels — ait exécuté dans des établissements de l'État, à titre de cession, des travaux (fabrications ou réparations) pour le compte soit de sociétés particulières, soit même de gouvernements étrangers : cette pratique est justifiée en ce qui concerne le ministère de la guerre par l'utilité même

qu'elle est susceptible de présenter au point de vue des in-
térêts dont ce département a la charge.

Il est exact que le service de l'artillerie a confectionné,
en 1911, pour le compte d'une société privée, cinq spécimens
d'un nouveau matériel destiné à des essais à l'étranger.

Admirable !

Nous n'attendons point qu'on nous explique pourquoi il est extrêmement « utile » au ministère de la guerre français de fabriquer des canons pour l'armée allemande. Non, nous savons que M. Millerand est un avocat de grand talent, et nous lui faisons grâce de cette démonstration. Nous savons bien aussi qu'il n'est en rien responsable de cette criminelle folie, et que, par solidarité ministérielle, il s'applique de son mieux à couvrir son prédécesseur.

Mais les administrateurs de Châtillon-Commentry s'imaginent-ils que nous allons nous contenter de cette réponse, de cette défaite — en attendant les autres ?

❧

J'ai sous les yeux une brochure anarchiste intitulée : « Si la guerre éclatait… sommes-nous prêts ? » Vous devinez de quelle préparation il s'agit : les anarchistes se demandent si, en cas de guerre, ils seraient prêts à empêcher la mobilisation et à saboter la défense nationale.

Et je vois bien toute l'indignation patriotique que doit exciter une pareille propagande dans les âmes bien nées ; mais je ne vois pas du tout comment nos fabricants de canons peuvent s'y prendre pour la réprouver et la réprimer.

Il y a là un sinistre : « *Pas mal et vous ?* » dont
les anarchistes — par bonheur mal informés
— pourraient faire un effroyable usage. Et si,
convaincus par les disciples de Gustave Hervé,
les ouvriers de Châtillon-Commentry sabotaient
les forges et les usines où l'on travaille si dili-
gemment pour le roi de Prusse, je voudrais
bien savoir ce que pourrait leur reprocher le
procureur de la République. Ironies para-
doxales ! Nous vivons dans un monde à l'envers,
où tous les rôles sont si bien retournés, que
les antipatriotes finiront par être, à leur insu,
les meilleurs défenseurs de la patrie !

19 décembre 1912.

Pourquoi la guerre est impossible

— Non, non, nous n'aurons pas la guerre...

— Vous en êtes sûr ?

— Parfaitement sûr.

— Il est vrai que l'horizon semble rasséréné.

— Oh ! il est encore assez sombre !

— C'est donc que les négociations de Londres vous paraissent heureusement conduites ?

— Ma foi non ! Jusqu'à présent cette double conférence n'a fait que de la bouillie double.

— Alors, d'où vient votre optimisme ?

— Où prenez-vous que je sois optimiste ?

— Ne dites-vous pas que la guerre est impossible ?

— Et je le répète ; mais ce n'est pas du tout la même chose.

— Si vous en êtes à ce point convaincu, d'où tirez-vous votre conviction ?

— D'un simple raisonnement. Si nous avions la guerre, ce serait avec l'Allemagne, et l'Allemagne ne ferait de nous qu'une bouchée...

— Permettez...

— Laissez-moi suivre mon raisonnement. Pour mettre les choses au pis, nous aurions à souffrir tous les maux d'une nouvelle invasion, et, la guerre finie, la France ne serait plus qu'une province allemande.

— C'est-à-dire... ?

— C'est-à-dire que nous serions tenus d'absorber tous les produits de l'industrie alle-

mande, que les Allemands s'installeraient
tranquillement chez nous, comme dans une
colonie, pour exploiter à leur guise nos richesses nationales, nos vignobles, nos mines, etc.
Guillaume nous imposerait des ministres allemands, de hauts fonctionnaires allemands, et
il profiterait de l'occasion pour se débarrasser
d'un certain nombre de Juifs qui commencent
à l'embêter...

— Vous êtes gai !

— C'est ainsi que les mines du Calvados
seraient livrées à Thyssen, que nos fabricants
de Champagne s'appelleraient Mumm...

— Mais n'est-ce pas ainsi qu'ils s'appellent ?

— Tous les jouets de nos enfants viendraient
d'Allemagne...

— Comme aujourd'hui.

— Toutes les grandes administrations, tous
les ministères n'achèteraient que du matériel
allemand...

— Comme aujourd'hui...

— Qu'y aurait-il de changé en France ?

— Absolument rien.

— Quel intérêt auraient donc les Allemands
à faire la guerre ?

— C'est moi qui vous le demande.

— Il est certain qu'ils n'y gagneraient pas
grand'chose. Et comme ce sont gens réfléchis,
circonspects, économes, vous devinez qu'ils se
garderont de dépenser inutilement leur poudre,
leur argent et leur sang.

— C'est donc pour cela qu'à votre avis nous
ne courons aucun risque de conflit avec l'Allemagne ?

— Pour cela même. Ajoutez-y que la guerre nous saignerait à blanc, et que l'Allemagne, qui « profite sur nous », comme parlent les Belges, n'a aucun intérêt à nous ruiner.

— Alors, nous n'avons plus à craindre de devenir un jour sujets du Kaiser... ?

— Car nous le sommes déjà... Hoch ! Hoch !

— Hoch !

2 janvier 1913.

Les naufrageurs

Dimanche, sur le quai de la Joliette, un batelier m'offre de faire un tour dans le port. Nous traversons un bassin où deux bateaux sont amarrés côte à côte, l'un allemand, l'autre français.

Au premier coup d'œil, le contraste est saisissant. Le premier est tout neuf, reluisant, coquet, d'apparence solide et confortable. La coque du bateau français est lépreuse, verdie par l'eau ou noircie par la poussière de charbon.

Le batelier suit mon regard, et comprend.

— Tout est pourri par dessous...

— A quelle compagnie appartient ce navire ?

— C'est un transatlantique, le frère du *Saint-Augustin*. Il aura le même sort...

— Il n'y a donc pas des inspecteurs qui vérifient l'état des bâtiments avant leur départ ?

— Si... Mais comment voulez-vous qu'ils se permettent de faire un rapport contre la toute-puissante Compagnie ? Ils montent à bord, sablent le champagne, et se déclarent satisfaits.

— N'empêche qu'après la catastrophe du *Saint-Augustin*, le ministre de la Marine leur a infligé un « blâme » par télégramme officiel.

— Ça, c'est pour la frime. Quelles observations a-t-on faites à la Compagnie ? L'a-t-on contrainte à retirer du service ses « cercueils flottants » ? Voyez ce qui est arrivé l'autre jour à *La Navarre*. Ce transatlantique, qui

venait de la Vera-Cruz, est resté en panne, une
de ses hélices étant brisée ; il a fallu que
l'*Athlète* le remorquât jusqu'à Saint-Nazaire...

A ce moment, nous longions la coque de la
Ville de Bône.

— Les canots de sauvetage, dit le marin,
sont toujours insuffisants pour contenir tous
les passagers, en cas d'accident. Mais remarquez comment sont amarrés ceux que vous
apercevez sur le pont... Ni les treuils, ni les
poulies ne fonctionnent ; toute la mécanique
est rouillée, et, en temps ordinaire, avec tous
les outils indispensables, il faudrait au moins
deux heures pour mettre à flot ces embarca-
tions... Que serait-ce au milieu d'une panique !

Marseille, 27 mars 1913.

Les verres de lampe

Je n'ai pas pu lire sans émotion la lettre que voici :

Paris, 24 mars 1913.

Monsieur Téry,

Je suis une vieille ouvrière, et, depuis trente-cinq ans que je pousse l'aiguille, je puis dire que j'ai usé quelques verres de lampe.

Mais, je vous l'avoue, je n'en ai jamais eu autant d'éclatés (quatre ou cinq par mois) que depuis une dizaine d'années, depuis, en réalité, que l'industrie allemande a supplanté la nôtre dans cette fabrication et que nos commerçants se sont mis à vendre ces produits qui portent cette mention outrageante pour nous : « Importé de Saxe ».

Aussi faut-il voir l'épaisseur de ces verres-mousseline plus ténus encore à l'étranglement, et qui se brisent même lorsque la lampe est éteinte, au moindre souffle de température, par l'ouverture d'une porte, par exemple.

Jadis nos verres de lampes à pétrole, sortant des verreries françaises, étaient bombés à l'endroit où donne la flamme. Était-ce leur forme ou leur qualité ? Toujours est-il qu'ils duraient de longs mois et ne grevaient pas comme aujourd'hui, en temps de progrès — quel progrès ! — les maigres revenus de nos veillées.

Veuillez dire cela, Monsieur, et demandez aux vendeurs de cette pacotille pourquoi ils favorisent de la sorte la mauvaise foi des importateurs étrangers, tout en concourant à la ruine de nos verriers et à la diminution des profits que la couturière tire si péniblement de son travail.

Vous aurez, Monsieur, rendu service à bien des pauvres.
JEANNE G..., *Couturière.*

Vous le dites mieux que moi, Madame, et d'une manière plus persuasive, car elle est plus touchante...

3 avril 1913.

« ...*Donc louable...* »

La guerre à l'Allemagne est déclarée. La première bataille a été livrée le mercredi 2 avril 1913, et, naturellement, c'est l'*Œuvre* qui l'a gagnée.

Elle a duré cinq bonnes heures. Nous plaidions, nous luttions contre la Société Rademacher, de Hambourg. Et nous soutenions cette thèse, en apparence raisonnable, qu'il ne convient pas de nourrir les soldats de l'armée française avec des conserves allemandes.

Mais la Société hambourgeoise, qui fournit les conserves alimentaires à nos régiments, trouvait cette prétention impertinente, insolente, exorbitante. C'est pourquoi elle n'hésitait pas à nous poursuivre devant la neuvième chambre, non de Berlin, ni de Hambourg, mais bien de Paris, et elle était parfaitement sûre de nous faire condamner pour nous apprendre, ou plutôt pour nous remémorer que le pays qui s'appela autrefois la France n'est plus aujourd'hui qu'une colonie germanique. Or, par définition, une colonie est faite pour consommer les produits de la métropole, et qu'ils soient bons ou mauvais, la colonie n'a qu'un droit, celui de dire merci.

⚜

Quand notre avocat eut terminé sa vaine plaidoirie, le ministère public, représenté par M. le substitut Granié, fut prié de dire son sentiment, et, d'une voix lente, méticuleuse, froide, avec de petits gestes pondérés, menus et délicats, comme s'il pesait une tranche de vérité dans une balance invisible, le magistrat prononça ces paroles inouïes :

J'ignore si le bouillon Springer (Rademacher) est ou n'est pas de la camelote. Juridiquement, il n'était pas permis de dire que c'en était. Mais cette assertion ne fut qu'un écart de plume au cours d'une campagne d'ensemble. Et la campagne poursuivie par l'*Œuvre*, consistant à soutenir qu'il ne faut pas demander à l'étranger les produits destinés à la défense nationale, est de bon sens et de patriotisme, donc louable. Le tribunal devrait, à mon sens, s'en souvenir quand il déterminera la quotité des sanctions.

Ainsi parla très exactement M. le substitut Granié, comme en font foi les notes des diligents sténographes judiciaires, MM. Corcos. Et depuis tantôt dix ans que je comparais devant les divers tribunaux de mon pays pour y répondre de mes excès de zèle national et patriotique, je commence à être blasé sur les émotions du prétoire. Je me rappelle ces audiences de la cour d'assises d'Agen où la foule nous accueillait en hurlant : « A mort ! A la Garonne ! ». A la fin de ce même procès, que m'avait valu un autre « écart de plume », comme parle l'honnête substitut, je me rappelle le verdict d'acquittement triomphal qu'applaudissait à tout rompre la même foule, gagnée à notre cause. Faisant contraste à ces tumultueuses séances, je me rappelle mes deux comparutions devant les juges muets et glacés du Conseil supérieur de l'Instruction publique, encore pour deux « écarts de plume ». Ah! qu'elle fut poignante, cette audience-là... Eh

bien ! jamais aucun plaidoyer, aucun incident,
aucune déposition, aucun verdict ne m'a causé
une impression plus vive que ces quelques mots,
secs et nets, dits très simplement par un
magistrat de mon pays...

Vous allez rire.

— Vraiment, direz-vous, il ne vous en faut
pas beaucoup. Ne vous apercevez-vous point
que le substitut Granié opine du bonnet à
votre condamnation ? La « quotité des sanctions »... C'est clair. Traduisez : « Vous ne
pouvez absoudre. Mais dans l'espèce, le
patriotisme des intentions est une circonstance atténuante. »

Et vous trouvez que ce n'est rien ? Est-il
donc besoin de vous remettre en mémoire tous
nos démêlés avec la Justice, depuis que
l'*Œuvre* est fondée ? Rappelez-vous seulement
quelle fut la conséquence de notre première
campagne contre les saboteurs de la flotte.
Alors, comme aujourd'hui, nous dénoncions les
méfaits des grands métallurgistes ; nous avions
montré les malfaçons des fournisseurs de la
marine : qu'il fût question des tôles ou des
aciers, des tourelles ou des plaques de blin-
dage, des chaudières ou des canons, des obus
ou des poudres, c'était partout la même
gabegie, et nous nommions les administrateurs
de grandes compagnies, les hauts fonctionnaires félons, les gros financiers à l'affût de
nouvelles commandes, tous les « ventres
dorés » qui s'engraissent de la substance
nationale. Ce fut un formidable scandale, qui

provoqua d'abord la chute du ministre de la
marine, puis du cabinet tout entier. Mais,
comme de juste, l'on avait commencé par
s'en prendre à nous et par poursuivre l'*Œuvre*.
Je fus convoqué chez un juge d'instruction.
C'était un homme d'esprit. Il eut tôt fait de
reconnaître que j'avais beaucoup de choses à
dire aux jurés, si l'on commettait l'imprudence de me déférer une seconde fois à la cour
d'assises, et l'on se hâta d'étouffer l'affaire,
d'autant que la catastrophe de la *Liberté*
venait d'apporter à notre campagne une confirmation d'une sinistre éloquence...

Mesurez tout le chemin parcouru depuis lors.
Quand nous plaidons la cause de nos marins ou
de nos soldats, quand nous osons demander
que les millions destinés à la défense nationale soient réellement employés à la défense
nationale, il n'est plus question de nous faire
asseoir entre deux gendarmes sur les mêmes
bancs que les bandits tragiques. Un magistrat
s'est rencontré pour reconnaître que nos campagnes sont « patriotiques » ; il nous laisse prévoir que notre « patriotisme » ne sera puni,
cette fois, que d'une amende légère. Quel progrès ! Quelles radieuses perspectives ! A
l'heure où j'écris, j'ignore encore quelle sera la
« quotité de ma sanction », et le présent
numéro aura vu le jour quand le jugement sera
rendu ; mais qui sait ? Nous n'aurons peut-être
que 16 francs d'amende avec application de la
loi Bérenger. « Oui, c'est entendu, dira sans
doute l'arrêt, votre campagne est de bon sens
et de patriotisme ; passe pour cette fois, mais
n'y revenez pas ! Si l'on vous surprenait encore

en flagrant délit de patriotisme, nous serions obligés de vous saler... »

Compris, messieurs les juges ; on sera prudent. Et puisque nos déplorables lois ne permettent aux magistrats français de louer le bon sens et le patriotisme qu'en leur infligeant des amendes progressives, nous nous appliquerons à dissimuler de notre mieux ces qualités funestes ; nous ferons notre possible pour ne plus raisonner juste et droit ; nous tairons, nous cacherons notre patriotisme comme une maladie, non pas honteuse, mais coûteuse.

Quant à la défense du commerce français, nous avons aussi très bien entendu la leçon : « J'ignore si le bouillon Rademacher est ou n'est pas de la camelote. Juridiquement, il n'était pas permis de dire que c'en était... » Juridiquement, soit, mais *autrement*, est-il permis de dire que c'en est ? Pas davantage. Il est permis de dire que la camelote allemande est allemande, mais non qu'elle est camelote.

Aussi bien, s'il s'agit plus précisément du bouillon Rademacher, le mot « camelote » serait d'une impropriété criante ; en effet, camelote, au sens propre, veut dire « fabriqué avec du poil de chameau », et nul ne s'avisera de soutenir que le poil de chameau entre pour quoi que ce soit dans la composition des bouillons germaniques, car tout le monde sait qu'ils sont fabriqués avec de la colle d'os et les sous-produits de la bière.

Il est donc permis de dire que ce n'est pas de la camelote. Ah ! mais non !

Seulement, tout compte fait, nous préférons que les honnêtes maisons de Hambourg et d'Heilbronn réservent leurs bouillons, leurs conserves de « singe » et leurs rinçures de chopes aux soldats du Kaiser.

Est-ce trop demander ?

10 avril 1913.

Les Boches font condamner l'Œuvre pour diffamation

Voici le texte du jugement rendu le 9 avril par la neuvième Chambre, qui condamne l'*Œuvre*, en la personne de son gérant, M. Gardanne, à payer des dommages-intérêts au Boche Springer :

Le Tribunal,

Attendu que Springer demande que Gardanne soit condamné à lui payer 25.000 francs de dommages et intérêts à raison du préjudice que lui aurait occasionné un article diffamatoire publié dans le numéro du 17 octobre 1912 du journal l'Œuvre dont il est le gérant, contenant le passage suivant :

« Dans nos articles sur les maisons Knorr et Springer reproduits à peu près textuellement par le Matin, sans indication d'origine, nous avons montré combien il est facile aux Allemands de fonder des sociétés anonymes françaises pour nous inonder plus aisément de leur camelote. »

Attendu que le demandeur signale que ce passage fait un rappel d'un article diffamatoire publié dans le même journal le 26 octobre 1911 ; mais qu'il n'y a lieu de tenir compte du contenu dudit article, la prescription étant acquise.

Attendu que le passage incriminé représente Springer comme ayant profité de la facilité avec laquelle des Allemands peuvent fonder des sociétés anonymes françaises pour inonder plus aisément la France de leur camelote ; que cette allégation, concernant un fait précis, est de nature à porter atteinte à l'honneur et à la considération du demandeur ; que les explications fournies à la barre permettent d'apprécier le préjudice causé et de proportionner la peine au délit ; qu'il échet de faire application à Gardanne des dispositions des articles 29, 32 et 42 de la loi du 29 juillet 1881.

Par ces motifs,

Condamne Gardanne à 50 francs d'amende ; le condamne par toutes voies de droit et même par corps à payer à Springer la somme de 100 francs à titre de dommages-intérêts ; le condamne en outre aux dépens.

Fixe au minimum la durée de la contrainte par corps.

Tous nos remerciements aux confrères qui, en publiant ces attendus, ont bien voulu noter qu'en fait, c'est *presque* un acquittement. Nous aurions évidemment préféré l'acquittement complet ; mais, comme *l'Œuvre* l'expliquait la semaine dernière, si le patriotisme en France n'expose plus qu'à cinquante francs d'amende, n'est-ce pas déjà un très sensible progrès ?

17 avril 1913.

Un cas entre mille

Que répondre à cette lettre :

Le 5 avril 1913.

Monsieur,

Je suis un de vos fidèles et vous demande conseil et aide.

J'ai une affaire de commerce de gros concernant la pharmacie ; elle va très bien et prend tous les jours de l'extension.

Je veux l'agrandir et y adjoindre une industrie s'y rattachant et me permettant d'être maître du marché français, et de m'imposer à l'exportation.

Je me suis adressé à des Français pour avoir des capitaux. Naturellement, ils ont voulu me voler et m'ont en partie dépouillé du fruit de mon travail.

Désespéré, j'ai alors écrit à un Allemand. Celui-ci s'est mis à ma disposition pour me fabriquer ce que je voudrai, tout en me laissant mon bénéfice intégral, sans chercher à me ravir ma clientèle.

Depuis plus de six mois j'ai sa proposition en poche. Je ne puis me décider à lui dire que j'accepte : c'est plus fort que moi.

Entre temps, j'ai tenté des démarches auprès de deux autres Français. Ceux-ci n'ont cherché qu'à me voler.

Cependant le temps presse ; c'est une situation commerciale qu'un autre peut prendre d'un jour à l'autre, et, poussé par la nécessité de me faire la place au soleil à laquelle j'ai droit, je finirai par porter ma clientèle à l'étranger.

Monsieur Téry, j'ai recours à vous...

Je ne puis que remercier mon correspondant de la confiance dont il veut bien m'honorer ; mais je ne le connais pas, et je connais encore moins son affaire, dont il ne parle que par allusion. Il fait d'ailleurs très bien de ne pas me l'exposer, car, lorsqu'il s'agit d'industrie pharmaceutique, je dois avouer honnêtement mon incompétence.

Dans ces conditions, quel conseil pourrais-je donner?

Mais le cas nous intéresse, comme il intéresse tous nos lecteurs, parce qu'il nous découvre une des causes profondes de la crise dont souffre notre commerce. A cette heure, il est impossible aux Français intelligents et actifs d'exploiter une invention française, de mettre en œuvre une idée française *avec des capitaux français*. Par la faute de nos établissements de crédit, notre système financier fonctionne de telle manière que tout notre argent passe à l'étranger, et, c'est avec notre argent que les Allemands nous battent sur le terrain économique, en attendant qu'ils nous achèvent sur les champs de bataille.

10 avril 1913.

Où est notre or ?

Notre argent passe à l'étranger... Il serait plus exact de dire « notre or ».

Qui n'a remarqué, depuis quelques mois, combien nos louis deviennent rares ?

Il y a des banques à Paris où l'on trouverait aisément l'explication de cette disette.

L'or français fait prime à l'étranger, et plusieurs Etats, prévoyant la guerre, voudraient s'assurer une forte réserve d'or. Comment s'en procurer ? Rien de plus facile : il suffit de venir en drainer chez nous, et le drain, c'est à l'ordinaire un très innocent garçon de recette.

Voici, par exemple, un encaisseur qui doit recouvrer aujourd'hui une vingtaine de mille francs pour un grand magasin. En comptant sa recette, le soir, il trouve dans sa sacoche 6.000 francs en pièces d'or. (Ou, du moins, il les y trouvait, car maintenant, et pour cause, la proportion d'or a sensiblement diminué).

Notre garçon de recette sait qu'au guichet de telle banque, pour mille francs d'or on lui donnera un billet de mille, et, pour sa peine, une pièce de cent sous. Avant de rentrer au magasin, il fait un crochet, s'arrête à la banque, échange son or contre des billets, et... il a gagné trente francs. Quelle aubaine pour un pauvre diable qu'on paie 150 francs par mois !

Naturellement, le caissier du grand magasin ne fait aucune observation à l'encaisseur : que lui importe d'être payé en papier ou en métal ! Le total de ses additions reste le même.

Et comme toujours, nous ne nous apercevons que beaucoup plus tard, trop tard, du tour qu'on nous a joué. « Ah! vous allez encore me rendre ma monnaie en pièces de cent sous? Quarante-cinq francs de *thunes*! Où voulez-vous que je les mette? Vous n'avez donc pas d'or? Où est notre or? »

— Il est en route pour Berlin, cher ami, s'il n'y est arrivé déjà. Cours après.

Cette autre forme de la captation allemande était d'ailleurs facile à prévoir. Après s'être assuré toutes les ressources de notre crédit, nos voisins devaient faire main basse sur notre monnaie. Il est même étonnant qu'ils ne s'en soient pas avisés plus tôt. Et c'est une nouvelle preuve qu'ils ont l'intelligence un peu lente.

Mais que dire de la nôtre!

Étonnez-vous après cela qu'un journal de Berlin, la *Taeglische Rundschau*, puisse annoncer tranquillement qu' « une grande banque française offre à l'Allemagne de l'argent pour trois mois dans des conditions fort avantageuses »!

A quoi bon se cacher? Qui proteste?

10 avril 1913.

Comment ils parlent de nous...

Un journal de Lucerne, *l'Union Helvétia,* dans son numéro du 20 mars, publie une curieuse lettre d'un Suisse établi à Nice :

« Que les Français nous fassent concurrence chez eux, c'est tout naturel », accorde ce sympathique Helvète.

Si nous n'avions plus le droit de faire concurrence aux innombrables étrangers installés chez nous, ce serait tout de même un comble !

Mais quel signe de notre déchéance et de notre avilissement qu'un brave Suisse puisse écrire cela tranquillement, sans la moindre intention d'ironie !

Le brave Suisse continue :

« ... C'est tout naturel, mais prétendre qu'ils ont pour nous de l'inimitié, c'est tout à fait inexact. Ce qui arrive quelquefois, c'est que les Suisses allemands sont pris pour des Allemands et dans ce cas, il n'y a rien d'extraordinaire à ce que les Français témoignent de l'antipathie à ceux qui n'ont cessé de leur donner des preuves d'animosité.

« Les Français auraient certes plus de motifs de se plaindre que les Suisses, car il n'est pas rare qu'en France on refuse la candidature d'un employé précisément parce qu'il est Français, tant est enracinée dans l'esprit de certains hôteliers l'opinion erronée qu'un Français ne saurait être un bon employé d'hôtel.

« S'il y a un pays qui fournisse des sujets de mécontentement, c'est bien plutôt l'Allemagne tout à fait inhospitalière en général envers les étrangers, car je doute fort qu'à Berlin on trouve le huitième des premiers emplois donnés à des étrangers, alors qu'en France c'est tout le contraire. Directeurs, chefs de réception, secrétaires, maîtres d'hôtel, etc., très peu sont Français, si peu même qu'il ne faut pas s'étonner si à l'heure qu'il est les intéressés se mettent enfin à protester.

« Ceci prouve que notre situation en France est loin d'être compromise, surtout par des Français, car si nous sommes quelquefois évincés ou concurrencés, c'est uniquement par les Italiens et les Allemands. »

En France, les Suisses n'ont plus qu'une seule concurrence à craindre : c'est celle des Allemands. Quant aux Français, il y a belle lurette qu'il n'en est plus question...

10 avril 1913.

Les double-Français

Bien qu'il soit homme d'esprit, M⁰ Gallet plaidait contre nous, mercredi, à la neuvième Chambre. Et s'il ne fallait que de la finesse et de la verve pour gagner un procès, le subtil avocat nous eût apparemment déconfits. C'est tout au plus si l'éloquence de notre avocat nous eût sauvé la face, à défaut de la mise.

Mais, dans ce procès, où il s'agissait seulement de savoir si les clients de M⁰ Gallet étaient ou n'étaient pas Allemands, un seul détail gênait quelque peu M⁰ Gallet : c'est que, par une fâcheuse coïncidence, ses clients étaient précisément nés en Allemagne.

Pourtant, il faillit s'en tirer par un mot d'un adorable humour. Ayant rappelé que l'un des marchands de conserves hambourgeois avait cru devoir se faire naturaliser dans son âge mûr pour vendre plus aisément ses produits à l'armée française, M⁰ Gallet s'écria :

— En somme, ils sont Français comme vous ! Entre eux et vous, il n'y a qu'une petite différence, celle du lieu de naissance...

※

A quoi, notre avocat répliqua dans sa plaidoirie :

Votre client est trop modeste, mon cher confrère. Comme un autre de ses compatriotes — c'est un Allemand que je veux dire — il pourrait tirer de sa naturalisation toute fraîche

un argument beaucoup plus fort : « Français ?
Mais je le suis plus que vous ! Car vous êtes né
en France, vous n'avez aucun mérite à l'être.
Qu'est-ce que vous avez fait pour ça ? Tandis
que moi, qui suis né à Berlin, pour être Français, il a fallu que je le veuille et que je le
demande !.. »

Les juges eux-mêmes ne purent s'empêcher
de rire.

Il y a des juges à Paris.

Et même des juges parisiens.

10 avril 1913.

Les Boches déclarent la guerre à l'Œuvre

Comme il est naturel, les Allemands ne sont pas contents de notre campagne, et ils ne nous l'envoient pas dire. On nous communique divers journaux d'Outre-Rhin, grands ou petits qui nous raillent ou nous injurient. Ils vont jusqu'à reprocher à l'*Œuvre* la couleur de sa couverture, et c'est sans doute que cette couleur ne lui vient pas de Prusse comme celle du pantalon de nos soldats. Quant à moi, on me représente comme « un des plus insensés parmi les surpatriotes de France ». Voilà qui n'est pas loin de me faire grand plaisir.

Mais négligeons les brocards de l'ironie allemande. Il y a, dans les chroniques de nos confrères teutons, des réflexions qui ne sont peut-être pas très flatteuses pour notre orgueil national, mais qui n'en sont que plus utiles à méditer. Voici, par exemple, quelques passages d'un long article que nous trouvons dans le *Mannheimer Tageblatt* et la *Barmen Zeitung*, et qui a été reproduit par beaucoup de feuilles germaniques :

Depuis quelque temps Gustave Téry a une spécialité : il mène le combat contre le commerce allemand et l'industrie allemande et prépare le boycottage, dont on commence à s'aviser dans le camp des nationalistes, contre les marchandises allemandes et les filiales parisiennes des maisons allemandes. Dans le dernier numéro de son périodique, couleur de poison, Téry publie une liste de maisons françaises qui ont

des rapports commerciaux avec des maisons allemandes, ou qui sont fondées avec des capitaux allemands — et ceci, naturellement, avec le dessein
d'éloigner de ces maisons, tous les « vrais »
Français.

L'Allemand qui lit cette liste, ne pourra d'abord se
défendre d'un certain orgueil, en voyant que l'industrie et la technique allemandes dominent à ce
point sur tant de marchés français. Ce sont des appareils de construction allemande que l'on trouve à la
Tour Eiffel, à Bordeaux, à Ajaccio, à Tanger, sur la
côte marocaine et jusque dans l'Extrême-Soudan. Les
ministères, les hôpitaux, les gares de Paris ont des
calorifères allemands. Les appareils d'éclairage que
l'on trouve dans les appartements de Paris, qui
s'appellent Wotan, Osram, Tantale et de quelque
autre nom poétique, ceux qui éclairent les restaurants de nuit ou les lieux de plaisir de Montmartre
sont livrés par les entreprises allemandes d'éclairage.
Les pneumatiques des automobiles qui sillonnent
Paris viennent de ce côté-ci du Rhin, et quand, à
Saint-Cloud, des ballons s'élèvent avec leurs tissus
éblouissants sous le soleil, quand des milliers « d'oiseaux français » aux ailes d'étoffe, valent à la France
son renom de première nation aviatrice du monde,
c'est à un matériel allemand qu'elle le doit.

La bière que le Français boit et à laquelle il s'est si
vite habitué, lorsqu'elle ne vient pas de Munich ou
de Dortmund, vient de brasseries parisiennes fondées
par des Allemands. Le papier, les jouets, les fournitures de bureaux, les instruments de précision,
même les conserves et les fromages viennent d'Allemagne. Oui, l'Etat français achète des moteurs allemands pour ses sous-marins, des machines allemandes pour ses usines et ses poudreries. Et, quand
il s'agit d'assurer à l'aide de petits chemins de fer
stratégiques la défense de Belfort, Toul ou Verdun,
on vient les chercher à Metz, de ce côté-ci de la
frontière.

Ces faits, aucun Français, même le plus pacifique,
même le plus opposé à un conflit franco-allemand, ne

les constatera avec plaisir. Mais il faut, de temps à autre, mettre de tels faits sous les yeux de ces Français, dont la vanité est si prompte à s'émouvoir, et leur poser en même temps cette question: *Comment toutes ces entreprises allemandes peuvent-elles prospérer en France ?* Pourquoi achetez-vous des machines allemandes, des marchandises allemandes, des aliments allemands ? N'est-ce pas la meilleure démonstration que l'excitation des surpatriotes, des deux côtés des Vosges, restera toujours vaine ?

Sur le marché du monde — exception faite pour les Etats de l'Amérique du Nord — la France ne peut plus concurrencer l'Angleterre et l'Allemagne. Cette constatation est pleine d'amertume pour les Français. Mais plus vite ils s'habitueront à compter avec l'Allemagne en acceptant les conséquences inéluctables de cet état de choses, mieux cela vaudra pour le développement de leur activité nationale et la solidité de leur République. La France — le pays le plus riche du monde — n'a pas d'argent pour ses propres entreprises. Le directeur de la banque d'Allemagne, von Gwinner, a caractérisé, un jour, la situation financière de la France et de l'Allemagne. La « richesse française, disait-il, va dans la proportion de 80 % aux entreprises étrangères et de 20 % aux affaires nationales. En Allemagne, la proportion est exactement inverse. » Le paysan français, qui, dans une bonne année a gagné 10.000 francs, en consacre 8.000 à acheter du papier russe, japonais, bulgare, serbe, grec, argentin, brésilien ou chinois. Avec les 2.000 autres, il achète des obligations du Nord, du Métro, d'une compagnie de navigation, d'une mine ou d'une entreprise industrielle quelconque. De là résulte que la Bourse de Paris est la première d'Europe, mais qu'en même temps, depuis de longues années, l'industrie française manque des capitaux qui sont indispensables à l'exploitation des découvertes modernes et à leur introduction sur le marché du monde.

Les Français ont « l'esprit » et l' « élan », et, pour n'en citer que des exemples récents, l'automobile et l'aéroplane leur doivent leur succès. Paris a été la première ville qu'on a vue sillonnée par des centaines de taxi-autos. Aujourd'hui, sur deux automobiles que l'on rencontre sur le boulevard, il y en a une de construction étrangère. L'étranger a dépassé la France, ainsi que vient encore de le prouver, la victoire des marques allemandes à l'exposition automobile de Saint-Pétersbourg.

En matière d'aéroplane, c'est la même chose. Les constructeurs français doivent déjà compter avec l'âpre concurrence de l'étranger. Tant que les aéroplanes n'ont été que des instruments de sport, lorsqu'ils n'exigeaient que « l'esprit » et « l'élan », la France était au premier rang. Lorsque l'aéroplane commença à devenir un instrument d'échange et une arme de guerre, les autres peuples l'ont rapidement distancée et l'aviation militaire française est loin d'être aussi brillante que le dit la presse. La France manque de capitaux pour pouvoir tenir sa place dans le monde, et lorsque l'art ou la science entreprenante des Français ont à peu près trouvé la solution d'un nouveau problème, il faut le commerce et l'industrie de « l'ennemi héréditaire » pour la mettre au point et la rendre utilisable.

Cependant la France trouve des compensations, puisque c'est son propre argent qui travaille dans l'industrie allemande. Le Français économe, qui porte son épargne au Crédit Lyonnais et qui touche de 2 à 3 % croit que son argent sert aux emprunts russes, au développement de la civilisation brésilienne, ou à l'achat de canons par la Bulgarie. Cependant le besoin de canons qu'éprouve la Bulgarie est vite épuisé, les besoins de civilisation du Brésil sont faciles à satisfaire. Enfin, la Bourse de Paris commence à avoir assez des emprunts russes. Les banques peuvent-elles dès lors faire une meilleure affaire que de prêter à 5 ou 6 % à l'industrie allemande, par l'intermédiaire d'une des banques parisiennes, qui, pour les initiés, ne sont que des filiales des banques allemandes ?

La France joue ainsi le rôle d'associé silencieux de

l'industrie allemande, au moins en ce qui concerne ses exportations et, en particulier, son envahissement de la France. *Le tout constitue une association franco-allemande.* Ces faits démontrent l'absurdité d'une campagne de boycottage, contre ces maisons allemandes qui ont une maison-mère à Berlin, ou qui emploient des ingénieurs allemands. Elle est, en même temps, dénuée de sanction, parce que la France n'a pas le moyen de résister aux entreprises allemandes.

Il y a une liste qui serait plus intéressante à dresser pour Gustave Téry que celle qui a été publiée par *l'Œuvre*; ce serait celle des maisons françaises que l'on pourrait substituer aux maisons allemandes. Cette liste-là serait difficile à établir.

Dans la vie commerciale, il faut considérer avant tout l'avantage et l'économie du consommateur. Gustave Téry aura de la peine à trouver des compatriotes pour acheter cher une mauvaise marchandise française, à la place d'une marchandise allemande avantageuse et bon marché.

Voilà donc où nous en sommes. *Prussiens masqués*, disions-nous. Non, voici que le Prussien jette le masque et triomphe insolemment. Il est le maître chez nous, et nous ne pouvons plus nous passer de lui; le commerce français n'existe plus, et c'est avec notre propre argent que les Allemands nous ruinent. Ils l'avouent tranquillement, ils s'en vantent....

Est-il donc vrai qu'il n'y ait plus rien à faire? Et la France n'a-t-elle plus d'autre rôle à jouer dans le monde que celui qu'on lui assigne dans cette dédaigneuse réplique? La France n'est-elle déjà plus que la plus riche des colonies germaniques?

3 juillet 1913.

Les Boches
nous annoncent leur
prochaine visite

Un volume vient d'être distribué aux officiers de l'armée allemande : il contient les instructions nécessaires en cas de guerre avec la France, et tout y est prévu avec une effrayante minutie. On y trouve en français, dans une première partie, le modèle des avis qui seront adressés aux maires des villages dans lesquels doivent passer ou séjourner les Prussiens.

Exemple :

Avis au Maire d'A...

Aujourd'hui vers midi le 3e bataillon du 122e de ligne passera par le village d'A. Par suite d'une longue marche par la chaleur, la troupe aura besoin de se rafraîchir et de l'eau devra être mise à la disposition des hommes à l'étape. A cet effet, je vous serais obligé, M. le maire, de vouloir bien notifier aux habitants ce qui suit :

Chaque habitant devra préparer des seaux, tonneaux profonds, baquets ou autres récipients pleins d'eau potable et les placer devant sa maison de chaque côté de la grande rue. Les récipients devront être tout à fait propres, en bon état et assez larges pour que tout le monde puisse y puiser rapidement et facilement tout en restant en ordre de marche et sans que la vitesse soit ralentie. A défaut d'une quantité suffisante d'eau potable, je vous prie de faire préparer du café, du thé, du lait et de la limonade. D'ailleurs, en cas de nécessité, je prie la Municipalité de recourir aux ressources des villages voisins.

Depuis l'arrivée des premiers hommes à votre village
jusqu'au départ des derniers, toutes les prescriptions
ci-dessus mentionnées devront être scrupuleusement
exécutées.

Il sera naturellement permis de donner à nos
soldats d'autres provisions de bouche ainsi que des
cigares ou du tabac. La remise ou la vente de boissons alcooliques est cependant strictement interdite.

Pour maintenir l'ordre et pour assurer la liberté
complète des mouvements de la troupe, en même
temps que pour éviter un retard dans la marche, je
vous prie de faire enlever du chemin tout véhicule ou
obstacle quelconque, susceptible d'entraver la circulation.

Un officier du bataillon sera envoyé en avant à
votre village pour vérifier si les dispositions ont été
strictement observées.

Tout habitant qui remettrait de l'eau non potable
ou des vivres nuisibles et quiconque commettrait un
acte hostile contre nos troupes, serait arrêté immédiatement et puni d'après les lois de la guerre.

*Briey, le 20 juillet 191**

Au nom du commandant du 3ᵉ bataillon
du 122ᵉ ligne :

X...

lieutenant.

⁂

Briey ? Oui, c'est la sous-préfecture de
Meurthe-et-Moselle. Il est, en effet, admis par
l'État-Major du Kaiser (et d'ailleurs par le
nôtre) que les Prussiens, dès le début des hostilités, entreront à Nancy sans résistance. La
plupart des réservistes allemands qui habitent
à proximité de la frontière sont même convo-
qués à Nancy, où ils devront se rendre directement le troisième jour de la mobilisation.

Le deuxième avis « à la mairie de R. » est

daté de Valleroy, commune de Meurthe-et-Moselle :

Aujourd'hui vers midi le 3e bataillon du 122e de ligne arrivera au village de R... pour y faire une halte de quelques heures.

La troupe ayant fait une marche pénible, sera forcée de recourir aux ressources alimentaires de R... Veuillez, M. le Maire, prendre toutes les mesures nécessaires pour que nos hommes puissent se reposer tranquillement, sans être gênés par la population.

De plus, je vous serai obligé de veiller à la stricte exécution des dispositions suivantes :

Il sera assigné à chacune des 4 compagnies de vastes locaux absolument secs, à l'abri du soleil et de la pluie. On donnera la préférence aux restaurants, débits, etc. Au moment de la répartition on affectera à chaque unité les emplacements les plus rapprochés des endroits désignés pour le dépôt des sacs et la formation des faisceaux.

Quelques heures avant l'arrivée du bataillon lesdits locaux devront être évacués et prêts à être occupés par les hommes. En cas de pluie avant midi, les pièces seront chauffées.

Chaque compagnie, d'un effectif de 250 hommes, recevra un léger repas composé de pain et de viande froide, savoir : 250 petits pains ou du pain en tranches, chacune étant de 250 grammes.

250 grammes de viande ou de jambon ; à défaut de viande ou de jambon, il sera permis de fournir de la saucisse ou du saucisson fumé, chaque part étant au moins de 250 grammes.

125 litres de vin, rouge ou blanc.

125 litres de boissons hygiéniques, telles que de l'eau de Seltz, de la limonade ; à défaut, il vous faudrait livrer de l'eau fraîche et potable et du lait en quantité suffisante pour tous nos hommes ; la vente d'eau-de-vie est strictement interdite dans tout le village.

En outre, chaque soldat aura deux cigares et 30 gr. de tabac.

Avant le départ du bataillon, chaque homme recevra un litre de café ou de thé pour le petit bidon.

Les officiers ont droit à un repas de 2 fr. environ que vous aurez soin de faire préparer dans un restaurant convenable. Le menu se composera d'une soupe, d'un plat de viande avec des légumes, d'un dessert et de café au lait. Pain à discrétion ; comme boisson, du vin, rouge ou blanc.

Chaque cheval aura :

3 kg d'avoine et

1,5 kg de foin de parfaite qualité.

Au cas où les denrées ne seraient pas fournies en quantité suffisante, nous procéderions aux réquisition par la force, mesure que nous espérons ne pas avoir à prendre. Je me présenterai chez vous, M. le maire, quelques heures avant l'arrivée de la troupe pour faire un contrôle minutieux des aliments préparés.

Vous assumerez, M. le maire, toute responsabilité en ce qui concerne ces livraisons et vous voudrez bien me rendre compte, à mon arrivée dans le village, des mesures que vous aurez prises pour assurer la stricte et rapide exécution des prescriptions susmentionnées.

Voilà les habitants de Valleroy prévenus. Quant à ceux de Moineville (toujours en Meurthe-et-Moselle), voici le poulet qui leur est destiné, à la date du 1er septembre 191 :

Mon chef me charge de m'adresser à la commune de C... pour y réquisitionner des vivres, du fourrage, des combustibles et de la paille de couchage.

Les saisies seront limitées aux objets indispensables et un reçu sera délivré pour chaque fourniture. Veuillez, M. le maire, prendre sur le champ les mesures nécessaires et porter à la connaissance des habitants les dispositions suivantes :

La commune fournira dans les 2 heures :

2 bœufs bien gras (à défaut de bœufs : 4 vaches jeunes ou 8 veaux ou 8 porcs ou 20 moutons).

Cette viande sur pied peut être remplacée par 410 kg

de viande abattue ou 220 kg de viande fumée ou salée.

810 kg de pain ordinaire ou 540 kg de pain biscuité.

A défaut d'une quantité suffisante de pain ou de biscuit on complétera ce qui manque par de la farine de blé.

33 quintaux de pommes de terre,

6 quintaux de légumes verts,

5 quintaux de légumes secs.

A défaut de légumes suffisants : des nouilles, des vermicelles, des macaronis, etc.

35 kg de café torréfié,

ou 40 kg de café vert,

ou 5 kg de thé,

25 kg de sucre,

30 kg de sel,

10 kg de glycérine (1).

3 hectolitres de vin, rouge ou blanc,

6 hectolitres de bière,

50 litres d'eau-de-vie,

2500 cigares ou 15 kg de tabac.

En outre :

360 kg d'avoine, égrenée déjà depuis plusieurs mois,

150 kg de foin qui ne doit être ni humide ni de la la dernière coupe,

20 quintaux de paille longue,

ou 25 quintaux de paille courte.

La paille doit être tout à fait sèche.

14 mètres cubes de bois de chauffage.

J'ajoute expressément que tous les objets à livrer doivent être de première qualité et que, dans le cas contraire, toute la commune en serait rendue responsable.

En cas de refus ou d'opposition de la part de la population, nous prendrons de vive force le double des prestations requises et la commune sera soumise à une contribution de guerre très élevée. Si la commune déclare ne pouvoir fournir tous les objets demandés, elle livrera tout ce qu'elle pourra. Néan-

(1) Destinée à l'entretien des cuisines de campagne.

moins je me réserve le droit de procéder à des vérifications sérieuses à cet égard.

Tout acte d'hostilité contre nos soldats, ainsi que
toute communication avec l'armée française, serait
puni d'après les lois de guerre.

Personne n'osera quitter le village pendant la
durée des réquisitions. Nos sentinelles postées aux
issues et sur le clocher de l'église ont ordre rigoureux
de faire feu sur quiconque contreviendrait à ces
prescriptions. En outre est défendu tout attroupe-
ment dans les rues, sur les places publiques ou dans
des locaux quelconques. Nos patrouilles seront
chargées de disperser chaque groupe de plus de
5 hommes et de faire usage de leurs armes en cas de
résistance.

❧

Habitants de Moineville et villages d'alen-
tour, faites vos provisions !

Voici, d'autre part, ce que l'intendance allemande enjoint aux maires des communes voisines de Batilly (Meurthe-et-Moselle) :

Demain vers 8 heures du matin un convoi de voitures sous la conduite d'une officier allemand, accompagné d'une escorte militaire, arrivera à votre
village pour y réquisitionner des vivres et des fourrages. Je vous prie, Monsieur le Maire, de prendre
toutes les mesures nécessaires et de faire porter à la
connaissance des habitants les décisions ci-dessous
spécifiées :

Ordre de réquisition.

La commune de D... fournira dans le courant de la
matinée les prestations suivantes : (1)

2 bœufs (à défaut de bœufs : 4 jeunes vaches ou
6 veaux ou porcs ou 19 moutons ou chèvres).

La viande sur pied peut être remplacée par 405 kg de

---

(1) D'après les « F. V. T. » — Les portions et rations seront
augmentées, si le nombre ou la qualité des ressources le rendent
possible.

viande abattue ou 216 kg de viande fumée ou salée
ou de conserve.

ou   216 kg de jambon, salé ou fumé,
ou   216 kg de lard gras ou maigre,
      66 kg de saindoux,
     810 kg de pain ordinaire ou de pain de munition,
ou   540 kg de pain biscuité,
ou   432 kg de biscuit aux œufs,
ou   648 kg de farine de blé,
     105 kg de riz ou de gruau ou de grain d'orge,
ou   270 kg de pois ou de haricots ou de lentilles,
ou   162 kg de conserves de légumes ou de conserves
         de légumes mêlées à des conserves de
         viande,
ou   220 kg de différentes sortes de nouilles,
ou 1320 kg de navets ou carottes ou choux (de diffé-
         rentes sortes),
ou 1620 kg de pommes de terre,
      27 kg de sel,
      26 kg de café brûlé,
ou   33 kg de café vert,
      au lieu de café :
     3,3 kg de thé,
    18,4 kg de sucre,
       3 hectolitres de vin, rouge ou blanc en fûts ou
         en bouteilles),
      50 litres d'eau-de-vie ou de cognac,
    2500 cigares ou 15 kg de tabac,
     360 kg d'avoine,
     150 kg de foin,
      90 kg de paille,

La municipalité établira une liste indiquant d'une
manière bien détaillée la quantité des denrées, des
fourrages ainsi que du gros et du menu bétail se
trouvant au village.

Si les habitants ont fait des indications précises,
nous ne ferons usage que de ce qui est absolument
nécessaire aux besoins de notre troupe. Dans le cas
contraire toutes les provisions seront prises de vive
force. Nous procéderons à des vérifications en faisant
des perquisitions à domicile. Quiconque sera encore

en possession d'objets qui auraient dû être livrés, subira une amende très élevée et toute la commune sera soumise à une contribution de guerre équivalant au double de la valeur totale des prestations requises.

Interdiction absolue pour quiconque de quitter le village pendant la durée des réquisitions, s'il n'est pas muni d'une autorisation spéciale signée par moi. Nos sentinelles qui occuperont toutes les issues et nos patrouilles circulant autour du village ont ordre de tirer sur tout individu ne répondant pas immédiatement au premier avertissement.

Quiconque se met en relations avec l'armée qui nous combat ou agit contre nos intérêts sera conduit devant un conseil de guerre et puni de mort.

Je me présenterai demain le 6 et vers 8 heures du matin à votre village et je vous invite, M. le maire, à vouloir vous porter à ma rencontre à la sortie du Sud et me remettre à cette occasion la liste à dresser.

A Delle, Mars-la-Tour, Puxieux, Aillevillers, Chambley, tout est réglé de même pour assurer l'approvisionnement des troupes allemandes. Grâce à leurs espions, nos voisins savent depuis longtemps, avec une extraordinaire précision, quelles sont les diverses ressources de chaque village des départements de l'Est et ce qu'ils peuvent en exiger dès l'abord.

La sommation, modèle Va, est d'une ironie particulièrement insolente :

Dans le délai de 3 heures la commune d'E... mettra à ma disposition les prestations suivantes :

. . . .

Je viens d'apprendre de bonne source que des détachements de l'armée française ont abandonné dans leur retraite de grandes quantités de vivres et de munitions dans le village.

Tous ces objets seront remis à la mairie 2 heures après réception de cette note. Je ferai faire des perquisitions domiciliaires et quiconque tiendra encore

cachés des vivres ou munitions, sera passible d'une
forte amende.

Cet après midi un convoi de voitures, appartenant
à l'armée allemande et venant de D.. passera par
votre village. Je vous prie, M. le maire, de prendre
toutes les précautions nécessaires pour empêcher des
manifestations et pour éviter tout ce qui pourrait
gêner ou retarder la circulation des véhicules.

Toute résistance du côté de la population sera
réprimée avec la dernière rigueur. Chaque maison
d'où se produirait un acte d'hostilité de quelque
nature qu'il soit, sera incendiée sur le champ. Je ferai
arrêter l'instigateur et tous les complices et les tra-
duirai devant une cour martiale qui prononcera contre
eux la peine de mort. En outre l'autorité militaire
saisira tous les biens mobiliers ou immobiliers appartenant aux coupables et les confisquera au profit de
notre caisse de guerre.

Enfin une contribution de guerre fort élevée sera
imposée à la commune.

Delle, le 10 septembre 191*.

*

Quant au modèle VII, il prévoit que les habitants des villages réquisitionnés n'auront pas
mis assez d'empressement à exécuter les ordres
du vainqueur. C'est alors que, de Puxieux, à
la date du 25 septembre, les maires des communes récalcitrantes recevront cette mercu-
riale :

A la suite de l'examen des prestations fournies
par les habitants de X... j'ai constaté que les fournitures ne correspondaient en aucune manière — quant
à la quantité et la qualité — aux indications contenues
dans l'ordre de réquisition.

Les différentes sortes de vivres et de fourrages ne
sont pas de première qualité ainsi qu'il avait été
stipulé. Il en est de même du vin, des bêtes de trait
et des voitures qui donnent prise à la critique.

On a livré trop de menu bétail, quoique, au dire de mes soldats, il y ait encore un grand nombre de bœufs et de vaches au village. Le pain fourni était presque toujours trop sec, quelquefois moisi et pesait moins de 810 kg.

Quelques livraisons de farine contenaient du sable, d'autres n'avaient pas le poids prescrit.

Les légumes également n'étaient pas en quantité exigée. Après vérification on a découvert qu'il y manquait 50 kg.

Les pommes de terre étaient en très grande partie pourries et pour cette raison impropres à la nourriture de nos troupes ; leur mauvaise odeur était d'ailleurs une preuve de leur qualité inférieure.

Une partie considérable du foin était mouillée ; la moitié de l'avoine était fraîche et par suite nuisible à la santé de nos chevaux.

Quant au vin, la quantité demandée a bien été fournie. Mais en le buvant, on constatait sans peine qu'il avait été largement additionné d'eau ou de vin de qualité médiocre.

Les voitures fournies étaient délabrées.

La plupart des chevaux de trait étaient vieux, mal ferrés et mal harnachés. Les bœufs, destinés au transport, n'étaient pas habitués au charriage.

En conséquence, veuillez, M. le maire, donner avis aux habitants de ma résolution suivante :

Les objets gâtés ou n'ayant pas le poids prescrit seront rigoureusement refusés. Les voitures, chevaux et bœufs, seront remplacés par d'autres en excellent état. Dans le délai d'une heure et demie la commune mettra à notre disposition le double de toutes les fournitures requises.

De plus il y aura lieu d'ajouter encore 3 autres voitures à 4 chevaux avec conducteurs.

Dans le cas où la commune ferait preuve pour la deuxième fois d'une mauvaise volonté, elle aurait à subir une contribution de guerre de 25.000 francs et perdrait tout droit à un remboursement quelconque. En outre, je ferais fouiller minutieusement toutes les maisons et enlever de vive force tous les objets requis.

Tout essai de résistance ou de désobéissance à l'égard de nos hommes opérant les réquisitions entraînerait les mesures les plus sévères. Nous procéderions tout de suite à l'arrestation de tout récalcitrant qui serait envoyé en Allemagne afin d'être condamné à plusieurs années de prison ou, le cas échéant, puni de mort immédiatement.

Les postes et patrouilles placés autour du village ont l'ordre le plus strict de fusiller quiconque tentera de dépasser la lisière du village, pour se soustraire à la 2ᵉ réquisition.

J'ai le regret, M. le maire, d'être dans la nécessité de vous retenir, vous et quelques notables du Conseil municipal, comme otages jusqu'à l'exécution entière des ordres donnés.

Ce pendant, à la tribune du Reichstag, le chancelier de l'Empire proclame que l'Allemagne n'a aucune intention agressive et que, si elle augmente ses effectifs, c'est simplement par excès de pacifisme.

Devant de pareils documents, quel Français peut encore douter du péril qui nous menace ?

31 juillet 1913.

L'invasion prochaine

Continuons à feuilleter le petit livre contenant les instructions données aux officiers allemands, qui doivent, dès l'ouverture des hostilités, établir leurs quartiers en France.

Un bataillon est installé à Aillevillers (Meurthe-et-Moselle), et voici le texte de la réquisition que le commandant adresse au maire de P. :

Une colonne d'approvisionnement prendra position demain matin à P. pour s'approvisionner aux boucheries et boulangeries du village.

A cet effet tous les bouchers et boulangers ainsi que leurs ouvriers et aides se mettront totalement à la disposition de la troupe allemande et la seconderont par leur travail consciencieux et par leurs conseils professionnels.

Je vous donne l'ordre, M. le maire, d'appeler tout particulièrement votre attention sur la propreté rigoureuse des magasins et lieux attenants, sur le bon état des outils et ustensiles de travail comme sur leur quantité suffisante.

Les bouchers et boulangers seront mis sous les lois de la guerre et devront une obéissance absolue à mes ordres.

La commune aura à fournir :

    1 bœuf,

    3 porcs,

    810 kg de farine,

    15 quintaux de bois de chauffage, long et mince.

En cas de quantité insuffisante de bois à fournir, la commune sera tenue de remplacer le bois manquant par du charbon. Le délai prescrit sera 8 heures du matin, pour amener le bétail et déposer les autres objets réquisitionnés devant le pont à bascule afin d'y être examinés et vérifiées quant à la qualité et à la quantité.

En outre on tiendra prêts — toujours à partir de 8 heures — 300 litres d'eau (très chaude) bouillante et claire dans les boulangeries et environ 700 litres dans les boucheries.

De plus, il est encore demandé de fournir :

   30 kg de sel,
   8,1 kg de levure,
  ou 50 kg de levain,
    5 kg de différentes sortes d'épices, telles que poivre, nois (?) muscade, etc.

Je dois vous informer, M. le maire, que vous assumez l'entière responsabilité sur la qualité des matières à fournir ainsi que sur le bon état de santé et de force du bétail à livrer.

Pendant que la troupe allemande séjournera dans le village il faudra observer strictement les dispositions suivantes :

Les accès aux boucheries et boulangeries seront barrées par des postes ; personne ne pourra y entrer sans autorisation particulière du chef de convoi.

Toute molestation, paroles violentes ou agression contre mes hommes ainsi que tout acte d'insubordination de vos administrés sera punie d'après les lois militaires. Dans le cas où un crime serait commis contre l'un des nôtres, acte incendiaire ou autre acte hostile de quelque nature qu'il soit dans les maisons où travaille la troupe allemande, les coupables seraient fusillés immédiatement.

Egalement dans le cas où la qualité des prestations fournies laisserait à désirer ou si ces aliments contenaient des substances nuisibles, on se verrait dans l'obligation de recourir à une réquisition nouvelle minutieuse de garantie et la commune serait passible d'une très forte contribution de guerre.

Ainsi pour chaque livre manquant, on imposera une amende de 50 francs.

Malgré le regret que j'en aie, je dois vous prévenir que vous personnellement et 3 de vos notables conseillers municipaux me servirez d'otages pendant tout notre séjour dans votre commune.

Enfin je vous invite, M. le maire, à exercer toute votre influence à ce que toutes les dispositions sus-indiquées soient ponctuellement exécutées et à ce que rien n'arrive qui pourrait me forcer à prendre des mesures plus énergiques contre les habitants.

✢

SOLUTION VI

Avis aux propriétaires des fermes de V... et de S...

ORDRE DE RÉQUISITION.

Les 2 fermes fourniront dans le délai de 2 heures ce qui suit :

4 bœufs (1) — les plus gras qui se trouveront dans les étables.

ou 3 bœufs et 2 jeunes vaches avec des cordes solides pour les attacher et les conduire,

360 kg d'avoine battue depuis au moins 3 ou 4 mois ; un tiers de la livraison d'avoine pourra être rem-placé par du malt, du froment, de l'orge, du seigle, du maïs, des pois ou des haricots,

150 kg de foin qui ne devra être ni humide ou gâté ni de la dernière coupe,

90 kg de paille de fourrage. . . . . .⎫
15 quintaux de paille de couchage. . .⎬ tout à fait
6 quintaux de paille de litière. . . . .⎭ sèche ;

14 stères de bois à brûler.

J'appelle particulièrement votre attention sur la qualité des fournitures qui devra être parfaite.

Pour transporter lesdits objets vous mettrez à notre disposition 4 grosses voitures solides, attelées de 3 chevaux de trait, forts et bien ferrés, ainsi que 4 conducteurs habiles et de confiance. A défaut d'un nombre suffisant de chevaux, vous fournirez des bœufs de trait.

____

(1) En cas de qualité inférieure du bétail, on en requerra le double.

Les voitures doivent être en parfait état de service ; avant le départ elles seront soumises à un examen minutieux. Pour chaque voiture attelée il sera allouée une indemnité de 10 francs par jour.

Les voituriers seront placés sous les lois militaires. Ils se conformeront sous tous les rapports aux ordres et aux instructions du chef de convoi ou son remplaçant.

Toute tentative de leur part de s'enfuir en route sera sévèrement punie. Ils seront nourris à nos frais.

A midi, une escorte militaire, sous la conduite d'un sergent, se présentera chez vous, pour prendre possession des objets à livrer. A cette occasion, les maisons, greniers — à blé et à foin —, granges, hangars et caves seront ouverts et laissés tels jusqu'à nouvel ordre. Les prestations à fournir seront placées devant les maisons sous la responsabilité du propriétaire.

Le chargement des voitures et l'enlèvement des approvisionnements se feront d'après les instructions dudit sous-officier.

En cas de pluie vous aurez soin de combler avec du sable et des pierres, et cela avec la plus grande célérité, les trous et les ornières du chemin qui conduit de la ferme à la route, afin d'obvier à tous les accidents possibles.

SOLUTION VI

Avis au maire de F...

Veuillez, M. le maire, porter à la connaissance des habitants par des affiches ou par tout autre moyen la notification suivante, dont je n'ai pas besoin de vous signaler l'importance.

Le 3ᵉ bataillon du 122ᵉ de ligne a pris ses cantonnements dans le village de F... et y séjournera environ 3 jours encore.

La nourriture sera à la charge des habitants pendant toute la durée du séjour à F... Tout habitant logeant des soldats fournira par jour et par personne ce qui suit :

750 gr. de pain ordinaire,
          soit de seigle,
          soit de froment,
ou 500 grammes de pain biscuité,
ou 400 gr. de biscuits aux œufs.
375 gr. de viande fraîche,
ou 200 gr. de lard salé ou fumé,
ou 200 gr. de viande de conserve assaisonnée,
  1200 gr. de légumes verts,
ou 100 gr. de légumes secs,
ou 150 gr. de conserves de légumes,
ou 125 gr. de riz, de gruau ou de grain d'orge.
   25 gr. de café grillé,
   17 gr. de sucre,
   25 gr. de sel,
   1/2 litre de vin, rouge ou blanc,
ou   1 litre de cidre,
ou   1 litre de bière, brune ou blonde,
ou   1 décilitre d'eau-de-vie ou de liqueur.

Peuvent être remplacés alternativement :
La ration de viande fraîche de 375 gr. par :
   375 gr. de lapin,
ou 375 gr. de volaille,
ou 375 gr. de poisson frais,
ou 200 gr. de bœuf ou de porc fumé,
ou 200 gr. de saucisse ou de saucisson fumé.

La ration réglementaire de légumes par :
   1500 gr. de pommes de terre,
ou 750 gr. de pommes de terre,
          et la moitié d'une portion de légumes ou
          de conserves de légumes,
ou 500 gr. de pommes de terre,
          et 2/3 des rations de legumes,
ou 600 gr. de choucroute,
   La ration de café par :
   3 gr. de thé,
ou 30 gr. de chocolat ou cacao.
   Chaque cheval recevra par jour :
   6 kg d'avoine,
   2,5 kg de foin,

1,5 kg de paille de fourrage,
5 kg de paille de litière (1).

Tenant compte des ressources locales, le militaire logé se contentera de la table de son hôte, si les conditions essentielles de qualité et de poids sont observées et si la préparation ne laisse pas à désirer. Il importe que l'habitant fournisse consciencieusement la ration fixée ou une alimentation saine et équivalente.

J'ajouterai que le repas du matin devra se composer d'un demi-litre de café, de thé ou de cacao au lait avec une quantité convenable de pain. Je m'en remets à la générosité des habitants pour accorder un peu de beurre, de compote ou de confitures. Le repas du midi et celui du soir comprendront au minimum :

Une soupe, de la viande cuite (en ragoût ou avec le bouillon), un plat de légumes assaisonnés et comme boisson : du vin ou de la bière.

Le pain fera partie intégrante de tout repas.

Il sera naturellement permis de donner à titre gracieux un petit repas à 9 heures du matin et à 4 heures de l'après-midi.

Les officiers recevront le matin :

2 œufs à la coque,

2 tasses de café, thé ou cacao au lait avec du sucre, du pain ou des petits pains avec beurre.

Le repas du midi ou déjeuner sera commandé à l'avance dans le meilleur restaurant du village au prix de 2 fr. 50. 25 officiers y prendront part ; le repas comprendra :

Une soupe, de la viande avec des légumes, un rôti avec des pommes de terre, du fromage ou des fruits et du café. Le pain, le vin et la bière seront compris dans tous les repas.

---

(1) Les grands chevaux d'artillerie à pied
12 kg d'avoine,
7,5 kg de foin,
3 kg de paille de fourrage,
5 kg de paille de litière,

Le dîner sera à la carte. Il faudra préparer :
de la viande froide en tranches, du jambon, des
saucisses, des œufs et de la volaille. On fera également passer des gâteaux, du beurre, de la compote
ou des confitures, du cognac, de l'eau-de-vie et des
cigares.

Avant le départ du bataillon tout militaire recevra
à titre de supplément :

200 gr. de viande cuite,
ou 200 gr. de jambon,
ou 2 saucisses de 200 grammes,
et 500 grammes de pain,
1 litre de café ou de thé, additionné d'un décilitre
d'eau-de-vie, pour remplir les petits bidons.

Toute plainte relative à la conduite de la troupe
devra m'être adressée par l'intermédiaire du maire.

En cas d'opposition ou de non-exécution des ordres
ci-dessus, la commune subira une amende très
élevée.

MARS-LA-TOUR, le 20 septembre 101`.

7 août 1913.

Chauvinisme et patriotisme

Je goûte fort l'esprit, le talent, et plus encore la crânerie, la jolie franchise française de mon vieux camarade Edouard Herriot. En des circonstances que je ne saurais oublier, il m'a donné des preuves de courage et d'amitié dont je trouverai bien un jour l'occasion de le remercier publiquement.

Mais en toute sincérité, dans sa démarche auprès du bourgmestre de Berlin, je pense qu'il a commis une erreur regrettable. Elle vient sans doute de ce que la question est très mal posée, et il faut savoir gré au maire de Lyon de nous obliger à en préciser les termes.

Car il a trop facilement raison contre ceux qu'il appelle les « hurleurs », « cabotins du patriotisme conquérants en chambre ». Mais qui ne voit que la campagne de *l'Œuvre* contre l'invasion allemande n'a rien de commun avec les ridicules et dangereuses provocations des chauvins étourdis ou de certains entrepreneurs de spectacles ?

Dans cette ville de Paris qui se fait gloire d'attirer et de retenir les étrangers de toute origine, écrit Herriot, plusieurs scènes ont voulu exploiter à leur profit le patriotisme renaissant. Quelles pièces, grands dieux, y a-t-on introduites ! Ici, l'armée françaises et l'armée allemande étaient représentées face à face ; sur la pointe de minuit, nous remportions la plus facile de toutes les victoires. Ailleurs, nous assistions au conflit dramatique provoqué par l'union d'un jeune Alsacien avec une Allemande : et ce thème était le prétexte non pas d'une étude qui eût mis aux prises deux civilisations, deux façons de sentir, deux cultures; il donnait lieu aux caricatures les plus grossières, aux réductions les plus sommaires, aux injures les plus violentes. Il y a des mots qui peuvent être sublimes, clamés sur un champ de bataille, face à la mort; lancés dans un théâtre parisien, sans le moindre danger pour celui qui les profère, ils ne sont, — oui, — que des mots orduriers. J'ai souffert, en les entendant, pour les grâces fines de la France, pour sa tradition de courtoisie et d'intelligence. Est-ce par ces armes que le pays de Descartes et de Hugo doit combattre le pays de Beethoven et de Gœthe?

N'exagérons rien : il y avait peut-être dans la pièce très bien faite de Gaston Leroux quelque chose de plus et de mieux.

Mais il ne s'agit pas de cela. Il ne s'agit pas davantage de restreindre la « liberté des échanges » entre la France et l'Allemagne. Il s'agit de contraindre « les Prussiens masqués » à lever leurs masques; il s'agit d'empêcher que, sous le couvert de pseudo-sociétés françaises, ils ruinent le commerçant français, ils dupent ou empoisonnent le consommateur français. C'est à cette supercherie, c'est à cette fraude que nous en avons *d'abord*.

Il est certain, d'ailleurs, que nous n'entendons point nous en tenir là. Ce serait assurément se proposer une tâche absurde et vaine que de prétendre supprimer toute concurrence allemande; mais notre effort doit tendre à réaliser des conditions économiques telles que cette concurrence, au lieu de paralyser et d'annihiler le commerce national, l'excite et le développe. Il en va de même de notre industrie. En face de l'Allemagne, l'un et l'autre sont à l'heure présente, non pas seulement en état d'infériorité, mais de servage.

Le scandale, c'est que l'Allemagne puisse en arriver à considérer la France comme sa meilleure colonie ; c'est qu'avec nos capitaux les Allemands viennent mettre en valeur nos richesses nationales ; c'est qu'ils s'emparent de nos mines, de nos ports, de nos rivières, de nos forêts ; c'est qu'ils s'établissent chez nous partout où il y a un bénéfice à réaliser ; c'est que le service des bateaux de la Côte d'Azur soit fait par une compagnie germanique et que 85 % des hôteliers de cette même côte soient nés en Allemagne...

De quelque côté que l'on se tourne, quelle que soit l'industrie que l'on considère, c'est partout le même spectacle humiliant, inquiétant, effrayant ; notre patrimoine est exploité par l'étranger contre nous.

C'est en stimulant l'énergie intérieure, dit encore Herriot, c'est en améliorant l'outillage, en multipliant les voies ferrées, les canaux et les ports, en exploitant les richesses inutilisées, en employant sur place les capitaux nationaux, que la France doit poursuivre sa croissance.

Voilà un excellent programme. Mais si ce n'est pas en hurlant qu'on le réalisera, ce n'est pas non plus en commandant à des industriels allemands l'installation de son éclairage. La maison Siemens-Schuckert était-elle donc seule capable de fournir d'excellentes lampes électriques à l'Opéra de Lyon ?

25 septembre 1913.

Et ça s'appelle un comptoir «national»!

[Gaston Calmette venait d'écrire que le Comptoir national d'escompte avait versé 400.000 francs à M. Caillaux pour faire les dernières élections].

Lundi soir, tout le monde s'attendait à trouver dans le Te... les lettres suivantes :

Après avoir pris connaissance de l'article du Figaro de ce matin intitulé « les Combinaisons secrètes de M. Caillaux », le président et la direction générale du Comptoir national d'escompte de Paris, déclarent, de la façon la plus formelle, que toutes les allégations de cet article visant le Comptoir national d'escompte de Paris sont rigoureusement véridiques.

Alexis ROSTAND,
président du Comptoir national d'escompte de Paris.

Monsieur le directeur du Figaro,

Le Figaro, sous la signature de M. Gaston Calmette publie un article où il met en cause le Comptoir national d'escompte de Paris, au sujet d'un versement qui aurait été effectué pour les besoins de la politique personnelle de M. Caillaux.

L'auteur de cet article affirme qu'après une visite faite par moi au ministère des finances, un subside lui aurait été accordé et une somme mise à sa disposition.

Je déclare sur l'honneur que rien n'est plus exact.

Veuillez, etc,

Emile ULLMANN, vice-président,
directeur du Comptoir nationale d'escompte de Paris.

Sérieusement, voyez-vous MM. Rostand, Ullmann et Laffon écrivant ça ?

Il suffit de poser la question pour apprécier ce que valent leurs démentis. Ils ont exactement la même valeur que ceux de Caillaux : mettons-les dans le même sac, avec les 400.000 francs.

— Mais Gaston Calmette, en somme, n'apporte aucune preuve de ses dires, et tous les intéressés, sans exception, s'accordent à le traiter de menteur ?

Alors, il n'y a plus aucun doute possible : c'est bien Calmette qui dit la vérité. Et il faut le féliciter une fois de plus du beau courage qu'il vient de montrer en livrant cette bataille.

Quant à l'absence de preuves, nous savons ce qu'il faut en penser ; depuis le Panama, les trafics de ce genre ne laissent aucune trace apparente. Il en est une pourtant qui subsiste dans le cas présent : le conseil d'administration du Comptoir d'Escompte ayant délibéré sur l'affaire, le registre des délibérations du conseil

fait mention — bien entendu avec les euphé-
mismes indispensables — de la solution qui lui a
été donnée.

Comment le vérifier ? Seule, une commission d'enquête pourrait exiger la production
du registre. Les choses iront-elles jusque-là ?

Le certain, c'est que M. Alexis Rostand est
un fort honnête vieillard, et que, selon toute
vraisemblance, il a dû ignorer ces « combinaisons ».

L'éminent président du Comptoir d'escompte, dit
Gaston Calmette, a pu être aussi surpris que le
public, aussi indigné que ses actionnaires, à l'idée
que le grand établissement pouvait avoir été compro-
mis dans les secrètes combinaisons de M. Caillaux.

Je m'excuse du réveil cruel qui lui a été infligé, car
il avait été tenu, assurément, fort éloigné de concilia-
bules que sa conscience réprouverait : on devait avoir
l'intention de l'informer plus tard d'un vague résultat,
l'opération terminée, et on lui aurait annoncé, par
exemple, que, sur les bénéfices de l'emprunt serbe, une
somme spéciale avait été dépensée, en supplément,
pour publicité particulière, sans autres détails ni
pour lui, ni pour autrui.

J'insiste sur ce point, car je n'ai jamais attribué
une part de responsabilité quelconque au président
du Comptoir d'Escompte.

Il suffit, en effet, d'avoir vu M. Alexis Rostand dans son bureau, — derrière une table
nue recouverte d'une glace sur laquelle n'a
jamais traîné le moindre papier, — pour se
rendre compte de sa parfaite innocence.
M. Rostand va trop souvent à la messe pour se
douter qu'il sert d'instrument aux politiciens
mangeurs de prêtre et de paravent aux courtiers marrons. C'est un musicien qui joue fort

agréablement du violoncelle, mais ses partitions — il est lui-même compositeur — n'ont jamais eu rien de commun avec le chantage. M. Rostand est une barbe vénérable derrière laquelle passe quelqu'un. Qui ? Le Juif allemand Emile (?) Ullmann.

Car l'autre Emile, M. Laffon, ne tient là que l'emploi des confidents et des intermédiaires. Bulletinier financier du *Matin* et du *Gil Blas* (que vient, dit-on, de racheter Caillaux), distributeur de la publicité financière du Comptoir, Emile Laffon, est chargé des rapports avec la presse, et, quels que soient le zèle et l'intelligence qu'il y déploie, ce n'est qu'un commis qui exécute les ordres, — ordres de Caillaux-Congo et de son éminence grise, Herr Ullmann.

Au vrai, c'est ce petit Juif de Francfort, qui, pendant la guerre opérait encore en Allemagne où il a laissé toute sa famille, c'est ce petit Juif frétillant et impérieux, qui mène à cette heure toute notre politique financière. Puisque l'actualité nous en ménage l'occasion, nous dirons par quels moyens, grâce à quels concours. Toutes les banques de Paris sont peuplées de métèques pareils, aussi dénués de scrupules. Ne vous étonnez pas qu'ils mettent l'épargne française à la disposition d'un chef de parti dont toute la politique est contraire aux intérêts français : ils sont là dans leur rôle naturel, puisqu'ils travaillent pour le roi de Prusse.

Aussi bien, le ministre des finances dispose d'un moyen de pression sur les grands établissements de crédit, et l'on peut être assuré qu'à la veille des élections un Caillaux en abusera

sans vergogne. Il est, en effet, juge souverain
de l'admission à la cote, et nous avons indiqué
par le menu tous les emprunts qui se préparent.

Ajoutez-y la menace du projet de loi qui,
dans une émission quelconque obligerait
toutes les parties prenantes à se déclarer —
exigence qui gênerait fort, si elle ne les ruinait
d'avance, toutes les combinaisons de la Haute
Banque.

Quoi qu'il en soit, il faut savoir gré à ce Caillaux
d'avoir manœuvré cette fois sa « pompe à
phynances » avec une si maladroite brutalité.
Les révélations du *Figaro* ne nous apprennent
pas, car nul ne l'ignore, que les élections se font
aux enchères : mais il n'est pas indifférent de
savoir que ceux qui « casquent » (avec nos
économies) s'appellent Ullmann — et que leur
casque a une pointe.

15 janvier 1914.

Du bas de laine au casque à pointe

Un grand Bourgeois... Henri Fabre allait-il nous donner la grande pièce que promettait ce titre et que nous doit son talent ? Pendant une demi-heure, hier soir, nous avons pu l'espérer. C'était toute l'affaire de l'Ouenza qu'évoquait le premier acte. Quelle admirable matière pour l'auteur des *Ventres dorés !* Mais on s'est vite aperçu que cette histoire de mines n'était là qu'un détail, un accessoire, tout au plus un moyen dramatique, et tout l'intérêt social s'est évanoui. *Un grand Bourgeois* n'est qu'une bonne pièce, comme d'autres.

Quels que soient sa franchise et son courage, M. Fabre, honnête ouvrier de lettres, a-t-il eu peur de son sujet ? Ou du public ? Je ne sais ; mais quand on compare la puérilité des fables que nos meilleurs auteurs mettent à la scène à la grandeur des sujets que leur propose l'actualité, on se demande avec stupeur : « Ils ne regardent donc pas la vie ? Ces professionnels de l'observation font-ils exprès d'ignorer tout ce qui se passe autour d'eux ? »

Voyez, par exemple, le drame poignant qui se joue sur la scène du monde, le lent assassinat de la France, la colonisation de notre territoire par le Germain vainqueur, la patiente et sournoise captation de toutes nos forces vives, l'effort méthodique pour tuer ou paralyser tout ce qu'on ne peut pas nous prendre... Conquête

économique et financière, infiniment moins
coûteuse et plus sûre que l'autre ; l'autre,
d'ailleurs, ne fera que l'achever et la sanction-
ner à coups de canon...

✠

Un instant, M. Fabre nous a montré le représentant de la métallurgie allemande interve-
nant dans le partage de nos richesses minières ;
pourquoi n'était-ce là qu'un figurant, un passant
quelconque ?

Mais regardez donc les protagonistes de
la tragédie française ! Regardez cet Ullmann,
dont je m'essayais l'autre semaine à vous
crayonner la silhouette, ce Juif de Francfort
venu à Paris après la guerre pour mettre la
main sur notre *Comptoir « national » d'Escompte*. Regardez à côté le Spitzer que nous a
découvert l'autre jour le *Figaro*. Cet Arthur
Spitzer était et est encore à la *Société Générale*
ce qu'est Ullmann au *Comptoir d'Escompte*.
Quel est donc ce « jeune Français », comme
l'appelle Gaston Calmette avec une terrible
ironie ?

M. Arthur Spitzer est trop connu pour qu'il soit
utile de rappeler son importance et sa puissance. Il
est même connu dans tous les pays. *Originaire des
confins de l'Allemagne et de l'Autriche, naturalisé
Français au lendemain du jour où commença sa
rapide fortune réalisée chez nous en douze ans*, à
force d'intelligence et d'activité, il était un des administrateurs les plus influents de la Société générale
qui l'avait choisi sur la décisive recommandation de
sir Ernest Cassel, le grand financier anglais dont les
avis sont aussi écoutés à Londres qu'à Vienne et à
Berlin.

— 111 —

Imaginez ce que représentent chez nous ces deux établissements de crédit la *Société Générale* et le *Comptoir d'Escompte*, et tâchez de concevoir du même coup tout ce que représentent les noms des hommes qui ouvrent à leur gré ces deux grands réservoirs de l'épargne française : l'un s'appelle Ullmann, l'autre s'appelle Spitzer, et vous savez d'où ils sortent.

Vous saurez demain où ils retournent.

‡

Mais voulez-vous dès ce jour mesurer leur puissance occulte ? C'est encore Gaston Calmette qui nous a conté l'autre matin comment M. Luquet, directeur de la comptabilité publique et du mouvement des fonds, fut chargé naguère par un ministre imprudent de faire savoir à la Société Générale que le « jeune Français » Spitzer était un financier un peu trop international pour tenir en ce moment les premiers rôles dans les affaires françaises. Quel fut le plus clair résultat de cette démarche ? Ecoutez le *Figaro* :

Tout à coup, certain soir, vers cinq heures, un visiteur important survint qui réclama la tête de M. Luquet à M. Caillaux, collègue de M. Spitzer. Un autre visiteur lui succéda, personnage très considérable et très considéré, grand ami du ministre des finances celui-là aussi, et ami encore plus grand de M. Spitzer; c'était M. André Homberg, directeur général de la Société générale. On ignore la conversation du second visiteur... mais la première avait suffi : le ministre des finances de la République française, le président du Crédit foncier argentin, le président du Crédit foncier égyptien était convaincu. La cause de M. Spitzer était gagnée : le collaborateur le plus conscien-

cieux; le fonctionnaire le plus rigide et le plus fidèle
était sacrifié.

Quelques minutes après ces visites, en effet,
M. Luquet était, sans préambule, relevé de ses fonctions.

Sur un ministre des finances, qui est en réalité le chef du gouvernement français, voilà le
pouvoir d'un Spitzer « originaire des confins
de l'Allemagne et de l'Autriche », vague
métèque qui a mis tant d'or français dans ses
poches qu'il a fini par « se mettre Français »
lui aussi, pour nous tondre plus commodément...

⁂

Mais recueillons cet autre témoignage, qui
n'a pas été sollicité pour les besoins de la
cause. Il est de ce pauvre grand Déroulède,
qui, comme s'il voulait animer de ses derniers
souffles son héroïque devise : « Quand même ! »
vient de faire à Champigny et à Notre-Dame
deux gestes si pathétiques.

C'est une page du volume où il a noté ses
souvenirs de l'année terrible, c'est une de ses
Feuilles de route que je vous invite à relire :

Le matin du 5 septembre, je me rendais comme de
coutume à ma corvée. Il avait plu toute la nuit et je
marchais tête baissée, glissant à chaque pas, les
deux jambes emprisonnées dans le classique cercle
de tonneau, si cher jadis aux Auvergnats. Comme
j'arrivais auprès de la fontaine, une voix peu connue
mais non inconnue retentit à mon oreille : « Ce n'est
pas possible ! Ce n'est pas lui ! Ce n'est pas vous,
monsieur Déroulède ?

— Mais pardonnez-moi, monsieur Bamberger, c'est
parfaitement moi. »

J'avais déjeuné chez mon oncle Émile Augier, il y

avait à peine un mois, avec ledit Louis Bamberger,
directeur de la Banque de Paris et des Pays-Bas.

« Comment ? poursuivit-il en me prenant par les
épaules — mes deux mains tenant toujours mes deux
seaux — comment, vous ici ? Sous ce costume ? Vous
étiez donc soldat ?

— Je ne l'étais pas, mais je le suis devenu, comme
vous voyez ».

Mon étonnement à moi, n'était guère moins grand
que le sien, et, si je n'avais eu une tout autre idée en
tête, j'aurais pu, moi aussi, m'écrier : « Comment,
vous ici ? Vous, *parcourant ce champ de bataille,
entouré d'officiers d'état-major prussiens ? Vous re-
voilà donc l'ami des Allemands ?* » Ce à quoi il eût pu
me répondre comme je venais de le faire : « Je ne
l'étais plus, mais je le suis redevenu, comme vous
voyez. »

J'aurais eu d'ailleurs assez mauvaise grâce à lui
adresser aucun reproche, le richissime israélite ayant
immédiatement mis à ma disposition sa bourse que
je refusai et un numéro de *l'Indépendance belge* que
j'acceptai avec reconnaissance.

« C'est vrai ! me dit-il en constatant l'empressement
avec lequel je me jetais sur le journal. Vous ne devez
pas savoir les nouvelles. Elles sont graves. Il y a eu
hier une révolution à Paris. On a renversé l'Empire
et proclamé la République. »

Français ingénus et frivoles ! On vous a donné,
il y a quarante-trois ans, cette épouvantable
leçon qui vous a coûté cinq milliards et deux
provinces, et la leçon a été perdue ! Vous êtes
prêts à recommencer ; demain, c'est un Ullmann, c'est un Spitzer que vous rencontrerez
sur le même champ de bataille ; comme le
Bamberger de Déroulède, ils seront « redeve-
nus » Prussiens. Ah ! comme ils riront de nous,
et qu'elle est comique, en effet, notre candeur !

Mais est-ce bien candeur qu'il faut dire, ou
lâcheté ?

Car la situation est la même qu'avant 1870, ou plutôt elle est cent fois pire, et nous le savons, et nous nous taisons. Cette *Banque de Paris et des Pays-Bas* n'était pas sous l'Empire ce qu'elle est présentement. Les Juifs d'Outre-Rhin qui étaient venus la fonder avant la guerre ont eu l'impudence de revenir après pour l'administrer et la développer ; elle s'est si bien enrichie de nos dépouilles qu'elle est actuellement chez nous le centre et l'âme de la Haute Banque. C'est elle qui négocie les emprunts et règle les émissions : tous nos grands établissements de crédit sont sous sa coupe. Et qui est-ce qui dirige aujourd'hui la banque présidée jadis par le Juif allemand Bamberger ? C'est le Juif autrichien Finaly !

Il est vrai qu'il est aussi naturalisé, celui-là, tout comme Ullmann et Spitzer ; ce Finaly, dit-on, aurait même été naturalisé deux fois, — naturalisé Français pour poser sa candidature au Conseil d'État, puis naturalisé Anglais pour échapper à la conscription. Je n'ai pas vérifié ce détail, mais si savoureux et si énorme qu'il soit, il n'ajoute rien à la formidable ironie des faits connus, patents, insolents...

Quand on sait que toute notre puissance financière est dans les mains de tels maîtres, comment s'étonnerait-on des entreprises qu'ils mènent à cette heure contre le crédit de la France ? Comment trouverait-on extraordinaire l' « attaque brusquée » à la Bourse de Paris ? Comment serions-nous surpris de voir ces mêmes hommes déguisés en « jeunes Français » préparer froidement un emprunt aus-

tro-hongrois, c'est-à-dire, pour appeler les
choses par leur nom, porter l'or français à la
Triplice, l'or nécessaire à l'achat des canons
qui mitrailleront nos soldats?

Si cela vous étonne, bons Français, il n'y
a rien là qui puisse étonner les Ullmann, les
Spitzer ou les Finaly, bons Boches. Une opération de ce genre leur semble toute naturelle
et parfaitement légitime. Ils y réalisent des
bénéfices fort honnêtes; par surcroît, c'est
pour leur pays qu'ils travaillent, si ces Juifs-là
ont un pays.

Ai-je tort de dire que les imaginations de
nos dramaturges sont faibles et pâles auprès
de cette effrayante réalité?

22 janvier 1914.

S'ils s'en mêlent

Distinguons avec soin les bons et les mauvais
étrangers. Et dites-moi dans quelle catégorie
je dois classer le baron d'Outre-Rhin qui
m'écrit cette lettre charmante :

> Coblentz, le 28 février 1914.
>
> Cher monsieur,
>
> Vous aviez raison, dans un de vos derniers articles,
> de prétendre que la vieille cuisine française s'en va.
> Je viens d'en faire une fois de plus l'expérience pen-
> dant un long séjour en France.
>
> C'est dommage, car c'est peut-être ce qui nous rete-
> nait le plus, nous autres étrangers, dans votre pays.
> L'esprit, le goût et les jolies femmes — ces trois
> grands charmes de la France — ne comptent pas sans
> un bon dîner. Mais dites-moi, de grâce, où dîne-t-on
> bien chez vous ? C'est encore, je crois, un des méfaits
> de l'invasion étrangère. Dernièrement, dans un de
> vos rares bons hôtels de province, après avoir gri-
> gnoté un menu dont la banalité inaccoutumée m'avait
> surpris, je demandai des fruits. Le garçon, au bout
> d'un quart d'heure, m'apporta des frites. Comme je
> m'étonnais : « C'est, me dit-il, que je ne comprends
> pas bien le français; je suis Suisse. » Renseigne-
> ments pris, le maître-queux était Autrichien !
>
> Croyez, cher Monsieur, à ma considération distin-
> guée.
>
> Baron von Bernuth.

Je vous jure que je ne change pas une syl-
labe à ce « poulet ».

Mais si les barons prussiens commencent
maintenant à déplorer que « l'invasion étrangère » leur gâte la France, réjouissons-nous !
Nos gouvernants vont peut-être se résigner à
taxer les « aubains », — en attendant qu'on
les y envoie...

> 5 mars 1914.

L'affaire des poudres et l'affaire Cadiou

Les scandales se multiplient tellement que l'*Œuvre*, qui prétendait les prévoir six mois d'avance, ne peut même plus en rendre compte au jour le jour. En vain, la semaine dernière, avons-nous publié un double numéro. Nous avons eu à peine la place d'y mentionner l' « autre » affaire — celle de la Grand'Palud — et d'indiquer ce qu'il y a au fond de ce drame mystérieux : toute l'histoire d'un long et méthodique sabotage de nos poudres, l'intrusion des Allemands dans l'intimité de notre défense nationale, des compromissions parlementaires, des complicités administratives, des gabegies, la catastrophe de l'*Iéna* et celle de la *Liberté*, le silence enfin d'un témoin gênant — allié de la veille devenu suspect — acheté au prix d'un meurtre. De la boue, encore, parmi ce sang.

Depuis que nous avons laissé entrevoir ces choses, le *Matin* a publié, sur l'affaire Cadiou, deux dépêches qui en disent beaucoup à ceux qui savent lire entre les lignes. Elles attestent, sous leurs réticences accusatrices, ou bien qu'il est sur la voie de la vérité, ou bien que, devant son énormité, il hésite à la dire.

Une première fois, sous ce titre « Une lueur dans les ténèbres », le *Matin* a relevé cette troublante coïncidence : c'est quelques jours après qu'il venait d'être définitivement et irrémédiablement exclu des marchés de la guerre que Cadiou a été assassiné.

D'autre part, l'envoyé spécial de notre confrère s'est exprimé en ces termes :

Les perquisitions tardives qui ont eu lieu, plus d'un mois après le crime, tant à Morlaix qu'à Landerneau, ont permis aux magistrats de surprendre certains des secrets de la Grand'Palud.

Mais le délai qui s'est écoulé entre le drame et l'intervention active de la justice a permis de faire disparaître un certain nombre de pièces, qui auraient présenté pour l'instruction un intérêt capital.

Les unes ont été détruites par le feu.

Les autres ont été mises, depuis les premières semaines de janvier, en lieu sûr.

En effet, quelqu'un qui a connu de très près et M. Cadiou et les affaires de la Grand'Palud ne nous a pas caché qu'une valise pleine de documents avait été détournée par ses soins.

— Les papiers qu'elle renferme, nous a dit cette personne, ne regardent en rien la justice. Je les ai donc déposés dans un endroit où personne ne pourra les retrouver, pas même la justice. Je les ai confiés à un ami très sûr... inutile de les chercher !...

— Doit-on, dans ces conditions, espérer que la lumière se fera bientôt sur la mort tragique de M. Louis Cadiou ?

Soulevons encore un coin du voile.

« Des papiers qui ne regardent en rien la justice »... Vous concevez ce que cela veut dire. Ce sont des papiers qui n'ont point de rapports manifestes avec l'assassinat, ou du moins avec les circonstances matérielles. Mais pourquoi les subtiliser s'ils ne compromettent personne ? Pourquoi en brûler d'autres, si vraiment ils sont inutiles à l'enquête ?

Pour se risquer à faire disparaître de la sorte des documents — dont on ne peut plus ensuite démontrer l'insignifiance — il faut y avoir un puissant intérêt. Mais il faut aussi avoir des raisons sérieuses pour faire disparaître un homme. Pourquoi, après tout, ne seraient-ce pas les mêmes?

Ceux-là qui ont subtilisé, caché ou détruit les papiers gênants, courent librement, suivent les démarches de la justice et, sous prétexte de les éclairer, les embrouillent à leur fantaisie.

Cependant un homme est en prison, comme assassin présumé. Il nie, mais il ne se défend que mollement. On sait qu'il sait beaucoup de choses, qui pourraient sans doute établir son innocence, ou du moins diriger les soupçons vers d'autres coupables, et il ne dit rien. Pourquoi? Parce qu'il n'existe aucune preuve matérielle de sa culpabilité, que d'ailleurs il n'est pas le bras qui a frappé; *mais qu'il a plus à redouter de la divulgation de son rôle réel que de cette accusation inoffensive d'assassinat.*

Imaginez le roman que voici:

Il y a déjà quelques années, sur cette terre bretonne qui semble pourtant à l'abri des incursions d'Outre-Rhin, des Allemands sont venus s'installer. Ils ont monté une usine. Avec cette imperturbable audace qui les caractérise, ils se sont mis à fabriquer du coton-poudre pour nos canons, pour nos cuirassés. Sans une objection le ministère de la guerre les a agréés pour ses fournisseurs habituels.

Cependant le scandale de cette situation se révèle. Les Allemands comprennent qu'il leur faut prendre une façade française. Précisément ils ont sous la main un petit avoué de Morlaix qui a quelques économies. Avec le concours de trois ou quatre parents complaisants, il reprendra la suite de leurs affaires. Bien habile celui qui démêlera si la nouvelle raison sociale n'est qu'un masque derrière lequel se dissimule l'ancienne société.

La manufacture Cadiou — qui en douterait ? — est bien française ! Il y a là quelques parlementaires influents pour s'en porter garants auprès du ministre de la guerre. Et les commandes affluent ; M. Cadiou s'enrichit.

Ce sont des jours heureux. Cependant quelques nuages les traversent. De temps à autre on constate dans les livraisons de la Grand' Palud d'étranges anomalies. Six wagons de coton poudre ont été portés en compte et payés. Pourtant on n'en a jamais reçu que trois. La marchandise est de qualité si détestable qu'on n'a le choix qu'entre deux hypothèses : la malfaçon criminelle ou le sabotage conscient. Certaines protestations timides s'élèvent. Mais les interventions parlementaires récidivent à propos. On s'assure même, dans l'administration militaire, certaines complaisances utiles.

L'*Iéna* saute. La *Liberté* saute. La Grand' Palud prospère toujours.

Mais voici qu'on entreprend, sur la fabrication de nos poudres, une enquête qui semble être sérieuse. Au ministère de la guerre, le général Gaudin a pris en main la direction du service.

Deux contrôleurs de l'armée viennent à la Grand' Palud. Ils rédigent un rapport qui se trouve aux archives de la rue Saint-Dominique et où il y a des choses effarantes. La situation de M. Cadiou est quelque peu compromise.

Mais M. Cadiou a des amis. Ils font démarches sur démarches. Ils sont députés. On les écoute.

さ

Imaginez encore ceci, qui est l'épilogue du roman.

Ceux qui, dans la coulisse, sont les maîtres de M. Cadiou commencent à s'inquiéter de toutes ces histoires. Ils sentent que la maison brûle. En hommes pratiques, ils déménagent. Entendez par là qu'ils installent ailleurs une autre entreprise dont la réputation sera vierge. Ils débauchent à cet effet les meilleurs collaborateurs de M. Cadiou. Il ne leur reste plus qu'à faire passer de la Grand' Palud à la manufacture nouvelle les commandes de la guerre.

C'est l'époque où la direction des poudres est assaillie de lettres anonymes où on lui expose tout au long les « procédés » de M. Cadiou. Par une coïncidence heureuse, l'ingénieur Pierre vient lui-même au ministère — poussé, comme il le déclare au général Gaudin, par son « patriotisme » — et il fait sur le compte de son patron Cadiou des révélations telles que l'usine de la Grand' Palud se trouve aussitôt écartée — et pour toujours — de toutes les commandes de la guerre.

Il était temps : c'était à la fin de novembre 1913 et le 12 décembre allait être passé un marché considérable...

Voici donc M. Cadiou trahi par les siens, honni par le ministère de la guerre, qui est son seul client.

Il est ruiné. Il n'a plus rien à espérer. Mais il peut chercher à se venger.

Il sait d'où sont partis les coups qui le frappent. Il connaît d'autant mieux ses ennemis d'aujourd'hui qu'ils furent, pendant longtemps, ses affidés. Il détient tous leurs secrets. Il n'a rien à perdre en les dévoilant. Mais quelle sûre, quelle retentissante vengeance !

Quelques semaines, à peine, s'écoulent et M. Cadiou est assassiné.

Où ? quand ? Comment ? Mystère ? Cela n'empêche pas une somnambule de Nancy d'indiquer avec précision où son cadavre a été déposé.

En même temps que M. Cadiou se volatilisent tous les papiers qu'il avait en sa possession.

Pouvez-vous, maintenant, échafauder une hypothèse ? Sachez que là-bas, dans le pays, on prononce tout haut des noms.

Comment donc se fait-il que la justice... ?

Attendez... Supposez encore que des mésintelligences domestiques ou familiales corsent le roman et que ceux-là qui, par amour pour le mort, devraient être les plus passionnés à faire éclater la vérité, n'apportent à sa recherche que tiédeur et lassitude indifférente..

— L'affaire Cadiou ne « sortira » pas ! déclarait l'autre jour un personnage informé. Ce nouveau scandale éclabousserait trop de

monde. *On ne peut pas livrer à la publicité
l'histoire des poudres...*

C'était au ministère de la guerre qu'on disait
cela.

2 avril 1914.

Découverte

« On a découvert, dit le *Matin* du 15 mai,
un registre de comptabilité qui établit que la
poudrerie de la Grand' Palud fut bien une
entreprise allemande jusqu'à la fin de l'année
dernière. »

Relisez donc l'*Œuvre* du 2 avril. Notre collaborateur François Lebon imaginait « le roman
que voici » :

Il y a déjà quelques années, sur la terre bretonne...

Les « romans » de l'*Œuvre* ressemblent toujours à la réalité...

21 mai 1914.

L'affaire Cadiou ou la vérité fait peur

Dégageant la « moralité de l'affaire Cadiou », M. Georges Montorgueil écrit :

« L'ombre la plus mystérieuse n'avait cessé d'envelopper ce crime, et des dessous nous étaient apparus qui avaient failli transformer un secret privé en secret d'Etat et orienter le drame du côté où précisément il n'a pas convenu aux magistrats d'aller — et qui était sans doute le bon côté. »

Tout le monde a l'impression que les mêmes influences, qui se sont exercées naguère pour atténuer ou dissimuler les responsabilités de l'ingénieur dans la fabrication défectueuse des poudres de guerre, empêchent aujourd'hui les magistrats de rechercher la vérité dans le sens indiqué par l'*Œuvre* il y a deux mois, — nous pourrions même dire il y a cinq ans, car, dans notre numéro du 23 décembre 1909, sous ce titre *Les Allemands sont les principaux fournisseurs de nos poudreries*, nous avions déjà raconté toute l'histoire de l'usine de la Grand' Palud, et nous l'avons complétée le 2 novembre 1911.

J'ajoute que, dès le 4 novembre 1909, l'*Œuvre* posait cette question, qui fut répétée plusieurs fois par la suite :

Faudra-t-il attendre une déclaration de guerre pour découvrir au public que nos poudres de guerre sont faites avec du coton de provenance allemande et que le coton nécessaire à la fabrication de la poudre B, est fourni par deux usines allemandes établies en France ?

Nous attendons le démenti du ministère de la Guerre, et s'il devait nous convaincre d'erreur, nous aurions grand plaisir à l'enregistrer ; mais l' « ŒUVRE » est malheureusement trop sûre de ce qu'elle avance.

Le ministère en était aussi sûr que nous, mais il était aussi embarrassé pour confirmer notre information que pour la démentir, car nous avons appris depuis lors que dès l'origine, c'est-à-dire dès la création de l'usine de la Grand'Palud, le ministère n'avait rien ignoré des extraordinaires trafics franco-allemands auxquels donnait lieu la fabrication de nos poudres.

Ici deux questions précises, qui pourront mettre M. Bidart de la Noë sur la bonne voie, s'il veut bien enfin s'y engager :

1° Sait-il que deux ministres prêtèrent leur concours aux lanceurs de l'affaire, lorsqu'une société anonyme se constitua, avec des capitaux allemands, pour fournir des déchets de cotons allemands à nos poudreries nationales ?

2° M. Bidart de la Noë a-t-il eu connaissance d'une lettre du député Cloarec à M. Legrand, prédécesseur de Cadiou, — lettre datée de 1916, — dans laquelle il était question d'un « bénéfice actuel et certain pour le ministère pendant cinq ans » ?

Ce sont les propres termes dont s'est servi M. Cloarec. Quel était ce « bénéfice certain pour le ministère », — et non pour l'État ? Faut-

il voir dans cette expression une allusion précise à des arrangements louches, et faut-il supposer que ces arrangements expliquent trop le
mutisme obstiné du ministère devant les révélations de l'*OEuvre* sur l'usine de la Grand
Palud, son personnel, ses commanditaires —
et ses protecteurs ?

28 mai 1914.

Les dessous
de l'affaire Cadiou
ou le juge d'instruction
qui ne veut rien savoir

Quimper, le 3 juin.

Le 4 novembre 1909, nous avions donc encore la naïveté de poser cette question : « Faudra-t-il attendre une déclaration de guerre pour découvrir que nos poudres sont faites avec du coton de provenance allemande fourni par deux usines allemandes établies en France ? Nous attendons le démenti du ministère... »

Naturellement, le démenti ne vint pas, et, le 23 décembre, sous ce titre : *les Allemands sont les principaux fournisseurs de nos poudres*, *l'Œuvre* racontait l'histoire de l'usine de de la Grand'-Palud, dont le premier directeur fut un officier allemand.

Le ministère ne bougea pas davantage. Que les Allemands gardent leur « poudre sèche » et nous fournissent de la poudre avariée, cela n'a rien que de normal et de conforme au désordre établi.

Ce que nous ne savions pas encore, ce qu'une rapide enquête dans le Finistère m'a permis d'apprendre cette semaine, c'est que non seulement nos ministres n'ignoraient rien de cette entreprise allemande, mais qu'ils la *favorisaient.*

Je sens fort bien que je vais écrire ici des
choses graves, et il n'est que trop naturel
d'hésiter à les croire. Je n'y croyais pas moi-
même avant d'avoir lu les documents que nous
publions; mais il faut se rendre à l'évidence,
si effrayante qu'elle soit.

C'est, paraît-il, la maison Peter Temming,
de Buhl, qui, encouragée et subventionnée
par le gouvernement allemand, vint s'installer
à Landerneau dans un immeuble appartenant à
M. Legrand, pour fournir du coton à nos poudreries nationales. Je dis *paraît-il*, car je n'ai
pas poussé de ce côté mes recherches, et, sur
ce point, je me borne à reproduire une information du journal *la Liberté* parue il y a trois
ans au lendemain de la catastrophe du cuirassé
Liberté. Le directeur de la Grand'Palud, disait
notre confrère, avait été « conseillé et guidé
dans cette affaire par deux députés, notamment
par M. Cloarec, qui fit le voyage de Colmar
pour M. Legrand, lorsque celui-ci alla signer
l'acte sous-seing privé qui le liait à Peter Temming. »

Ainsi mis en cause, M. Cloarec ne fit pas
difficulté de reconnaître qu'en effet il avait
accompagné M. Legrand à Colmar, mais,
disait-il, « à titre d'avocat ».

Bien entendu ! Nous avons connu un autre
député qui fut de même l'avocat-conseil de
Rochette.

Grâce aux bons offices de M. Cloarec, député
de Morlaix, un officier de Stuttgard, M. Greiss,
put donc venir s'installer à Landerneau, sous

le couvert de M. Legrand, pour écouler dans
nos poudreries les déchets de coton dont ne
voulaient pas les poudreries allemandes.

M. Legrand n'était d'ailleurs pas seulement
protégé par M. Cloarec ; il l'était aussi par
un autre député du Finistère. Le ministère
Combes ne pouvait rien refuser à ces deux
représentants du peuple, comme le prouve
cette lettre :

Paris, le 23 septembre 1903

Le Président du Conseil,
Ministère de l'Intérieur et des Cultes
à M. le Préfet du Finistère.

*Conformément au désir exprimé dans votre rapport du
5 septembre dernier, j'ai appelé la bienveillante attention
de M. le ministre de la Guerre sur la demande de M. Lé-
grand, industriel à Landerneau, relative à la création
d'une usine destinée à fournir aux poudreries nationales
les déchets de coton qui leur sont nécessaires, et j'ai avisé
de mon intervention auprès du général André l'honorable
M. le Bail, député, qui s'intéresse tout particulièrement à
M. Legrand.*

*Je ne manquerai pas de vous faire connaître la réponse
de mon collègue, dès qu'elle me sera parvenue.*

Vous pensez si, dans ces conditions, les
Allemands installés à Landerneau se gaussaient
des révélations de l'*Œuvre* !

Et l'*Œuvre* qui croyait apprendre quelque
chose au ministère de la guerre sur la fabrication de sa poudre !

Comme on devait rire, rue Saint-Dominique,
de nos candides découvertes !

♣

Cependant, M. Cloarec ne faisait pas seulement des voyages en Allemagne pour le compte
de M. Legrand ; au ministère de la guerre, il se
chargeait de lui procurer des commandes.

Nous ne serons complètement renseignés sur ces « tractations » que le jour où M. Bidart de la Noë voudra bien retrouver la fameuse valise de Cadiou, qui disparut au lendemain ou à la veille du crime, — cette mystérieuse valise dont parlait au juge d'instruction un télégramme non moins mystérieux du même Cloarec. Elle contenait selon toute apparence de nombreux documents comme cette lettre du député de Morlaix à son client et ami Legrand :

13 septembre 1906.

Mon cher monsieur,

Je ne m'attendais certes pas à ce que la demande fût déposée aussi rapidement ; je pensais que vous eussiez attendu le mois d'octobre afin que ma démarche pût se faire utilement près du ministre.

Je serai bien à Paris le 21, mais je n'y passerai que quelques heures, car je suis obligé de me trouver le 22 à Montpellier où je crains d'être pris une dizaine de jours.

Je ferai tout mon possible pour me rendre au ministère le 21, mais y trouverai-je Etienne ?

Vous m'aviez promis tous les renseignements nécessaires qui ne sont pas dans votre lettre :

1º Copie de la lettre de Berteaux ;

2º Copie de la lettre ordonnant les épreuves ;

3º Prix des achats actuels aux différentes maisons de fournisseurs ;

4º Moyenne des achats des cinq dernières années ;

5º Bénéfice actuel et certain pour le ministère pendant cinq ans ;

6º Comparaison

J'ai besoin de ces renseignements pour rédiger une note.

J'ai les éléments pour la note politique et régionale.

Donnez-moi donc, je vous prie, tous les éléments sans tarder afin que je puisse rédiger ma note avant mon départ.

Bien à vous,
CLOAREC.

Pourtant, si rapide que fût le passage à Paris de M. Cloarec, il trouva le moyen de faire au ministère une démarche « utile ». S'il n'y rencontra pas cet excellent Étienne, qui était sans doute en vacances, il put s'aboucher avec le directeur des poudres, M. Bérard, qui le reçut « d'une façon charmante ». Puisqu'il ne s'agissait que de nos poudres de guerre, on n'avait rien à lui refuser.

M. Cloarec demandait pourtant assez gros, puisqu'il prétendait supprimer pour M. Legrand les formalités gênantes de l'adjudication ; et si charmant que fût son accueil, M. Bérard crut devoir faire de timides réserves à cet égard. « Oh ! sans doute, ce n'est pas impossible ! J'ai peur cependant que ce ne soit un peu long... »

Mais laissons notre député-conseil expliquer lui-même à son client le résultat de sa démarche. Il lui écrit de la taverne Gruber :

21 septembre 1906

Cher Monsieur,

Vu M. Bérard qui a été charmant et m'a promis d'étudier l'affaire avec le plus grand soin dès que le dossier arrivera. Je lui ai demandé à aller le voir à mon retour de Montpellier ; c'est entendu ; mais il m'a jeté une douche en me disant que ce serait très long à cause des formalités administratives.

Il croit qu'il faut procéder à une adjudication : il m'a dit que si M. Coste avait la fourniture, c'est que plusieurs adjudications sont restées sans résultats.

Si vous avez donc des tuyaux sur le principe de l'autorisation sans adjudication, donnez-les moi.

Vous pouvez m'écrire Hôtel Métropole à Montpellier où e passerai sûrement le semaine.

Bien à vous,
CLOAREC.

M. Cloarec poussait encore plus loin l'obligeance. En sortant de sa prison l'ingénieur Pierre vient de confier à *la Dépêche* de Brest :

Ce qui est terrible, c'est l'insuffisance du contrôle dans les poudreries. On peut ainsi fournir à l'État pour ses poudres des éléments de fabrication détestables sans que ceux qui ont mission d'exercer la surveillance s'aperçoivent de quoi que ce soit.

Pourquoi « ceux qui ont mission d'exercer la surveillance » ne s'aperçoivent-ils de rien ? M. Bidart de la Noë l'ignore peut-être ; mais nous commençons à le savoir.

Pourtant, quelle que fût l'insuffisance du contrôle, les déchets de coton fournis par l'usine de la Grand'-Palud étaient si pitoyables qu'il arrivait à M. Louppe lui-même de refuser la fourniture. Que faisait alors M. Cloarec ? La poudrerie du Moulin-Blanc ne voulant pas de ces « linters » pourris, il se retournait vers une autre poudrerie nationale; et comme il avait accompagné M. Legrand à Colmar, le diligent « avocat-conseil » convoyait la marchandise rebutée jusqu'à la poudrerie d'Angoulême où, grâce à son éloquence et à son prestige, il réussissait à la faire accepter. Nous ne savons encore combien la maison Temming et M. Legrand payaient les services de M. Cloarec, mais nous sommes déjà sûrs qu'il gagnait bien son argent !

⚜

Quel rapport y a-t-il entre cette affaire franco-allemande et l'affaire Cadiou ? Faut-il chercher de ce côté le mot de l'énigme ? Nous ne pouvons le dire, et ce n'est d'ailleurs pas à nous de le dire. Mais il éclate aux yeux que, pour replacer l'affaire criminelle dans son atmosphère, il est indispensable de connaître et d'interroger les hommes d'affaires ou les hommes politiques intéressés à la prospérité ou à la ruine de l'entreprise que dirigeait nommément Cadiou. Il serait assurément moins difficile ensuite de savoir qui pouvait avoir intérêt à le supprimer.

Peut-être la politique n'a-t-elle rien à voir avec ce crime-là ; mais le contraire est possible aussi, et, à cette heure, les résultats de l'instruction sont si confus, si contradictoires, que toutes les hypothèses sont également admissibles...

— Alors, demanderont les naïfs, pourquoi M. Bidart de la Noë n'a-t-il pas orienté ses investigations dans ce sens, et pourquoi laisse-t-il à l'*Œuvre* le soin de découvrir les dessous politiques et financiers de l'affaire Cadiou ?

Il faut, pour poser cette question, n'avoir pas ouvert *la République des Camarades* et ne pas soupçonner ce que peuvent être, sous ce régime, les rapports de la politique avec la justice.

Sans doute, par l'instruction du juge Boucard et le réquisitoire du procureur Lescouvé, nous venons de nous apercevoir qu'il y a encore des magistrats à Paris. Mais, s'il en est quelques-uns qui tiennent bon, malgré toutes les pressions exercées sur leur conscience, nous avons pu voir aussi, par l'affaire Rochette, comment un Caillaux « fait marcher » un procureur général et un président de cour d'appel. S'il en va de la sorte à Paris, comment les pauvres magistrats de province seraient-ils plus capables de résistance ? La vérité, c'est qu'ils vivent dans la terreur des politiciens dont dépend toute leur carrière.

Tout a été dit là-dessus, et je n'ai pas l'intention de le répéter. Quand nous avons raconté ce que nous avions vu dans la Sarthe en suivant la campagne électorale de Caillaux, on nous a répondu : « Vraiment, ça vous scandalise ? Mais c'est la même chose partout ! » Mon expérience personnelle ne me permet pas d'affirmer que la vase de toutes les mares stagnantes est aussi putride, mais je puis à tout le moins me porter garant qu'en matière de corruption mes compatriotes bas-Bretons n'ont, hélas ! rien à envier aux gars de la Sarthe. Dans ce département du Finistère, tout ce qui touche à la politique ou en peut subir l'influence est faussé, vicié, pourri. Et pour fixer les idées, voici encore un petit document qui me dispensera de toute épithète. C'est tout bonnement une lettre du préfet qui donne *l'ordre* à un juge de paix de prononcer une condamnation. L'affaire en elle-même importe peu. Il s'agit d'une « nommée Marie G... » à qui la préfecture réclame une somme de 874 fr. 50. Que la réclamation soit fondée ou non, peu nous chaut ; ce qui est intéressant, c'est la manière directe et expéditive dont le satrape du Finistère poursuit le recouvrement d'une créance. Voici la lettre, voici l'injonction qu'il adresse au juge :

27 mai 1913.

Le Préfet du Finistère
à M. le Juge de paix de Châteaulin.

Je vous serais obligé de vouloir bien inviter Mlle G...
domiciliée à Saint-Coulits, à comparaître devant vous afin
de lui faire prendre l'engagement sur timbre de payer au
département la somme de 874 fr. 50.

Dans le cas où elle s'y refuserait, je vous serais obligé
de vouloir bien rendre un jugement dans ce sens, et

pour ce m'indiquer, s'il y a lieu, toutes formalités à remplir. Vous voudrez bien d'ailleurs à ce sujet vous concerter avec M. le sous-préfet de Châteaulin.

Comme c'est simple et ingénu !

On nous assure que M. Cloarec parle du même ton au juge Bidart. Mais pour en obtenir ce qu'il désire, a-t-il seulement besoin de parler ?

☙

J'écrivais avant hier : « Nous ne saurons peut-être jamais quel est l'assassin de Cadiou ; mais nous saurons au moins pourquoi nous ne le saurons jamais. »

L'ai-je suffisamment expliqué ?

4 juin 1917.

Le feu aux poudres

Avec du mauvais coton, on ne fait que de mauvaise poudre.

C'est ce que vient d'établir avec autorité l'éminent chimiste Daniel Berthelot.

Mais, faisant allusion aux effrayantes révélations de l'*Œuvre*, il ajoute:

Les Anglais prennent pour le choix de leurs cotons toutes les précautions que j'ai indiquées; ils n'ont pas d'accidents.

Aussi lorsque j'entends dire que, peut-être, des poudres ont été faites avec des cotons provenant de déchets industriels sales et graisseux ou avec des cotons hydrophiles ayant servi à des pansements et imprégnés, en conséquence, des médicaments et des produits chimiques les plus divers, je me demande si cela peut-être bien vrai, et j'ose espérer que c'est là une amusante fantaisie. S'il en était autrement, auteurs et complices seraient d'impardonnables criminels.

Hélas ! Après tout ce que nous avons publié, il est difficile de conserver la moindre illusion.

« Amusante fantaisie » ? Nous le voudrions, et nous serions les premiers à nous hâter d'en rire, — s'il n'y avait en Bretagne, depuis les catastrophes de l'*Iéna* et de la *Liberté*, mille familles qui pleurent...

La France prussienne

— Il fait bien chaud, ce soir... Allons-nous dîner aux Champs-Élysées ?

Aux Champs-Élysées, c'est un restaurant allemand qui a remplacé « le petit Paillard ». On n'y mange plus que de la choucroute, de l'oie aux choux et du cochon aux confitures.

Grâce aux efforts des Escoffier et des Gringoire, la cuisine française nous gardait dans le monde un suprême prestige. Naguère, à l'étranger, quand on consultait un menu dans un hôtel qui se piquait d'élégance et de luxe, on éprouvait une petite satisfaction à y retrouver les plats de chez nous proposés dans notre langue, et les fautes d'orthographe ou de prononciation nous semblaient touchantes.

On n'en commet plus guère en Allemagne, car le Kaiser ne veut plus de menus rédigés en français et ses ordres, comme il convient, sont observés au cœur même de la France, puisque, dans un de nos restaurants, qui compta jadis parmi les plus parisiens, la moitié des plats portent des noms tudesques. Il suffit au surplus de regarder la tête des habitués et d'ouïr leurs propos pour se rendre compte que, dans nos Champs-Élysées, les Français ne sont déjà plus que des ombres.

Quand verrons-nous les uhlans et les hussards de la mort, précédés de fifres railleurs, passer de nouveau sous l'arc de triomphe et descendre insolemment vers la Concorde ?

Ce n'est d'ailleurs pas seulement aux Champs-

Elysées que sévit la cuisine allemande. Sur les
grands boulevards, en face du Crédit Lyonnais s'est installé un autre cabaret, qui eut
d'abord la pudeur de se donner pour britannique. Mais à quoi bon prendre aujourd'hui ces
précautions et ces détours ?

L'autre soir, y étant entré par mégarde, un
de nos amis y trouva une tablée d'Allemands
qui banquetaient et portaient la santé de
l'Empereur. On entendait leurs *hoch!* de
l'autre côté du boulevard. Tous arboraient
des décorations germaniques et des insignes
aux couleurs criardes. Ils restèrent là jusqu'à
une heure du matin, gonflés de choucroute et
de bière, se gaussant des quelques Français
fourvoyés dans le sous-sol et pour lesquels les
garçons eux-mêmes ne dissimulaient pas leur
dédain...

2 juillet 1914.

La « trouée »

D'un journal luxembourgeois :

Samedi dernier, un train de réservistes allemands a traversé le Grand-Duché, de Troisvierges à Bettembourg. Ces réservistes allaient fêter à Metz le jubilé du 8e régiment rhénan d'artillerie non montée.

Or, personne n'avait été prévenu et on ne l'apprit que lors du passage du train à Luxembourg. Ce transport avait même été fait si mystérieusement que le bruit se répandit un moment en ville qu'il s'agissait d'une véritable violation du territoire luxembourgeois par une troupe de soldats en activité.

Il n'en était rien et il est évident que ce train n'enfreignait, littéralement, aucune convention...

Nous avons une leçon à tirer de cet incident : il prouve avec quelle facilité, en cas de guerre, l'Allemagne qui dispose de toute l'organisation, de tout le personnel et de tout le matériel de nos voies ferrées, pourrait avoir envoyé des régiments à Luxembourg, occupé les points dangereux des lignes, tunnels, ponts et viaducs, avant même que personne se fût douté de leur présence à la frontière.

Ajoutons que les Allemands construisent en ce moment à Igel, entre Trèves et Luxembourg, à la jonction de la Moselle et de la Sarre, une énorme gare de débarquement avec des quais de cavalerie, et l'outillage nécessaire à la manipulation de l'artillerie lourde.

En face, nous offrons, de Givet à Batilly, 200 kilomètres de frontières dégarnies...

9 juille 1914.

**Et le lendemain,
la guerre était déclarée.**

Poudre allemande

Qui se doute en France que *toute la fabrication de la poudre nécessaire à l'armée française a été placée dans la dépendance de l'Allemagne ?*

Procédons par interrogations ;

Est-il vrai que la fourniture d'un produit chimique sans lequel nos poudres ne peuvent être fabriquées a été confiée à la maison E. Heüer dont les deux établissements se trouvent à Aussig (Autriche) et à Dresde (Saxe) ?

Est-il vrai que la poudrerie de Sevran-Livry recevait d'Aussig, exclusivement, l'élément essentiel de son travail ?

Est-il vrai que l'intermédiaire entre Aussig et Sevran-Livry a été, jusqu'à sa mort, un sujet allemand nommé Hilbig, qui avait, bien entendu, ses entrées à la rue Saint-Dominique ?

Si le ministère de la Guerre répond négativement, nous verrons.

Si l'on ne dément pas ces informations, il demeure établi que :

1° Par l'intermédiaire d'Hilbig et de la maison Heüer, le gouvernement allemand a toujours su exactement quelles quantités et qualités de poudre on fabriquait en France ;

2° En cas de guerre, la frontière étant fermée, l'Au-

triche étant liée à l'Allemagne, la fabrication de la poudre
serait arrêtée en France;

L'Autriche a été longtemps l'unique fournisseur de
torpilles de la marine française. C'était déjà bien. Mais
les torpilles ne sont pas toute la marine.

Sans poudre, il n'y a pas d'armée, *et l'armée française
n'a de poudre qu'avec la permission de l'Allemagne.*

25 juin 1909.

❦

A la merci de l'Allemagne

Il a fallu la catastrophe du *République* pour nous révéler
que l'enveloppe de ce dirigeable était de fabrication
allemande.

Faudra-t-il attendre une déclaration de guerre pour
découvrir au public que nos poudres de guerre sont
faites avec du coton de provenance allemande et que le
coton nécessaire à la fabrication de la poudre « B » est
fourni par deux usines allemandes établies en France?

Nous attendons le démenti du ministre de la Guerre,
et, s'il devait nous convaincre d'erreur, nous aurions
grand plaisir à l'enregistrer, mais l'*Œuvre* est malheureusement trop sûre de ce qu'elle avance.

4 novembre 1909.

❦

Les Allemands sont les principaux fournisseurs de nos poudreries

Comme il était facile de le prévoir aucun démenti n'est venu. *L'Œuvre* est aussi bien renseignée sur l'administration de la Guerre que sur celle de la Marine. Nous allons le prouver de nouveau, en précisant notre information. Nous conservons l'espoir qu'on ne nous obligera pas à désigner les intéressés par leurs noms. Pourtant nous n'hésiterions pas à le faire, si le général Brun ne se hâtait pas de mettre un terme à une situation si paradoxale et si inquiétante.

Voici donc les révélations nouvelles sur la fabrication de nos poudres de guerre, que nous devons à un ami de *L'Œuvre*, très exactement informé.

⚜

Tout le monde sait que la poudre « B » a pour base de la nitro-cellulose, composé obtenu en faisant réagir de l'acide nitrique sur la cellulose, laquelle est produite par le coton.

L'explosion de *l'Iéna* fut attribuée à l'inflammation spontanée de cette poudre. Mais les causes qui ont déterminé cette inflammation sont restées ignorées. En tout cas, il est difficile d'admettre que le coton fut la cause initiale de cette catastrophe.

Dans l'affolement qui suivit, au ministère de la Guerre, on fit ce raisonnement simpliste : « Notre poudre s'est enflammée. La poudre allemande n'a pas encore produit d'accident. Donc, la poudre allemande est meilleure que la poudre française et il faut renoncer au type de coton que nous avions choisi pour adopter le type du coton allemand ».

Il n'y eut pas d'études préliminaires et comparatives entre les deux produits. Le type français fut condamné et remplacé par le type allemand.

Mais, comme par hasard, deux usines allemandes étaient déjà installées en France pour la fabrication de ce nouveau type.

L'une de ces usines était dans l'Est près de la fron-

7

tière, bien placée sur un canal conduisant au Rhin. L'autre est à l'extrémité ouest, tout près d'une poudrerie et aussi d'un port de mer, qui excite les convoitises allemandes.

Ces deux usines sont la propriété de deux Allemands, autrefois associés pour le commerce du coton, et venus en France pour fournir leurs produits à l'État, en dissimulant leur nationalité sous des noms français.

L'usine de l'Est appartient à une Société anonyme fondée sous le régime de la loi française. L'acte de société déclare que les fondateurs sont trois Allemands, les capitaux sont tous allemands, à l'exception d'une faible partie d'actions d'apport attribuées à des Français qui prêtent leur nom. Le président du conseil est français, l'administrateur-délégué est français. Cela suffit pour le ministre de la Guerre qui ne croit pas devoir s'enquérir de la majorité du conseil, formée par trois frères d'origine allemande.

L'usine de l'Ouest fut créée par l'autre associé allemand. Celui-ci choisit comme prête-nom un négociant qui faisait le commerce des métaux et qui ne connaissait du coton que le nom. Ce propriétaire fictif ne fut pas longtemps dans les grâces du ministère. Il fut exclu des adjudications pour tentative de fraude.

Le remplaçant fut vite trouvé, et, cette fois, ce fut un marchand de vins qui entra en fonctions.

Entre temps, les charges se précisent contre cette usine. On apprend que le directeur, c'est-à-dire la seule personnalité capable et responsable est un Allemand, officier de réserve allemande. Les noms des propriétaires fictifs changent, le directeur ne change pas. Après deux adjudications annulées par le ministre, le marchand allemand fait comme son associé et trouve tout de suite une nouvelle incarnation de sa personnalité dans une société anonyme avec sept membres de la même famille comme souscripteurs. Ils font entre eux une répartition fictive des actions et, cette fois, ils comptent enlever sans efforts les fournitures du gouvernement français. Malheureusement pour eux, une enquête est faite par un inspecteur général de l'armée. La présence du directeur allemand justifie tous les soupçons. D'où refus, par le ministre, des fournitures de cette usine.

Il faut, de toute nécessité, simuler le départ du directeur allemand pour désarmer le ministre. Notre officier de réserve allemand va justement faire dans son pays une période d'instruction militaire. On annonce que le directeur est parti et remplacé par un jeune ingénieur, tout frais émoulu de l'école. Mais notre officier allemand a réintégré son domicile; il ne va plus à l'usine comme directeur, mais il la dirige quand même. D'ailleurs, que ferait-il dans un pays où il n'aurait rien à faire, puisqu'il n'a pas d'autres moyens d'existence que son travail? Quelle sera la décision du ministère, quand il apprendra cette nouvelle transformation? Nous le saurons bientôt.

Quoi qu'il en soit, le plan conçu par ces deux Allemands, propriétaire des usines, est simple et clair : il faut fournir aux poudreries françaises les plus grandes quantités possibles de coton allemand. Il faut empêcher les usines françaises de se développer et même de vivre. Le prix de vente importe peu. N'y a-t-il pas les primes du gouvernement allemand pour travailler, s'il le faut, à qui perd gagne?

Les adjudications ne se font donc pas dans des conditions égales, et il n'est pas douteux que les usines françaises devront disparaître, si cet état de choses continue.

Que l'on compare depuis un an et plus les adjudications qui ont eu lieu pour les cotons, et on sera frappé jusqu'à l'évidence de l'exactitude de ce qui précède : quelques bribes de ces adjudications vont à l'industrie française qui se meurt d'inanition.

Voilà donc où nous en sommes. En temps de paix, on enrichit les Allemands et on ruine les usines françaises. Mais vienne la guerre : les deux usines allemandes, pour une raison ou pour une autre, cesseront soudain leur fabrication. Et du coup, nos poudreries ne pourront plus fournir de poudre. N'y a-t-il pas là, pour notre défense nationale, le plus redoutable péril?

23 décembre 1909.

Matériel boche

Monsieur,

Dans un récent numéro de l'*Œuvre*, sous le titre *Les Allemands sont les principaux fournisseurs de nos poudreries*, vous vous indignez que les fournitures de coton nécessaires à la fabrication de nos poudres soient faites par des usines allemandes installées en France.

N'y a-t-il donc que cela? Je suis sûr que votre correspondant, qui est bien renseigné, en sait encore plus qu'il n'en dit, car il n'est — j'entends dans un certain milieu — personne qui ne sache que tout le matériel qui sert à la fabrication de nos poudres est acheté en Allemagne : les turbines à nitrer sont allemandes, les malaxeurs sont de même origine et bien d'autres machines encore; de sorte que, si une guerre venait à éclater, on pourrait peut-être, à défaut d'autre, utiliser du coton français, et produire tant bien que mal, mais en cas d'avaries, on ne saurait, on ne pourrait certainement ni remplacer, ni réparer le matériel pourtant indispensable à de pareils moments; en effet, le marché de l'Allemagne nous serait immédiatement fermé, et la France ne pourrait y suppléer, car la fabrication de ce matériel est chez nous à l'état embryonnaire, puisque, du fait du monopole, l'Etat est le seul à pouvoir s'en servir et qu'il achète à l'étranger celui dont il a besoin.

Quelques journaux — oh! bien rares — ont essayé d'attirer sur ces points délicats l'attention du grand public et des gouvernants; mais, bien qu'un grand nombre de ministres et de députés soient au courant de cette situation si préjudiciable aux intérêts de la défense nationale, l'affaire n'avait pas un caractère électoral assez prononcé pour que nos honorables parlementaires aient jamais songé à y mettre fin. Je ne pense pas que cela soit pour vous surprendre, ni pour vous arrêter d'ailleurs dans la courageuse campagne que vous avez entreprise.

Veuillez agréer, etc.

4 Février 1910.

⌇

Editeur boche

La publication des documents diplomatiques antérieurs à la guerre de 1870 a excité de vives polémiques. C'est naturellement le juif Reinach que le gouvernement a chargé de cette besogne nationale, et l'on a dit là-dessus tout ce que l'on pouvait dire. Mais pourquoi personne n'a-t-il encore observé que l'éditeur de ce recueil est un juif allemand, naturalisé depuis quelques mois à peine?

Il n'a, d'ailleurs, demandé sa naturalisation que pour être chargé de cette édition par le Ministère des Affaires étrangères.

Mais, vraiment, MM. Pichon, Reinach et Ficker sont

bien bons d'y mettre tant de formes, de scrupules et de
pudeur patriotique. Pourquoi donc se gêner? Lorsqu'il
s'agira de conter l'histoire de la troisième République,
on prendra sans doute moins de précautions dérisoires.
Quelques Juifs de Francfort voudront bien, pour un prix
honnête, rédiger nos annales, et, cette fois, c'est à Berlin
qu'elles seront publiées.

Si nous ne sommes plus Français, tâchons au moins
d'être francs.

De l'Est à l'Ouest

Dans le *Gil Blas*, Jeanne et Frédéric Régamey revien-
nent sur le danger de l'invasion allemande, que l'*Œuvre*
a si souvent dénoncé :

« Dans l'Est, disent-ils, la plupart de nos mines sont
entre des mains allemandes. Les Thyssen, les Rochlinh
et les Hachener possèdent plusieurs milliers d'hectares.

« Il est inutile d'insister sur le péril économique et
politique que signifie pour nous cet accaparement dans
une région de frontière et défense nationale comme
Longwy et Briey où, sans parler du reste, il est aisé de
dissimuler sous le vêtement de mineur autant d'espions
qui renseignent en attendant qu'ils détruisent.

« L'infiltration, la « conquête pacifique » se fait donc
chez nous de façon méthodique, comme elle s'est insi-
nuée en d'autres pays, en Belgique, en Russie, en Angleterre. Quand nous déciderons-nous à comprendre que
l'Allemand, pieuvre jamais rassasiée, nous tient dans ses
tentacules et nous suce le meilleur de notre sang? »

Mais, ce n'est pas seulement sur nos provinces de
l'Est que l'Allemagne a mis la main. Le *Moniteur du
Calvados* a récemment démontré que la concession des
mines de Sousmont vient d'être rétrocédée à une Société
allemande par les grands électeurs de Chéron, avec la
complicité évidente du sous-secrétaire d'Etat.

N'est-il pas question de livrer à cette même maison
Thyssen les gisements de Rocquancourt, Garcelles-
Secqueville, Saint-Aignan-de-Cramesnil, Conteville,

Poussy, Billy, Cintheaux, Cauvicourt, Saint-Sylvain, Pierreville-la Campagne, Bray-le-Champagne? Et avec ça, messieurs ?

Et si la maison Thyssen arrive à ses fins, — et M. Chéron fait tout son possible pour l'y aider, — la plus grande partie du département du Cavaldos va devenir la propriété d'un Allemand.

C'est du propre!   11 août 1910.

Honteuse besogne

Les agents financiers des prussiens

A part leurs excès de bière, les Allemands sont des gens sobres, simples, économes, pleins d'initiative et de ténacité. Sous l'impulsion du Kaiser, ils travaillent avec une ardeur obstinée à développer leur puissance industrielle et commerciale, ce qui leur permettra, en temps voulu, d'équiper une armée qu'ils voudraient conquérante. Mais, pour donner à leurs affaires l'essor désiré, il leur manque des capitaux.

La France en possède, ils savent que son bas de laine est inépuisable, aussi ont-ils jeté leur dévolu sur notre petite épargne.

Ce peuple qui nous a pris deux provinces et cinq milliards, sans compter les pendules, qui, depuis la guerre, n'a pas manqué une occasion de nous faire rudement sentir notre échec, qui dans maintes circonstances nous a humiliés, ce peuple n'est pas satisfait. Il nous demande impérieusement de coter les valeurs allemandes à la Bourse de Paris. Ce sera le début d'une nouvelle invasion.

Avec leurs qualités et nos capitaux, les Allemands espèrent devenir bientôt les maîtres du monde au point de vue économique.

Les laisserons-nous faire? tout est là.

Les aider dans leur entreprise peut seulement tenter les aigrefins et les « métèques » contre lesquels les gens avertis de ce pays éprouveront un mépris bien légitime lorsqu'ils les connaîtront.

                              9 septembre 1909.

La marine suisse

Si nos poudres sont fabriquées avec des matières premières que fournissent les Allemands, on commence à se demander s'il n'en est pas de même pour nos obus.

Nous lisons, en effet, dans le journal *l'Usine* :

Les Forges et Aciéries Electriques P. Girod (Ugine) viennent de recevoir une commande d'essai de projectiles. Etant donnés les résultats des épreuves faites au polygone d'une usine privée, il ne paraît pas douteux que les essais officiels, qui vont avoir lieu sous peu, ne soient concluants.

La nouvelle usine d'Ugine est outillée pour couler 50 à 100 tonnes d'acier par jour; elle a l'intention d'aborder, non seulement les fabrications destinées à l'armement, mais encore les aciers fins.

Des fours Girod sont actuellement en marche à Ugine, à Seraing; chez MM. Ochler et Cie, à Aarau, à l'usine Stotz et Cie, à Stuttgart. En outre, des licences d'exploitation ont été prises par la Poldihütte, à Alt-Kladno, et chez MM. Danner et Cie, en Autriche.

Voilà des noms bien Français, et il suffit de lire attentivement cette phrase pour ne pas s'étonner qu'on soupçonne, dans le « monde métallurgique », les capitaux d'exploitation des Forges et Aciéries P. Girod, d'être d'origine teutonne.

M. Paul Girod ne serait qu'un prête-nom. Lui-même n'est-il pas Suisse? Son frère n'est-il pas avocat à Fribourg?

Il est vrai que l'agent technique de cette société est un retraité de la marine, le commandant Gally-Aché; mais ce détail ne suffit pas à nous rassurer, et il y aurait peut-être lieu d'attirer l'attention sur la situation très spéciale de ces officiers de marine ou ingénieurs de nos services publics, qui devenus les représentants d'une société métallurgique, ont à traiter des affaires souvent très délicates avec leurs anciens camarades ou collègues, chargés de défendre les intérêts de l'Etat...

Mais notre industrie nationale est-elle encore digne d'intérêt, et n'y a-t-il pas quelque naïveté à plaider sa cause?

Quand on voit les invraisemblables retards dans les livraisons de projectiles, dont la Métallurgique de l'Ariège nous a si souvent offert le spectacle, on finit par s'expliquer comment la France se trouve contrainte, pour approvisionner ses arsenaux, de recourir aux bons offices des Suisses ou des Prussiens...

23 décembre 1909.

Editeur boche (Suite)

L'affaire Ficker s'étend et devient vraiment une question nationale. Nous sera-t-il permis de rappeler que nous avions, il y a trois mois, annoncé ce scandale, qui nous découvre une fois de plus la toute puissance du juif allemand ?

Le Ficker est d'une ignorance crasse et burlesque. Une librairie ayant réuni en volume des extraits de Bonald, le Ficker écrivit froidement à « Monsieur Bonald », chez son éditeur pour lui demander s'il n'avait pas autre chose à publier. Le plus drôle, c'est que « Monsieur Bonald » répondit à Herr Ficker en l'informant qu'il lui restait encore quelques œuvres « posthumes ». Herr Ficker les attend toujours, mais il devrait bien aller les attendre sous les tilleuls.

Quand débarrassera-t-on le sol français de toute cette vermine ?

25 août 1910.

⁂

Dans la note officieuse, par laquelle on cherche à se disculper d'avoir confié à l'Allemand Ficker le soin d'éditer nos documents diplomatiques, on déclare : « Des pourparlers avaient été entamés sans succès avec plusieurs maisons d'édition ».

C'est un mensonge. La publication ne fut proposée qu'à l'éditeur militaire Chapelot, mais dans des conditions telles qu'il lui était impossible de les accepter.

Le ministère n'avait, d'ailleurs, fait cette offre que pour se couvrir en cas de protestation et avec la certitude d'un refus.

Mais n'y avait-il pas en France d'autres éditeurs à qui l'on aurait pu soumettre l'affaire ? Comment se fait-il que, dans le commerce de la librairie, personne n'en ait entendu parler ?

Il est vrai qu'il y a six mois (*L'Œuvre* annonce tous les scandales six mois à l'avance), dans son numéro du 21 février, sous le titre *En attendant la visite de Guillaume*, nous avions posé cette question : « *Est-il exact qu'un éditeur allemand, tout récemment naturalisé français pour la circonstance, ait été chargé par le Gouvernement d'éditer l'Histoire officielle de la guerre de 1870 ?* » Mais, comme il

arrive le plus souvent, la chose parut si invraisemblable
qu'on ne voulut pas nous croire.

A ce propos, un éditeur nous dit :

— Quand un ministère projette de pareilles publica-
tions, le Cercle de la Librairie n'en devrait-il pas être le
premier averti ? Pourquoi n'a-t-on pas mis la publication
en adjudication ?

1er septembre 1910.

Microbes boches

Si c'est vrai, c'est effroyable. Le Dr Helme affirme
ceci :

Dans les hôpitaux français, lorsqu'un pansement a servi,
on le brûle soigneusement : ouate, gaze hydrophile, com-
presses, etc , tout cela est détruit. Eh bien! en Allemagne,
ces rebuts pleins de pus, de sanies, ces réservoirs formidables
de microbes sont mis de côté religieusement. Des industriels
les prennent, les soumettent à l'action de presses hydrauliques
puissantes, de façon à en faire des ballots compacts. Puis
toute cette marchandise immonde et dangereuse est expédiée
dans les environs de Paris. Là, des femmes et des enfants,
— oui, des enfants ! — font le tri de ces pansements souillés;
on les nettoie, on les lave et on les remet dans le commerce,
de sorte que dans les hôpitaux civils ou militaires, où les
adjudications se font au rabais, il est presque certain que
nos blessés, nos malades sont pansés avec le déchet des pansements allemands !

Est-ce que la Grande Muette (c'est la presse que je
veux dire) va encore étouffer ce scandale?

8 septembre 1910.

C'est nous qui payons
les verges pour nous battre

Nous n'avons pas d'argent pour acheter des fusils ;
mais nous en avons pour payer des canons à l'Autriche,
qui nous remboursera en plomb.

Avec l'emprunt austro-hongrois de 560 millions, on
nous prépare l'emprunt turc. Ce sont des officiers allemands qui instruisent les soldats turcs; mais c'est encore
avec de l'argent français qu'ils achèteront de la poudre
et des balles.

15 septembre 1910.

— 153 —

Variations sur Malbrouck

D'une vieille chanson française sur un général anglais qui vivait au siècle de Louis XIV, un librettiste italien qui porte le nom éclatant de Nessi fit une opérette se passant à l'époque des croisades, et dans laquelle Malbrouk est Gascon.

Sur ce livret, que l'Hervé de l'Œil Crevé n'eût pas répudié, un autre Italien, Léoncavallo, écrivit une musique de grand opéra, autrement dit une musique dont la drôlerie n'est pas nettement apparue.

Un juif nommé Sclivinski, qui réside à Berlin où il dirige deux théâtres et une maison d'édition, eut l'idée d'éditer ce *Malbrouck*.

Et il se dit qu'en confiant le principal rôle de *Malbrouck* à un baryton italien et en lui recommandant de mâtiner son accent d'origine d'un peu d'accent gascon, il résulterait d'éléments si multiples et si contradictoires un ensemble constituant un spectacle éminemment parisien.

Voilà pourquoi *Malbrouck* a été joué à l'Apollo.

💮

Le spectacle était-il trop parisien ? Ne l'était-il pas assez ? Toujours est-il que le public qui, lui, était en majeure partie parisien, prit la fuite vers la fin du second acte et ne revint pas au troisième.

Vous croyez peut-être que l'insuccès de cette œuvre italienne éditée par un Allemand et dirigée par un chef d'orchestre autrichien sera imputé aux individualités de la Triplice qui l'ont perpétrée, publiée, dirigée ?

Erreur !... Il y a un Français d'embringué dans cette extravagante aventure, c'est M. Vaucaire, à qui incomba la tâche ardue de teinter de « vieille gaîté française » l'élucubration un peu lourde du signor Nessi.

Or, on lit dans la *Petite République*, sous la signature du critique dramatique de cet organe :

« La musique n'a pas déplu. Le livret a moins séduit. *Faut-il en rendre responsable M. Vaucaire ou M. Nessi ?* »

💮

Les auteurs et compositeurs français, qui gémissent tant, en ce moment, de voir partout leurs places prises

par des auteurs et compositeurs italiens sur les scènes
françaises, auraient vraiment tort de se plaindre !

Ils ne peuvent pas avoir de succès puisqu'on ne les
joue pas ; mais ils sont, de droit, rendus responsables
des fours étrangers... Comment M. Vaucaire n'a-t-il
pas vu qu'on le prenait pour le bouc émissaire éven-
tuel et que ces cosmopolites en excursion à Paris
l'avaient emporté avec eux comme un parapluie, en
cas de mauvais temps ?

Les compositeurs français ont bien raison de se
plaindre, mais on se demande pourquoi ils ont tant
tardé à le faire.

Evidemment, ils se sont d'abord tus pour conserver
à la France son vieux et chevaleresque rôle de nation
hospitalière, accueillante aux étrangers.

« Tout homme a deux patries : la France et la
sienne. »

Et puis, il y avait les intérêts de l'art « qui, lui, n'a
pas de patrie ».

Les compositeurs français s'effacèrent avec joie pour
que l'humanité ne pût pas dire qu'ils avaient étouffé
dans l'œuf un nouveau Rossini.

Ils furent sublimes ! Seulement, ils ont fini par s'apercevoir qu'être sublime, c'est être poire.

Sous prétexte que Paris doit être à tout le monde,
ils se sont aperçus qu'il était, en effet, à tout le monde,
sauf à eux.

Ils se sont rangés sur le bord de la route pour laisser
passer les chefs-d'œuvre étrangers, et Malbrouck qu'on
n'attendait qu'à Pâques ou à la Trinité est arrivé sournoisement en plein Yom-Kippour et a pris la place d'un
de leurs ouvrages.

On sait d'ailleurs bien de quel ouvrage il a pris la
place, ce *Malbrouck !* C'est des *Transatlantiques,* opérette
d'Abel Hermant, Franc Nohain musique de Terrasse.

Et pourquoi a-t-il pris brusquement la place de cette
œuvre française ? Parce qu'il était un chef-d'œuvre ?
Non ! Parce que les *Transatlantiques* n'ont pas voulu être
édités à Berlin par M. Sclivinski.

Pour être joué à Paris, maintenant, il faut être édité
à Berlin, car M. Sclivinski, éditeur à Berlin, dirige
l'Apollo, théâtre français, par-dessus la tête de
M. Franck. Je ne vous avais donc pas dit cela ?

Et vous voilà rassurés ! Vous tenez Sclivinski par les oreilles ! La Société des Auteurs et Compositeurs, protectrice des droits des auteurs et compositeurs français interdit le cumul ! Elle met à l'index les directeurs qui dirigent plusieurs théâtres !

Que vous êtes naïfs, mes enfants ! La Société des Auteurs et Compositeurs opposera, en effet, son règlement à trois Français, MM. Rey, Doval et Richemond et leur interdira de diriger trois théâtres parisiens ne jouant que des auteurs français.

Mais M. Sclivinski, Juif de Berlin, qui dirige deux théâtres à Berlin, un à Paris et qui ne joue que des compositeurs étrangers est absolument tabou ! Le règlement n'est pas fait pour lui.

Pourquoi ?

Je n'en sais rien. Le comité de la Société des Auteurs et Compositeurs non plus, je l'imagine !

S'il le savait, M. Ferrier, son président, serait bien aimable de nous le dire, et au besoin de nous le chanter, même sur l'air de *Malbrouck!*

24 novembre 1910.

Il y a deux ans
que l'Œuvre a révélé le
scandale des poudres

Non, ce n'est plus six mois, c'est deux ans à l'avance que nous avons annoncé le scandale qui vient d'éclater et que, cette fois, on ne pourra plus étouffer.

Dès le 25 juin 1909, au cours de notre enquête sur les gabegies de la Marine, nous posions les questions suivantes (1)

Le fait n'a jamais été contesté.

Il était donc avéré que nos poudres de guerre étaient composées avec des produits d'Outre-Rhin.

⁖

Le 4 novembre 1909, l'*Œuvre* demandait encore (2)

Naturellement, l'*Œuvre* ne reçut et ne pouvait recevoir aucun démenti. C'est alors que, le 23 décembre 1909, dans un article intitulé : *Les Allemands sont les principaux fournisseurs de nos poudreries*, l'*Œuvre* précisait ainsi ses informations (3)

Il était impossible d'être plus catégorique et plus précis. C'était le temps où, toutes les semaines, le jeudi matin, un planton du ministère de la Marine venait rue de Douai réveiller Gustave Téry pour lui demander le dernier numéro de l'*Œuvre*. Le petit « col bleu » en emportait une douzaine d'exemplaires et filait à bicyclette dans la direction de la rue Royale.

« Quelle sera la décision du ministère, demandait l'*Œuvre*, quand il apprendra...? »

Naïve question !

La réponse du ministère était facile à prévoir. Il fit aux usines allemandes une nouvelle commande de 500.000 francs, et en même temps il décida de poursuivre Gustave Téry en cour d'assises. Une enquête fut ouverte par le juge d'instruction Chênebenoît. Mais l'*Œuvre* était si documentée, l'émotion causée dans le pays par notre procès eût été si considérable, qu'au der-

---

(1) | Voir ces questions, pages 113 et 114.
(2) |
(3) Voir l'article, page 115.

nier moment le ministère recula et, furtivement, pendant les vacances, après la quatrième déposition de Gustave Téry, l'instruction fut close par... un non lieu.

Il n'y a que les deux cents victimes de la *Liberté* qui n'en ont pas bénéficié.

⁂

Il n'est pas inutile de rappeler aussi que, le 4 février 1910, l'*Œuvre* publiait cette lettre, qui retrouve un vif intérêt d'actualité (1)

Non, certes, cela ne nous a pas arrêtés. Mais combien de cuirassés devront-ils sauter encore pour que l'on nous entende et que toute la vérité soit connue ?

Tous les journaux officieux (y en a-t-il d'autres) ne voient et ne disent qu'une chose :

— Faites-les donc taire ! Ce scandale est intolérable...

Car à leurs yeux, le scandale n'est point dans les méfaits et les forfaits de ce régime abject ; il est tout dans l'indiscrétion commise par M. Maissin.

Ainsi, les malandrins d'une même bande ont le même silence, et ils menacent de mort le premier qui « mangera le morceau ».

Auront-ils bientôt assez mangé de la France ?

2 novembre 1911.

⁂

---

(1) Voir la lettre plus haut, page 147.

Quelqu'un les défend

La lettre que voici vaut qu'on la médite et qu'on y réponde. Elle nous semble contenir une part de vérité, et, si amère qu'elle soit, nous devons honnêtement la reconnaître.

L'un de nous entrait l'autre jour aux magasins du Printemps pour y acheter un service à café. Il fit choix d'un service en cuivre, simple, commode, plaisant et pas cher.

Étonné que l'on puisse vendre à ce prix modique une marchandise de cette qualité, notre ami s'informe : « Où fabrique-t-on ça ? — En Allemagne, monsieur. »

Passant au rayon voisin, il examine une canne-parapluie, qui lui paraît solide et pratique. « C'est fabriqué en France ? — Non, monsieur, en Allemagne. »

L'employé a répondu sans hésitation. Il y a même, dans sa façon de répondre, un accent d'estime qui recommande le produit germanique. Le ton signifie clairement : « C'est fabriqué en Allemagne ; par conséquent, c'est de l'excellente marchandise, que vous pouvez prendre en toute confiance... »

Vous souvient-il du temps où les patriotes parisiens allaient manifester contre certains cafés du boulevard, parce qu'on y servait de la bière allemande ? De même, n'y eut-il pas jadis un grand cri d'indignation populaire, lorsqu'on apprit que le Bazar de l'Hôtel de Ville était soupçonné de mettre en vente des bijoux et des jouets allemands ?

Ce temps n'est plus. Je ne sais si en Angle-

terre la marque *Made in Germany* est toujours
de rigueur; mais il est certain, qu'elle ne veut
plus dire *camelote* comme autrefois. Le certificat d'origine allemande devient le plus souvent, dans nos magasins français, une garantie
d'élégance, d'originalité et de sérieuse fabrication.

Si nous déplorons le fait, il est impossible
et il serait ridicule de le nier. La protestation
suivante nous apporte d'ailleurs des précisions,
qui doivent nous donner à réfléchir. L'homme
qui l'a écrite, et qui a eu grand tort de ne pas
la signer, sait évidemment de quoi il parle, et
il y aurait tout profit à continuer la conversation. Si quelqu'un des commerçants qui nous
lisent jugeait à propos de lui donner la réplique,
nous l'accueillerions avec grand plaisir.

Rien ne vaut les discussions de ce genre. Le
mal n'est que trop certain. Mais ce n'est pas en
hurlant que nous le guérirons. Mettons en commun nos lumières pour en découvrir le remède,
et nos bons vouloirs pour l'appliquer. C'est
dans cet esprit que nous faisons appel à ceux
de nos lecteurs dont l'expérience et la compétence commerciales peuvent nous être d'un
précieux secours.

Messieurs,

Permettez-moi d'apporter ma contribution à votre enquête sur le commerce allemand en France. Je suis commerçant moi-même, et assez bien placé pour juger de la question. Je dois vous dire tout d'abord que je suis Français de France, né de parents fils de paysans, que, par conséquent, je ne suis ni Juif, ni métèque, ce qui pourrait influencer mon jugement. Or, vous me semblez faire fausse route dans votre campagne de presse.

Ce ne sont pas les Allemands qui ruinent le commerce français, c'est celui-ci qui se ruine lui-même. Je m'explique, et pour cela je prendrai des exemples.

Vous citez le cas de Knorr et de ses produits alimentaires. J'ai malheureusement assez mauvais estomac, et je suis forcé de suivre un régime. J'ai remarqué que les flocons d'avoine, cuits à l'eau et additionnés d'un peu de lait, me réussissaient à merveille. J'en ai cherché, j'en ai trouvé chez Knorr, je n'en ai pas trouvé ailleurs. Soyez certains que, s'il existait en France un produit similaire, j'entends un produit fabriqué par des Français, je n'hésiterais pas à le prendre. Est-ce la faute de Knorr si pas un industriel français n'a l'idée de confectionner le même produit ? Où voyez-vous ici, selon votre propre expression, de la contrefaçon et de la malfaçon allemandes ?

Ma femme adore les chocolats à la liqueur. J'en ai demandé chez tous les confiseurs français, chez Marquis, chez Masson ; on m'a partout répondu qu'il n'en existait pas. J'ai fini par en trouver rue de la Chaussée-d'Antin : c'étaient des bonbons viennois, allemands par conséquent. Je les ai achetés sans remords, et j'en ai conclu, non que le confiseur était une crapule, mais que les confiseurs français étaient des imbéciles.

Passons à une autre industrie, celle des jouets d'enfants. J'enrage lorsque je vois, chaque année, à propos des concours Lépine, vanter l'ingéniosité de nos petits fabricants parisiens. Quel cliché bête ! Il n'y a pas un seul jouet parisien, pas un seul, vous m'entendez bien, qui plaise véritablement aux enfants. L'enfant n'aime pas ce qui marche tout seul, il veut faire œuvre de créateur, il veut animer lui-même ses jouets. Aussi, ce qu'il préfère, ce sont les ravissantes bergeries allemandes, les boîtes de construction que ne dédaignent pas de dessiner de vrais artistes de Munich, tous ces jouets charmants de Nuremberg, de la Thuringe et de la Forêt-Noire. Le commerçant allemand est-il un forban qui écoule en France ces jolis jouets ? Dites donc plutôt que le fabricant français est un âne !

Regardez maintenant la charcuterie. Entrez chez un charcutier français, et goûtez ce jambon gélatineux, ces galantines innommables, ce saucisson à l'ail, toutes ces horreurs qui vous ruinent l'estomac sans vous satisfaire le palais. Allez, par contre, chez l'Allemand ou chez l'Italien, prenez du jambon de Westphalie ou de Parme, du cervelas de Brunswick, du saucisson de foie fumé, du lard fumé, sans parler des saucisses de Francfort. Où est l'avantage pour le consommateur ? N'avons-nous pas de cochons en France ? Et pourquoi ne se trouve-t-il pas un seul Français pour avoir l'idée de présenter le porc sous une autre forme plus appétissante ? C'est encore la faute des Allemands, sans doute.

Examinons maintenant le livre. Comparez un volume français ordinaire avec un volume allemand du même prix. Je ne veux pas vous accabler à ce sujet ; nous sommes la risée du monde. Je suis patriote, mais je vous assure que si un éditeur allemand avait l'idée de me donner un choix de classiques comme il s'en fait en Allemagne, je n'hésiterais pas à lui porter mon argent et à vendre au poids du papier mes Garnier, Charpentier, Fasquelle et autres ignominies, éditions imprimées avec du cirage sur du papier à chandelle avec des caractères cassés, et qui fourmillent de fautes extravagantes ! Oui, Messieurs, ne vous en déplaise, j'appelle de tous mes vœux l'éditeur d'Outre-Rhin, qui mettra un peu d'ordre dans ce chaos. Est-ce la faute de Peters ou de Breitkopf si leurs éditions musicales sont les seules convenables ? Demandez donc à n'importe quel chef d'orchestre si on peut trouver, éditées par une maison française, des symphonies aussi lisibles, aussi nettes et aussi bon marché que celles de Peters ?

Voyons la coutellerie. J'ai depuis dix ans un canif de Solingen, il coupe comme au premier jour. En France, on fabrique des couteaux à dix sous, avec des lames de fer blanc. Et on imprime dans tous les journaux que la fabrication d'Outre-Rhin n'est que de la camelote ! Allez chez un quincaillier. Choisissez un marteau qui tienne au manche, une paire de tenailles solides, des cisailles propres : je gage cent contre un que ce sont des produits allemands. Exigez du marchand des produits français, il sourira doucement et, si vous insistez, il vous montrera un marteau en fonte, des cisailles mousses, des tenailles dont les pinces ne joignent pas.

Examinez la chaussure. Toutes les maisons de Paris où, pour un prix raisonnable, vous pouvez trouver de bons souliers sont des maisons étrangères. Dans les maisons françaises, on vous offre des 8 fr. 50 à semelles de carton.

Connaissez-vous une seule marque française de machines à écrire ? Il en faut pourtant dans les bureaux.

Montons plus haut. Vous dites que les Allemands ruinent nos Compagnies maritimes. J'avais dernièrement l'occasion de parler à une institutrice française établie en Amérique. Toutes les fois qu'elle vient en France, elle prend passage sur un bateau allemand. À mes questions à ce sujet, elle répondit textuellement : « J'ai l'impression de n'être pas en sûreté sur un bateau français, et puis c'est si sale ! On dirait que les officiers du bord ne songent qu'à la rigolade. » Sur un bateau allemand au contraire, tout marche si bien ! Au lieu de vous en prendre aux Allemands de la ruine de nos grandes Compagnies de navigation, demandez donc à celles-ci d'exiger un peu plus de sérieux de leurs officiers et un peu plus de propreté à bord.

À propos de propreté, n'avez-vous jamais souhaité, en voyant les cloaques immondes qui nous servent de rues, que l'Administration confie au plus vite à une Compagnie allemande l'entretien de la voirie ?

Interrogez tous les commerçants sérieux, demandez-leur s'ils préfèrent le client français au client allemand. La réponse sera unanime.

Ne vous en prenez donc qu'à vous-même de votre décadence, et, au lieu de geindre en accusant le voisin, ce qui n'est pas digne d'un homme, essayez donc de concurrencer l'étranger chez vous d'abord, en offrant à la clientèle des produits qui valent les siens, chez lui ensuite, par le même procédé. Voyez par exemple ce que fait, en Allemagne, la maison Michelin.

Mais nous n'en sommes pas encore là. Nous n'irons pas encore demain bâtir des hôtels en Allemagne, quand nous n'en avons ni en Dauphiné, ni en Gascogne, ni en Auvergne. Et les Auvergnats auraient tort de se plaindre de la concurrence étrangère, quand le seul moyen qu'ils aient trouvé d'attirer chez eux les touristes est de placer à tous les sentiers de la montagne des barrières où il faut payer deux sous !

Agréez, Messieurs, les salutations distinguées d'un de vos fidèles lecteurs.

2 novembre 1911.

Le commerce français et la concurrence allemande

Comme il fallait s'y attendre, les industriels et commerçants français s'empressent de répondre comme il convient à ce correspondant anonyme, qui, l'autre jour, faisant appel à notre impartialité, s'était institué l'avocat d'office du commerce allemand. Nous n'avions d'ailleurs inséré son plaidoyer, fort habile, que pour montrer à nos lecteurs un autre côté de la question. Ils ne peuvent aujourd'hui que nous en savoir gré, puisque une telle publication nous a valu les intéressantes ripostes que voici :

3 Novembre 1911.

Monsieur,

Votre correspondant, désireux d'apporter sa contribution à votre enquête sur le commerce allemand en France, considère les choses d'un œil passablement pessimiste, trop pessimiste, à mon avis.

Je ne crois pas qu'il soit indispensable de s'adresser à la confiserie viennoise pour obtenir des chocolats à la liqueur, les désirât-on excellents. J'en ai vu fabriquer d'irréprochables en territoire français, à Royat. Et la maison qui les fabrique n'a pas négligé d'installer à Paris, en bonne place, deux magasins dont le luxe et le bon goût peuvent être avantageusement comparés aux installations les plus étrangères de la capitale.

Affirmer qu'« il n'y a pas un seul jouet parisien, qui plaise véritablement aux enfants », c'est peut-être aller un peu loin. J'ai autour de moi des douzaines d'enfants, qui se contentent de ce qui se fabrique en France et les plus belles poupées se font chez nous. On pourrait même nous apprendre au syndicat du jouet parisien qu'il s'en exporte chaque année d'assez grandes quantités, même en Allemagne.

Votre correspondant n'est pas tendre pour la charcuterie française. J'ai goûté des « délikatessen » qu'il énumère avec tant de complaisance : je ne les ai trouvées nulle part supérieures à nos saucissons de Lyon ou d'Arles ou à nos jambons de campagne, bourguignons ou alsaciens. J'ai d'ailleurs entendu sur ce point des étrangers exprimer un avis analogue.

L'admiration qu'éprouve le même correspondant pour la librairie allemande me paraît légèrement comique. Les caractères gothiques l'impressionneraient-ils à ce point? J'ai vu quelquefois, dans des vitrines de librairies en Allemagne, voisiner des productions tudesques et notre modeste livre à 3 fr. 50 pour lequel il n'a pas assez de mépris. J'ai toujours trouvé que notre littérature avait fort bon air et qu'elle se présentait avec une élégance et une discrétion charmantes. Nos voisins d'outre-Rhin en sont encore à désirer une collection analogue à nos éditions illustrées à 0 fr. 95 et la maison anglaise, Nelson leur a appris comme à nous le secret du livre plaisant à l'œil, maniable et bon marché.

Ne croyez pas votre correspondant quand il nous dit qu'en matière de marteaux, de tenailles ou de cisailles, vous ne pouvez rien avoir de propre si ce n'est *made in Germany*. Que le magasin soit grand ou petit, si le client veut un article sérieux, on lui offrira de la fabrication Japy, ou Peugeot, ou encore américaine, mais pas allemande, dans la très grande majorité des cas.

Que les maisons françaises de chaussures vendent pour 8 fr. 50 (?) des souliers à semelle de carton, cela n'a rien de stupéfiant. Je puis vous assurer que les maisons allemandes, même en Allemagne, ne donnent pour le même prix rien de supérieur. En fait, l'exportation allemande des chaussures en France ne porte que sur l'article « camelote » à bas prix, et les deux tiers des chaussures de dénomination et de forme américaine ou anglaise sont fabriquées en France, à Limoges notamment. J'ajoute qu'elles sont souvent excellentes et qu'à prix égal, elles valent mieux que les importations étrangères.

La diatribe de votre correspondant contre les compagnies
de navigation françaises est un remarquable exemple du
sophisme qui consiste à conclure du particulier au général.
J'ai rencontré, en effet, des Français, qui préféraient voyager
sur des bateaux étrangers. Je dois ajouter que j'ai rencontré
au moins autant d'étrangers, Allemands et Anglais, qui préféraient les Compagnies françaises, la Compagnie Générale
Transatlantique notamment. Les étrangers estiment qu'à bord
des bateaux français le confortable est plus discret, la cuisine
incomparablement meilleure, la cordialité plus grande. Ceux
de vos lecteurs qui voudront consulter les bilans de ces trois
dernières années pour les grandes compagnies transatlantiques anglaises, allemandes et françaises, éprouveront peut-
être quelque surprise à constater que les dividendes, payés à
ses actionnaires par notre Compagnie Générale Transatlantique, sont sensiblement plus élevés que ceux des sociétés
étrangères, cependant si aidées par leurs gouvernements
respectifs.

Je ne veux pas ajouter d'autres considérations spécifiques à
ce que je viens de dire.

Il me semble que l'esprit chagrin qui anime votre correspondant n'est pas de nature à lui donner l'impartialité nécessaire en de semblables questions, trop complexes pour n'être
pas déformées par le moindre parti-pris.

Les opinions excessives comme la sienne sont généralement le résultat d'une information insuffisante ou tendan-
cieuse.

N'est-ce pas votre avis?

J. DESFEUILLES.

Que les Allemands vendent leurs marchandises aux Français, c'est leur droit absolu, comme celui des Français de
vendre leurs marchandises en Allemagne et ailleurs.

Que les Allemands, en apportant leurs marchandises en
France, les présentent au consommateur avec une étiquette
allemande, c'est parfaitement légitime; mais qu'ils cherchent
à les vendre avec une étiquette française, il y a là une supercherie malhonnête, que nous considérons comme un devoir de
dénoncer.

Nous autres Français, nous vendons en Allemagne nos produits en affirmant notre nationalité; pour ne citer qu'un cas,
voyez l'attitude de la maison Michelin qui vend ses produits
en Allemagne avec leur marque française. En revanche, elle
n'a pas hésité à prévenir le public français que le pneu Continental, vendu en France sous une étiquette française, était en
réalité un produit allemand.

Le chocolat à liqueur acheté par votre correspondant était
d'origine viennoise, c'est vrai; mais il ne l'ignorait pas quand

il a trouvé cette marque, et il n'a pas tort de blâmer les fabricants français, qui n'ont pas su offrir au public des produits de même genre et de meilleure qualité.

Lorsqu'on mange du jambon de Westphalie, de Parme ou d'York, du cervelas de Brunswick ou des saucisses de Francfort, tout le monde sait que ces produits viennent d'Allemagne, d'Italie ou d'Angleterre. Il n'y a là qu'une question de goût, et nous avons des produits à l'ail qui s'appellent le saucisson de Lyon, le saucisson d'Arles, l'andouille de Vire, etc., qui sont appréciés dans tous les pays par tous les gourmets

Les reproches adressés à nos éditeurs, à nos compagnies maritimes sont peut-être justifiés dans une certaine mesure; mais il ne faut pas oublier que nos commerçants et nos industriels trouvent sur leur route nombre d'obstacles qu'ignorent les commerçants et industriels allemands.

Les rapports des employeurs et employés en France sont plus âpres qu'en Allemagne. Le prix de revient de la main-d'œuvre allemande est inférieur de beaucoup à celui de la main-d'œuvre française. De plus, les industriels allemands jouissent de privilèges pour transporter à l'extérieur de leur pays les produits fabriqués chez eux, ce qui leur permet de concurrencer avantageusement notre industrie.

Les industriels allemands profitent de toutes ces circonstances, c'est tout naturel; mais ce que nous leur dénions, c'est le droit de vendre en France leurs produits *sous une autre étiquette que leur marque allemande.* C'est ce qu'ils font le plus souvent, et c'est pourquoi, entre autres exemples, lorsque vous avez révélé au public la véritable nationalité de Knorr, vous avez fait œuvre utile.

Knorr, en France, n'a jamais voulu avouer sa nationalité allemande. Il consent tout au plus à laisser croire qu'il est d'origine suisse. Les divers catalogues de sa maison que nous avons sous les yeux contiennent à cet égard, suivant les éditions, des variantes très amusantes.

D'après le premier, la maison est à Paris, mais les produits Knorr sont... d'origine inconnue.

D'après le second, les produits Knorr sont fabriqués à Thayngen (Suisse) et déposés à Vincennes.

Le troisième nous apprend que le siège social et l'usine sont à Nancy.

Enfin le quatrième porte en petits caractères cette indication qui n'est qu'un demi-aveu : « Usines à Heilbronn s/N. Wells (Autriche-Hongrie) Thayngen (Suisse). » On se garde bien de nous dire, entre parenthèses, que si Thayngen est en Suisse et Wells en Autriche, Heilbronn est en Allemagne. Et c'est dans l'usine d'Heilbronn que sont fabriqués les « produits alimentaires » consommés dans nos casernes par les soldats français!

Ne trouvez-vous pas cela aussi scandaleux que la fabrication de nos poudres avec du coton allemand?

Le commerçant qui vous vante la camelote allemande semble avoir une... déviation intéressée du jugement. J'exerce une profession où, chaque jour, nous recevons des prospectus, des revues, des catalogues, des « foyacheurs » teutons. Sous leur nationalité, ils ne font aucune affaire. Mais ils deviennent : *la Société Française d'Electricité A. E. G.* (22, rue Richer). A. E. G., c'est la « *Allgemeine Elecktricitatz Gesellschaft* », siège social Frankfürt-an-Mein ; c'est encore la « *Société Internationale du gaz surpressé* » (rue d'Anjou), alias Julius Pintsch-Mamcheim, laquelle Société est l'ancienne maison Kolher-Spiller et Cie, qui eut, comme début, le manchon Hella, four noir, dont Rochette reprit les fonds de magasin pour créer sa Société !

Et .. vous en connaissez certainement plus que moi.

Mais s'ils ont l'impudence de masquer leurs produits sous des raisons sociales françaises, je ne vois nullement qu'il y ait lieu de conclure que leur marchandise vaut mieux que la nôtre. Cela jamais !

D'abord, pour une raison très simple : si le « *made in Germany* » était une garantie de perfection, en commerçants avisés ils laisseraient subsister la marque d'origine, au lieu d'en créer une française de contrebande. Si ces gens-là se donnent pour des commerçants français, c'est évidemment pour mieux nous duper en nous faisant prendre leurs produits pour des articles français ; ils reconnaissent ainsi implicitement que nous faisons mieux qu'eux ; sans cela leur attitude ne s'expliquerait pas.

Que votre correspondant nous fasse donc savoir ce qu'il vend et comment il se fait que ses goûts, depuis le flocon d'avoine et les bonbons à la liqueur de sa femme jusqu'aux saucisses de Francfort, soient précisément portés sur des articles qu'il sait parfaitement ne pouvoir venir d'autre part que d'Allemagne. S'il aime le pâté de foie gras truffé, nous raconte-t-il qu'il n'en existe de bon qu'à Postdam ? A raisonner comme lui, il est facile d'avoir raison ; c'est comme s'il trouvait étrange que le café vienne du Brésil. Que diable, il ne pousse pas à Argenteuil !

Compliments pour votre *Œuvre*; continuez, je suis un de vos nouveaux lecteurs, mais un de ceux qui vous comprennent ; vous êtes dans le vrai, il faudra bien qu'un jour nous finissions par être chez nous.

Les Allemands dans nos mines

Y aurait-il en France un nationalisme socialiste?

Si le prolétariat français était véritablement « conscient » de ses intérêts et « organisé » pour les défendre, il devrait être, assurément, aussi nationaliste que le prolétariat germanique.

Quelques phrases du discours prononcé par Marcel Sembat, au dernier meeting contre la guerre, sont à cet égard particulièrement suggestives. Nous les citons d'après *l'Humanité*, le journal officiel du parti :

Qu'une nation qui déborde de vie colonise, passe encore! Mais l'Italie? C'est chez elle qu'elle devrait coloniser : peupler ses régions pauvres et les pourvoir d'eau, de routes, de voies ferrées.

Et la France, donc? La France va coloniser en Afrique, en Asie... cependant que l'Allemagne la colonise chez elle. Les capitalistes allemands sont dans plusieurs de nos grandes entreprises minières et métallurgiques; ils installent leurs usines en France; ils viennent d'acquérir toutes les mines du Cotentin.

C'est exact, et il ne serait pas indifférent de savoir dans quelles conditions et sous quels auspices les Allemands viennent tranquillement, au cœur de la France, exploiter ainsi nos richesses minières.

Qu'est-ce que fait, par exemple, dans cette exploitation, M. Henry Le Chatelier, inspecteur général des mines?

Pour être un "bon Allemand"

Ne devrait-on pas afficher, dans toutes les écoles françaises, cet extrait d'une publication allemande, qui est répandue dans le peuple à des millions d'exemplaires?

Écoutez les « commandements » que l'on enseigne aux sujets de Guillaume :

1° *Dans les dépenses les plus minimes, ne perds jamais de vue les intérêts de tes compatriotes et de ta patrie;*

2° *N'oublie pas que, lorsque tu achètes un produit d'un pays étranger, ne fût-ce que d'un pfennig, tu diminues d'autant la fortune de ta patrie;*

3° *Ton argent ne doit profiter qu'à des marchands et à des ouvriers allemands;*

4° *Ne profane pas la terre allemande, la maison allemande, l'atelier allemand, par la présence et l'usage de machines ou d'outils étrangers;*

5° *Ne laisse jamais servir sur la table de la viande ou de la graisse étrangères, qui feraient tort à l'élevage allemand, et, d'autre part, compromettraient la santé, puisque les viandes étrangères n'ont pas été visitées par la police sanitaire allemande;*

6° *Écris sur du papier allemand, avec une plume allemande, et étanche ton encre avec du papier buvard allemand;*

7° *Tu ne dois t'habiller qu'avec des étoffes allemandes, et ne te coiffer qu'avec des chapeaux allemands;*

8° *La farine allemande, les fruits allemands, la bière allemande, donnent seuls la force allemande;*

9° *Si tu n'aimes pas le café de malt allemand, bois du café provenant des colonies allemandes, et de même si toi ou les tiens préférez le chocolat ou, pour les enfants, le cacao, veille à ce que cacao ou chocolat soient des marchandises exclusivement allemandes;*

10° *Que les vantardises des étrangers ne te détournent jamais de ces sages préceptes, et demeure bien convaincu, quoi qu'on puisse dire, que les meilleurs produits, les seuls dignes d'un citoyen de la grande Allemagne, sont les produits allemands.*

Ne devrions-nous pas faire à nos enfants, ou plutôt à tous nos compatriotes les mêmes recommandations, et ne serait-ce pas « de bonne guerre » ?

Une affiche de l'Œuvre

A quoi servirait notre Ligue de défense française, si elle laiss it pisser sans protestation des défaillances nationales aussi honteuses, que celle dont le récent accord franco-allemand vient de nous infliger l'humiliation ?

Par nos soins, l'affiche que voici vient d'être placardée sur les murs de Paris :

Français !

En 1871, après une lutte héroïque nous avons dû céder l'Alsace-Lorraine à l'Allemagne.

Aujourd'hui, en pleine paix, parce que l'empereur d'Allemagne a froncé le sourcil, on nous fait abandonner aux Prussiens un territoire plus grand que la moitié de la France.

Si le Congo n'a aucune valeur, pourquoi l'Allemagne y tient-elle à ce point ?

S'il est précieux, pourquoi le cédons-nous ?

Brazza et ses vaillants compagnons ont payé de leur vie cette belle colonie. Des milliers de Français l'ont fécondée de leur sueur et de leur sang. N'ont-ils donc travaillé que pour le roi de Prusse ?

Bazaine a été condamné comme traître pour avoir livré Metz, après avoir combattu. Quel châtiment méritent ceux qui livrent le Congo sans avoir essayé de le défendre ?

9 novembre 1911.

La vérité sur le scandale des poudres

L'article que l'on va lire vaut par lui-même. Il n'a pas besoin d'être signé pour qu'on reconnaisse qu'il a été écrit par un homme très compétent, spécialiste en matière d'explosifs.

Assez intimement lié avec plusieurs des personnalités en cause, m'occupant de la question depuis une quinzaine d'années, je vous soumets les idées que je crois justes et dont beaucoup d'ailleurs sont corroborées par l'expérience.

1° La poudre B n'est instable que parce que les dissolvants employés à la fabriquer, et les soi-disant stabilisants que l'on emploie, la *décomposent* au lieu de la *stabiliser.*

Les nitro-celluloses utilisées en France (CP_1, CP_2) sont des composés, qui, pulpés et lavés, sont *absolument stables*; il est donc parfaitement inexact de dire que le fulmicoton, le coton-poudre, la nitro-cellulose, est une matière labile et vivante.

L'expérience le prouve. Des lots de coton pulpé provenant d'Angoulême peuvent être chauffés impunément à 110° pendant 500 heures sans manifester la *moindre trace de décomposition.*

Mais dès que la gé'atinisation a eu lieu par l'alcool éther, et surtout après l'introduction du fameux stabilisant (?) Vieille, l'alcool amylique, tout change.

L'alcool, ou plutôt les alcools réagissent sur la nitro-cellulose et se nitrent aux dépens de cette dernière.

Le même coton qui a résisté 500 heures à 110° a été converti en poudre à 5 % d'alcool amylique, puis laminé à 2 mm. 5. On l'a ensuite chauffé à 110°. Au bout de 250 heures, le résultat est frappant. La poudre est complètement « putréfiée »; il se dégage une odeur caractéristique et violente de nitrate et de nitrite d'amyle, d'acide isovalérique, des gaz acides.

Le stabilisant, ou plutôt le pseudo-stabilisant si malheureusement imaginé par Vieille *a donc été la cause de la décomposition de la poudre.*

On comprend dès lors pourquoi les cuirassés sautent.

Nous avons établi que la poudre à l'alcool amylique porte avec elle son agent de décomposition.

Dans l'artillerie de terre, où la poudre est laminée à faible épaisseur, l'évaporation du solvant se fait assez facilement et la disparition progressive du « stabilisant » Vieille est en réalité la cause de la conservation de la poudre.

Dans la Marine il en est autrement. Le calibre de 305 exige des épaisseurs considérables de brins, et le centre conserve son solvant.

Il se produit donc en ce point une réaction accélérée par la haute température des soutes et qui peut être accélérée aussi par le manque d'écoulement des gaz dégagés.

Tel est, de l'avis de tous les gens de bonne foi, la cause de l'instabilité de nos poudres.

Cela est tellement vrai que voici trois ans que, timidement d'ailleurs, et pour ne pas déplaire au tout puissant inventeur de l'alcool amylique, on a remplacé, pour une partie de la fabrication, ledit alcool par la déphénylamine (utilisée depuis 15 ans en Allemagne).

N'attendez pas que la lumière sur ce point rejaillisse éclatante des délibérations des commissions ; il y a trop de chers collègues à ménager, et M. Haller n'avouera jamais, bien qu'il le pense, que l'alcool amylique de M. Vieille est, avec M. Vieille le seul coupable.

2° Le recrutement des ingénieurs est incompatible avec le genre de travail qu'ils ont à diriger.

Loin de moi la pensée de médire des anciens élèves de l'X ; mais ils ne peuvent être universels et leurs compétences sont limitées.

Il y a 25 ans, la poudre noire régnait en maîtresse et point n'était besoin d'être grand savant pour tirer d'elle tout ce qu'on voulait.

Aujourd'hui, avec les explosifs modernes, tout change. Il faut être industriel et chimiste.

MM. les ingénieurs ne sont ni l'un ni l'autre. Aussi les résultats obtenus sont-ils navrants.

Veuillez, je vous prie, vous procurer les documents relatifs à la fabrication de l'acide picrique et du trinitro m. crésol ; vous y verrez que les rendements atteignent environ 60 % de la théorie, ce qui, en fin d'exercice, représente une somme respectable de millions jetés à l'égout. Je sais que la fabrication n'est pas facile. Mais les Allemands la font bien avec 95 % de rendement. Alors, pourquoi n'essayons-nous pas d'améliorer.

Et tout va de même. L'étude systématique sur la nitrocellulose, base de la fabrication de la poudre B, n'est même pas faite.

3° Nous sommes tributaires pour la fabrication des explosifs (nitro-cellulose, acide picrique, trinitro m. crésol) des Allemands.

Veuillez, je vous prie, vérifier :

1° Que les Linters (déchets de coton inutilisables en filature) préconisés depuis deux ans sur le conseil de M. Haller, sont fournis par une maison de Hambourg ;

2° Que le phénol et le crésol destinés à la fabrication de la mélinite sont achetés par l'intermédiaire de MM. Max frères, commissionnaires à Paris, chez de grosses maisons allemandes.

Dès lors, que ferons-nous à la mobilisation ?

16 novembre 1911.

L'industrie hôtelière
et les étrangers

Au sujet de l'invasion allemande dans le personnel employé par l'industrie hôtelière en France, il serait très intéressant de contrôler l'indication suivante :

Il existe, paraît-il, à Genève, un office international de placement, dirigé par des Allemands et des Suisses allemands, qui constitue un véritable monopole pour tous les pays d'Europe, *principalement la France.*

Les hôteliers français (surtout ceux de Paris, des villes d'eaux, des stations balnéaires estivales ou hivernales) s'y adressent de préférence, certains d'avoir, par son intermédiaire et le plus rapidement possible, le personnel dont ils ont besoin.

Les Allemands y sont naturellement les préférés et sont casés de suite à l'exclusion des nationaux Français, qui ne trouvent plus chez nous, dès lors, que des emplois inférieurs *dont ne veulent pas les étrangers.*

Si le renseignement fourni est reconnu exact, il y aurait lieu de dénoncer cette officine allemande et de rendre à toute une catégorie de travailleurs français *la possibilité de gagner enfin leur vie chez eux.*

Ceci indépendamment de l'action pressante à exercer auprès des Chambres syndicales d'hôteliers français.

Les assurances allemandes

Autre cloche...

Nous publions cette lettre, parce qu'elle est signée. Nous laissons, bien entendu, à son auteur la responsabilité de ses dires. Nous ne voulons pas croire qu'il ait profité de l'occasion pour faire, à la faveur de notre campagne, un peu de réclame au bénéfice d'une entreprise allemande.

Quoi qu'il en soit, la lettre nous a paru digne d'être retenue, parce qu'elle pose sur un autre terrain la question qui nous préoccupe :

Parmi les Compagnies d'assurances, les vieux clichés sont conservés pieusement pour nos compagnies anonymes, douairières de l'assurance-vie. Ce sont les plus arriérées, celles qui offrent le moins de sécurité en cas de décès des assurés, et chez lesquelles les opérations financières sont nulles, quand elles ne sont pas faites à perte. Dans ces conditions, les Compagnies américaines n'ont pas eu de peine à venir drainer des millions dans les poches françaises.

Comment nos douairières se sont-elles défendues ? Par toutes armes inavouables et malhonnêtes : insinuations, diffamations et calomnies, anonymes naturellement, ou, sous la responsabilité d'un scribe à tout dire.

Ce que voyant, une Compagnie allemande la *Victoria* a eu l'intelligence de fonder en France une succursale dont le siège est à Paris. Doucement, sans aucune publicité, et malgré sa nationalité, elle fit sa trouée et elle est de plus en plus appréciée. Ses polices, avec celles des deux Compagnies américaines, et de la « Mondiale », sont les seules qui donnent la sécurité en cas de décès. Au point de vue de la participation aux bénéfices la *Victoria* ne craint aucune concurrence. Son portefeuille dépasse deux milliards. En un mot, elle est la première à tous les points de vue du continent européen. Je me tiens à votre disposition pour vous le prouver par des chiffres et des documents. Il n'est que temps de montrer l'insuffisance ridicule de nos sociétés d'assurances sur la vie.

Fort bien ; mais en cas de guerre avec l'Allemagne, que vaudrait un contrat d'assurance de la *Victoria* ?

Pour que les Français soient Français

Le Matin nous apprend que de 1867 à 1880, sous le régime de la loi de 1867, le nombre des naturalisations était de 458 par an, en moyenne. De 1880 à aujourd'hui, le nombre des naturalisations est de 13.293 par an, en moyenne, et il va chaque jour en augmentant.

« Cette constatation, dit *Le Matin*, qui fait grandement honneur à notre pays, peut être de quelque réconfort en face de la diminution inquiétante de notre natalité. »

Évidemment, il y a, tous les ans, un peu moins de Français en France, mais il y a aussi, tous les ans, en France, un peu plus d'étrangers qui s'installent, qui prennent possession de notre sol, qui s'emparent de notre richesse, de notre culture, de nos œuvres vives . . .

. . . .

Quelle que soit l'impuissance du Parlement incapable de voter une loi, espérons qu'il sera capable au moins d'en effacer une. Le péril est éclatant. La solution est simple.

Nous demandons l'abrogation de la loi du 26 juin 1889.

Robert de Jouvenel.

30 mars 1911.

Les Juges sont à Berlin

Les Traducteurs-Jurés en viennent aussi

Au mois de janvier 1908, un petit scandale éclata au Palais de Justice ; un traducteur-juré, chargé d'une mission par M. le premier président Forichon, avait commis des erreurs grossières. M. le Premier résolut d'aviser et de soumettre tous les traducteurs-jurés près la cour à subir un examen, quel que fut leur âge. Certains étaient presque octogénaires.

Si dure que parût cette mesure, elle était peut-être justifiée, mais sait-on quels furent les examinateurs chargés de présider à cet examen ? Voici leurs noms, qui en disent long :

M. Smolski, ancien sujet russe, naturalisé Français après trente ans, président du jury.

M. Gluck.

M. Glaser, israélite, né à Buda-Pesth et attaché au cabinet du ministre des Affaires étrangères (celui de France).

On leur adjoignit un « yogui », que l'on fit venir à grands frais et en toute hâte des montagnes du Thibet.

C'est devant ce jury d'étrangers que durent comparaître les interprètes-jurés, qui seraient dorénavant admis à exercer près la Cour d'Appel de Paris.

Quelles garanties ces examinateurs offraient-ils ? Avaient-ils eux-mêmes passé un examen ? Etaient-ils agrégés, docteurs ou seulement licenciés ? Non, ils n'étaient rien de plus que les collègues, qu'ils étaient appelés à examiner, mais ils jouissaient des bonnes grâces du Ministre des Affaires étrangères, qui les employait.

Faut-il s'étonner si, le jury étant ainsi constitué, plus de la moitié des traducteurs-jurés près de la cour d'appel sont aujourd'hui étrangers ou d'origine étrangère ?

Voici, en effet, les noms que l'on relève sur les annuaires du Palais pour l'année judiciaire 1910-1911 :

Mme Aghera (aujourd'hui décédée, fille d'un Anglais et d'une Allemande, mariée à un Italien) ; M. Daniel (sujet roumain) ; M. Guerrero (sujet espagnol) ; M. Hasselot (israélite d'origine allemande) ; M. Klepal (né à Bohème, fonctionnaire au Consulat d'Autriche-Hongrie) ; M. Petroïtch (Serbe naturalisé récemment) ; M. Ragosny (Russe naturalisé tout récemment) ; M. Rosenthal (traducteur-juré depuis l'âge de vingt-cinq ans, et qui se fit naturaliser à quarante, pour pouvoir devenir préparateur à la Faculté de Médecine) ; M. Scheikevitch (Russe récemment naturalisé) ; M. Smolski (Russe naturalisé après trente ans) ; M. Stutz (sujet suisse) ; M. Van Raalte (naturalisé après quarante ans, agent d'affaires et Vénérable de la loge « la Fraternité des peuples) ».

Enfin M. Weiskopf (rabbin, né en Bavière).

Encore n'oserions-nous pas garantir la nationalité des autres qui s'appellent : Baumann, associé du Suisse Stutz, Gluck, Lévy, Sumien, sur lesquels nous n'avons pas de renseignements.

Ce même jury étranger, chargé d'admettre les interprètes-jurés qui continueraient leurs fonctions, en recevant tous les étrangers que nous venons d'énumérer, n'a recalé que sept traducteurs. Il est vrai que tous les sept étaient Français.

Détail curieux : le jury avait décidé que la connaissance du français n'entrerait pas en ligne de compte pour l'examen. Il semble cependant que pour traduire... Mais ces messieurs avaient, sans doute de bonnes raisons pour en décider ainsi.

N'imaginez pas, d'ailleurs, qu'il en va de façon sensiblement différente pour les traducteurs près le tribunal. D'après les règlements ou les circulaires, tous les traducteurs-jurés devraient être Français.

Pourtant, si MM. Becker (Suédois), Handjan (Turc), Serrano (Espagnol), ont bien voulu se donner la peine de se faire naturaliser au dernier moment, par contre, MM. Boya, Poulgy, et Rézo sont demeurés respectivement, et en dépit des règlements, Anglais, Turc et Romain.

Ajoutez enfin que notre confrère *Paris-Midi* qui n'est pas suspect, et les *Echos Parisiens*, qui le sont moins encore, dénoncent l'usage qui s'introduit au Palais, parmi les juges d'instruction, d'avoir recours aux offices de vagues traducteurs, qui ne sont pas assermentés, qui n'ont rien de commun avec la justice, si ce n'est lorsqu'ils sont poursuivis devant elle, et qui « exercent au petit Parquet et à la Santé une influence toute spéciale dans le choix des avocats par les prévenus ».

L'Œuvre n'éprouve aucun embarras à dire que le principal personnage, ainsi visé par nos deux confrères, répond au nom bien français de Jacob Perlstein. Il deviendrait traducteur-juré à son tour.

25 mai 1911.

Comment les Boches préparent l'invasion de la Belgique

Les étrangers commencent par envahir nos théâtres, mais ce n'est que pour prendre patience, en attendant qu'ils envahissent nos frontières.

Lisez attentivement ce passage d'un article que M. R. de Brulliard consacre à « l'infiltration allemande en Belgique ».

Nous savons que, sous prétexte de tourisme, des officiers allemands à bicyclette et en automobile accomplissent sur le territoire belge de véritables voyages d'état-major, explorent les champs de bataille de l'avenir, notent au jour le jour l'état de viabilité des routes. Ces voyageurs indiscrets, dont les papiers sont parfaitement en règle, dissimulent à peine leur qualité et le but de leurs investigations. Aucune loi sur l'espionnage ne permet de les atteindre en Belgique, aussi bien qu'en France, et cependant, il ne faudrait pas qu'en Allemagne, où les textes de lois sont en apparence tout aussi inefficaces, nous essayions de rendre aux Allemands la monnaie de leur pièce en explorant méthodiquement et ouvertement leur territoire. C'est qu'en Allemagne, il y a des gendarmes qui obéissent à la loi et bien plus encore aux ordres très arbitraires que leur donne le commandement. Le gendarme allemand a comme auxiliaires les cantonniers, les aubergistes, les simples passants, tous coalisés contre l'étranger suspect. Tout Allemand apportant une dénonciation à la police croit accomplir une œuvre méritoire et contribuer à la grandeur de la patrie allemande.

L'espion allemand n'hésite pas, pour capter la confiance de ses victimes, à recourir à la naturalisation. Il trahira sans remords sa patrie d'adoption, considérant comme une formalité, comme un contrat sans valeur, le morceau de papier qui a fait de lui pour la forme un Belge ou un Français.

Et les Allemands qui savent, eux, se défendre contre l'infiltration étrangère, sont les premiers à rire de nous, qui les accueillons si volontiers et les naturalisons avec tant de complaisance.

Une grande ville allemande

Voici les trésors d'ironie — combien fine et délicate —
que dépense un journal allemand, le *Courrier de Hanovre*,
pour caractériser notre « laissez faire, laissez entrer ».

Cela s'appelle : « Une grande ville allemande oubliée ».

Lors du dernier recensement, on a oublié une grande ville
allemande : c'est Paris.

En effet, Paris a plus de 100.000 habitants de nationalité
allemande, et cela depuis les temps les plus reculés. La bière
allemande, la choucroute et les saucisses allemandes ont
conquis Paris. La marque allemande y règne. Nous y avons
un journal allemand et une école allemande fondée il y a déjà
cinquante ans. Elle est fréquentée par 250 élèves.

Il y a un temple protestant allemand ; les communautés
religieuses allemandes de bienfaisance, de secours mutuels,
de chant, de gymnastique sont innombrables à Paris. On y
trouve quantité d'institutrices, de domestiques, de garçons de
café et d'hôtels allemands et de nombreuses hétaïres allemandes.

8 juin 1911.

と

Pas mal, et vous?

Voulez-vous savoir ce qu'on pense en Allemagne de
notre littérature dramatique? Voici :

« Pour moi, je n'ai jamais cru à la supériorité du théâtre
français. La comédie moderne des Français reflète leur vie,
leur monde ; c'est le tableau frappant de leur décadence
moderne et de leurs mœurs pourries. Les héroïnes appartiennent toutes plus ou moins au demi-monde et leurs maris
sont toujours ridicules. Voilà ce qu'on propose comme modèle
à notre art, qui, plus que tous les autres arts du monde,
poursuit un but élevé, idéal, réformateur, qui veut résoudre
des problèmes et qui est rempli de pensées élevées. »

C'est un littérateur prussien qui parle.

Il oublie d'ajouter que la plupart des pièces, où l'on
trouve cette complaisante peinture des « mœurs pourries », ont pour auteurs des Juifs allemands.

21 septembre 1911.

Les Boches
dans la librairie française

Nous recevons cette intéressante communication, sur un sujet que nous avons souvent traité et sur lequel il nous faudra souvent revenir :

Au cours de ces dix dernières années, la librairie française a subi, dans les conditions essentielles de la production et dans les formes mêmes de la vente, une perturbation profonde. Parmi les causes multiples et complexes de cette transformation, il en est deux qui lèsent, l'une directement, l'autre indirectement, les intérêts professionnels des commis-libraires français.

1° — La première est le nombre, de jour en jour croissant des commis-libraires étrangers — presque exclusivement allemands, qui viennent s'employer dans les maisons de leurs compatriotes, ou même — et la constatation de ce fait est profondément regrettable — dans des librairies françaises où le bon marché de leur travail leur assure une entrée facile.

En effet, ces employés étrangers travaillent à des salaires inférieurs au taux moyen des salaires français, et il en existe même qui, en qualité de « volontaires », viennent apprendre, à des conditions avantageuses pour un patron, la langue française et le commerce du livre français. Les commis-libraires allemands employés à Paris sont si nombreux qu'ils ont pu former une association spéciale. C'est dans ce milieu que se recrutent les patrons de demain, parmi ces commis-libraires qui, dès qu'ils seront nantis d'un bagage suffisant de mots français et qu'ils auront appris le commerce de la librairie française, viendront grossir le nombre des libraires étrangers établis dans Paris.

2° — La deuxième cause est la multiplication des maisons allemandes, qui font soit l'édition, soit la librairie neuve ou d'occasion, soit la commission, parfois même ces trois spécialités à la fois. Ces libraires allemands à la différence de leurs confrères anglais ou espagnols, qui, presque tous, ne sont que dépositaires à Paris d'ouvrages anglais ou espagnols, donnent leurs soins à l'édition de livres français et accaparent le marché du livre français. Assurés de trouver en haut

lieu les faveurs de commandes et de souscriptions officielles, mettant en œuvre des procédés commerciaux
parfois peu scrupuleux, ces libraires allemands — ou
naturalisés de fraîche date — réussissent, en dépit de
leur ignorance, parfois cocasse (1) de la langue et de la
littérature françaises, à faire figure d'éditeurs français,
ou, par le système de la commission, à dominer le
marché du livre et à en régler les directions au plus
grand profit et la plus grande gloire de la *Deutschtum*.

Il y a dans ces faits les symptômes d'un grand danger,
qui menace à la fois la corporation française du Livre et
la pure tradition de la librairie française. *L'Association
amicale professionnelle des Commis libraires français* ne
pouvait pas se désintéresser de cette question vitale, et
elle ouvre une enquête sur la situation des étrangers
dans le commerce de la Librairie française. Elle engage
vivement ses membres à lui adresser toutes communications intéressantes à ce sujet, pour lui permettre, en
connaissance de cause, de chercher le remède à un
malaise économique qui, en dernière analyse, tend à
léser les intérêts professionnels des Commis libraires
français.

18 janvier 1912.

---

(1). — Nous n'en voulons pour preuves que les lettres adressées
par un éditeur allemand de la rive gauche en 1910 à Monsieur le
Vicomte de Bonald (mort en 1840) et en 1911 à Monsieur Senan-
cour (mort en 1846) pour leur demander au premier sa collaboration, au second un exemplaire de son dernier ouvrage pour
compte-rendu!

40 Mann. — 14 Pferde

A la gare d'Angers, les voyageurs stationnant sur le quai, voient avec stupéfaction défiler sous leurs yeux tout un train de marchandises composé de wagons allemands ornés de l'inscription habituelle

40 Mann — 14 Pferde
(40 hommes, 14 chevaux)

Et au-dessous, cette raison sociale : « *Ouest-Etat* ».

Ces wagons sont la dernière acquisition du réseau-modèle.

Les 40 *Mann* ne sont pas dans les wagons ; ils n'ont encore rien à faire à Angers. Ils sont descendus à Paris ou bien dans nos départements de l'Est.

4 avril 1912.

Les Boches poursuivent l'Œuvre

Cette rubrique est toujours ouverte, comme notre frontière hélas !

Nous avons expliqué naguère comment les Allemands voulaient bien se charger de fabriquer nos poudres de guerre, de manière à faire sauter nos cuirassés, toutes les fois qu'on pourrait avoir envie de s'en servir.

Nous avons nommé aussi les fabricants de produits alimentaires d'Outre-Rhin, les Knorr et les Springer-Rademacher, qui sont au même titre fournisseurs de l'armée française. Cela nous a valu l'honneur d'être poursuivis par la société Springer-Rademacher de Hambourg, non pas devant le juge de Berlin, mais bien à Paris. Nous ne serons pas en peine d'expliquer aux magistrats de la neuvième Chambre comment les Allemands peuvent se déguiser en commerçants français, pour écouler dans nos casernes les restes des soldats du Kaiser.

Si nous n'en avions pas des preuves surabondantes, il nous suffirait de citer l'exemple de la maison Knorr, d'Heilbronn, qui, elle, a eu la prudence de ne pas nous intenter de procès. Elle a préféré se faire confectionner discrètement, et à peu de frais, une bonne petite enseigne française.

Ça s'est passé le 5 février 1912, dans l'étude de M⁰ Houot, notaire, à Nancy. Nous avons sous les yeux les statuts d'une « Société anonyme », dont voici les trois premiers articles :

ARTICLE PREMIER

Il est formé entre les propriétaires des actions ci-après créées, et de celles qui pourront l'être ultérieurement une Société anonyme qui sera régie par la loi et par les présents statuts.

ARTICLE DEUX

La société a pour objet :

La fabrication et le commerce des produits alimentaires de tous genres, en France et dans les Colonies Françaises.

ARTICLE TROIS

La Société prend la dénomination de: « Produits Alimentaires KNORR, Société anonyme Française ».

Comment s'appellent « les propriétaires des actions ci-après créées » ?

Ils s'appellent :

1o et 2o C. H. Knorr et G. Pielenz, « directeurs de la Société Knorr, société anonyme dont le siège est à Heilbronn (Wurtemberg) ». — C'est en ces termes que leurs qualités sont mentionnées sur l'acte notarié.

3o C. Knorr, fils, directeur commercial de la même société d'Heilbronn.

4o Christian Eberhardt, directeur commercial de la même société d'Heilbronn.

5o E. Kinkelin, chef comptable de la même société d'Heilbronn.

6o Hugo Zapf, industriel à Hall.

Pour constituer ce genre de sociétés anonymes, la loi française exige sept membres. Nous n'en voyons que six dans ces statuts, mais il est plus que probable que Guillaume est le septième ; l'empereur d'Allemagne a un intérêt trop direct dans la combinaison pour ne pas en être.

« Mettez deux Allemands dans une île déserte, disait Henri Heine, ils formeront immédiatement une Société. »

Mettez-en sept sur le territoire français, et nos sept
Allemands formeront une « société française ». Bien
entendu, si notre code autorise la dite société à se qua-
lifier d' « anonyme », c'est évidemment pour dispenser
ceux qui la forment de nous dire leur nom et d'avouer
leur origine.

Grâce à cet excellent subterfuge, il n'est même plus
besoin de recourir aux hommes de paille ou aux artifices
de naturalisation, et la Société anonyme (Knorr) française (d'Heilbronn) au capital de 12.000 francs (pourquoi
ne pas compter en marks ?) peut maintenant se permettre de nous poursuivre pour établir devant la neuvième chambre qu'elle est aussi française que la Société
Springer-Rademacher de Hambourg.

Avec quelques pfennigs de plus, n'arriverait-on pas à
prouver que c'est l'*Œuvre* qui est une entreprise
allemande ?

1.200.000 étrangers
en France

Partout l'étranger s'installe.
Il y en a :

9.769 dans la Marne.
10.704 en Corse.
10.778 dans le territoire de Belfort.
11.686 dans les Vosges.
13.195 dans le Doubs.
20.921 en Seine-et-Oise.
21.205 dans les Ardennes.
26.382 dans le Pas-de-Calais.
49.305 dans le Var.
66.462 en Meurthe-et-Moselle.
99.223 dans les Alpes-Maritimes.
137.223 dans les Bouches-du-Rhône.
180.000 dans le Nord.
204.679 à Paris.

Et comme la plupart de ces étrangers sont des Allemands.

Il s'en suit que :

L'État achète en Allemagne ses locomotives, ses wagons, ses treuils, et la plus grande partie des machines-outils utilisées dans ses ateliers.

L'État achète en Allemagne les machines motrices de nos sous-marins et de tous nos petits navires de vitesse et de précision.

L'État achète en Allemagne presque toutes ses matières premières destinées à la fabrication des poudres.

(Voir la collection de l'Œuvre.)

9 mai 1912.

Fermons nos portes !

C'est une simple statistique. Elle est extraite du *Bulletin hebdomadaire de Police criminelle*, publié par le ministère de l'Intérieur (n° du 13 mai 1912).

Nombre des individus ayant été l'objet de mandats d'arrêt : 94.

Ce chiffre se décompose de la manière suivante :

Français ou présumés tels. 58
Individus dont l'origine est il connue. . . . 5
Étrangers 21
Individus nés en France, mais qui sont certainement étrangers d'origine, soit que leur filiation l'établisse, soit que leur nom exotique les trahisse. 10
Total. 94

Voici maintenant les noms des étrangers :

Fiore (Italie);
Lotti (Italie):
Schweyer (Allemagne);
Aslau Esteban (Turquie);
Barbero Giovanni (Italie);
Bighi (Italie);

Chessa Giovanni (Italie);
Corthesy (Suisse);
Escudero Melchior (Espagne);
Gollsclani (Italie);
Herning (Allemagne);
Klauss (Allemagne);
Koutonigles (Grèce);
Lucci (Sardaigne);
Merli (Italie);
Milletto (Italie);
Pescedda (Italie);
Santi (Italie);
Venturati (Italie);
Viale (Italie);
X..., sujet italien.

Et voici les individus « nés en France », mais qui sont d'origine étrangère avec ou sans naturalisation :

Albertini;
Allano;
De Baedermacker;
Deschampheleere;
Guiseppi;
Hermann;
Karl X.
Karl A. N.
Lubcke, dit Veil;
Sauer.

Si donc, du chiffre total de 94, nous défalquons les 5 individus d'origine inconnue, nous sommes en présence de 89 criminels ou délinquants dont 31 étrangers contre 58 Français ou *présumés tels*.

C'est-à-dire que la proportion des exotiques dans la criminalité en France atteint presque 35 %.

Faites le même pourcentage pour les glorieux bandits dont M. Lépine vient de transmettre le nom à la postérité. Combien sont-ils de Goderewski et de Raymond-la-Science, d'Italiens, de Belges et de Juifs?

Quand donc fermera-t-on notre frontière à ces indésirables métèques par une bonne loi sur la naturalisation?

Voilà quatre ans que l'*Œuvre* le demande à tous les échos. Mais aucun Q. M. ne répond.

23 mai 1912.

L'Institut Pasteur aux métèques

Nous recevons très à propos d'un savant de nos amis l'intéressante communication que voici :

L'Œuvre a signalé à plusieurs reprises l'invasion de l'Institut Pasteur par les métèques.

Lisez seulement, dans les *Annales* de l'Institut Pasteur, les cours des auteurs de mémoires publiés. Tous ces auteurs sont attachés en diverses qualités à l'Institut; presque tous sont étrangers :

Numéro 3 (25 mars 1911). Dʳ Crendiropoulo. — J. Choukewitch. — El. Metchnikoff et A. Besredka...

Numéro 5 (25 mai). W. L. Takimoff. — Broufeubrunner — Besredka.'

Numéro 6 (25 juin). E. Metchnikoff. — Choukewitch. — Metchnikoff et Besredka. — W. Sawtschenco. — L. Crotoni, A. Cramer et Truche...

Numéro 10 (10 octobre). Dʳ Stephan Muttermilch. — K. Landstei.er, C. Levaditi, El. Prasek...

Numéro 11 (25 novembre). L. Tarassewitch, El. Metchnikoff et Burnet. — K. Landsteiner, Levaditi, Bastia. — A. Lebedeff. — A. Carini. — Ch. Cantu. — M. Elmassian...

A l'Institut Pasteur, les dons et legs affluent; l'or arrive par centaines de mille francs, souvent par millions ; le testament Osiris trouve chaque jour des imitateurs.

De l'étranger, donc, tous les compères accourent pour avoir part à la curée. Il suffit que le camarade Russe, Allemand, Italien, Arménien, soit introduit dans la place et publie d'interminables mémoires, pour que des fonctions et des missions bien rétribuées lui soient octroyées.

Là comme dans le reste de l'enseignement supérieur, surtout de l'enseignement scientifique, les funestes effets de l'*esprit rasta* se manifestent.

La mauvaise foi scientifique s'acclimate dans les laboratoires. Tout le monde comprend combien sont délicates les études médicales. Les expériences pratiquées sur des êtres vivants fournissent continuellement des conclusions contradictoires. Chaque fois qu'on croit

découvrir un nouveau remède, le monde médical se
sépare en deux camps, où l'on invoque des arguments
contraires, tirés d'expériences pareilles, poursuivies
dans des conditions identiques. »

Il arrive même que les expériences invoquées sont
imaginaires ; elles n'ont jamais été faites. Il arrive encore
plus souvent que le savant donne *un coup de pouce* pour
faire pencher la balance en faveur de sa thèse, et qu'il
supprime purement et simplement les constatations
gênantes. L'essentiel est qu'il publie beaucoup, qu'il
soigne et développe sa réputation de médecin laborieux.

L'esprit rasta se manifeste par une lourde érudition à
la manière germanique, par une insistance dispropor-
tionnée sur des détails secondaires, par une technologie
pédantesque, et surtout par une désinvolture incroyable
dans le *coup de pouce*, dans la falsification des expériences.

Les conséquences peuvent être graves. Quand on
lance dans la circulation, à grand fracas, un nouveau
sérum, c'est le public qui paie les erreurs... La plupart
des *sérums* ne guérissent pas les maladies contre lesquelles on les emploie, et donnent aux gens bien por-
tants des maladies trop réelles.

La coterie rastaquouère de l'Institut Pasteur annonce
depuis dix ans qu'elle abolira la vieillesse. Ni plus ni
moins. Ces messieurs posent en principe que la vieillesse
est anormale et pathologique ; M. Metchnikoff a décrété
qu'il instituerait la vieillesse et la mort *normales*. Nous
devrions selon lui (*Nature humaine*, p. 364) rester jusqu'à
plus de cent ans dans le même état de corps et d'intelligence que vers la trentaine. Ensuite, la mort *naturelle*
surviendrait sans décrépitude préalable. M. Metchnikoff
nous donne un exemple (p. 359)... l'éphémère, qui n'est
pas réputé pour sa longévité !

La « mort naturelle » ayant repris ses droits, à la place
de la « mort pathologique » toutes les questions morales,
sociales, économiques, se trouveraient bientôt réso-
lues : « L'instinct de la mort naturelle serait accompagné
d'une sensation délicieuse, bien plus agréable que toutes
les autres sensations que nous sommes capables d'éprou-
ver. » Quelle destinée souhaitable pour l'homme, qui
n'est cependant (p. 376) « qu'une sorte d'avorton de
singe ! »

Le premier remède que M. Metchnikoff avait trouvé
contre la vieillesse pathologique était le lait caillé. On

n'a pas oublié la prodigieuse réclame faite autour de ce produit, dont la vente à Paris et à Vichy avait été confiée à deux jeunes dames qui avaient gagné l'intérêt du Juif russe. Les actions de la Société qui entreprit l'exploitation de l'affaire décuplèrent heureusement.

Si Pasteur ressuscitait, il verrait dans son Institut des choses qu'il n'avait pas prévues.

20 juin 1912.

♣

Fermons nos portes ! (suite)

Elles sont toujours ouvertes à tous les métèques. Et nos prisons ne sont plus assez grandes pour les hospitaliser.

Jugez-en par cette simple statistique, qui fait suite à celle que nous avons publiée l'autre mois. Elle est aussi extraite du *Bulletin hebdomadaire de Police Criminelle*, publié par le Ministère de l'Intérieur, (n° 244 du 27 mai 1912).

Nombre des individus objets de mandats d'arrêt : 122.

Ce nombre se décompose de la manière suivante :

Français *ou présumés tels* : 64.

Etrangers : 23.

Etrangers nés en France ou dont le pays de naissance est ignoré, bien que leur filiation étrangère soit certaine : 12.

Inconnus ou douteux : 23.

Total : 122.

Ci-dessous les noms des *étrangers* avec leur nationalité : Chemla (Tunisien), Grotewahel, Hasselbacher (Allemand-Bavarois), Hirsch (Allemand-Prussien), Bohl (Allemand-Bavarois), Boussouar (Arabe), Garabello (Italien), Lalliard (Suisse), Mayer (Espagnol), Moll (Allemand-Prussien), Monasterolo (Italien), Pietrera (Italien), Queroz (Brésilien), Reschlimann (Suisse), Rialti (Italien),

Riccadonna (Italienne), Roy, dit Rivas (Espagnol), Scalabrino (Italien), Tavernier (Belge), Terzi (Italien), Vavassori (Italien), Voght (Allemand), Wendling (Allemand).

Voici maintenant les étrangers nés en France ou dans des localités ignorées :

Bill, D'Amore, Causa, Ferrando, Hess, Heymann, Holbeverech ou Olberecht, Junken, Laubenheimer, Lazcanoteguy, Mazzino, Ramoguino.

❧

Résumons. En une semaine, 122 individus arrêtés, sur ce chiffre, 23 sont inconnus ou de nationalité douteuse. Restent 99 criminels dont on sait l'origine : 64 sont Français, 35 étrangers !

Parmi les bandits qui terrorisent la France, il y a donc 35 % de métèques !

Est-il bien prouvé, d'ailleurs, que tous ceux qu'on n'arrête pas soient innocents ?

Au moment même où nous écrivons, on donne la chasse à un misérable qui vient de poignarder trois personnes. Il s'appelle Otto Wiener, et il nous arrive de Rischweiler (Allemagne). Est-ce que nous n'avons pas assez de nos Bonnot, de nos Garnier et de nos Lanes ?

4 juillet 1912.

❧

La France, colonie boche

Nous nous résignons si passivement à l'invasion que déjà la France est considérée à l'étranger comme une province de l'Empire germanique.

Le Révérend N. D. Hillis, pasteur de Brooklyn près de New-York, vient de le proclamer solennellement du haut de la chaire. La *Tribune de Chicago* nous donne le texte de cet injurieux sermon :

« La France, a-t-il dit, est peu à peu conquise par des tribus d'Allemands qui ne la quitteront jamais. Insensiblement, elles s'emparent de tout le pays. Bientôt la France ne sera peuplée que d'Allemands.

« Une nation qui ne se fait remarquer que par sa frivolité, par la diminution de ses naissances, par sa révolte contre les lois, est appelée à disparaître. Quand un peuple a perdu toute conscience morale, toute faculté d'indignation contre le mal, il est voué à une désagrégation rapide. L'Allemagne guette la France et va profiter de son anéantissement. »

Alors, *finis Galliæ* ?

Minute, mon Révérend ; vous allez bientôt vous apercevoir que, s'il y a beaucoup d'Allemands en France, on y trouve encore quelques Français.

11 juillet 1912.

≈

Leur toupet

Nous lisons dans *l'Accessoire de Pharmacie* :

Une maison allemande a eu l'idée singulière de prendre en France un brevet pour la fabrication des tétines en caoutchouc clair. Cette idée lui est venue après qu'à Berlin et qu'à Vienne, sa demande de brevet pour le même objet avait été rejetée. Les Français sont si bêtes !

Elle prit donc un brevet et elle en céda la licence à une maison de Paris. Puis, comme les concurrents français et anglais continuaient à fabriquer et à vendre des tétines en caoutchouc clair, elle commença par les menacer de poursuites. Parmi ces concurrents, se trouvait la maison X... Celle-ci répondit à la maison allemande qu'elle aurait pris pour s'approprier le fil à couper le beurre. Et elle continua de plus belle sans se laisser intimider par les menaces tudesques.

Cela ne faisait pas l'affaire de nos bons Allemands. Ils résolurent de frapper un grand coup et ils firent pratiquer une saisie-contrefaçon chez les commerçants français. Puis ils les assignèrent pour les faire déclarer contrefacteurs et obtenir des dommages-intérêts considérables.

L'affaire est enfin venue à l'audience. L'éminent avocat de la maison X... Me G. Laya, n'eut pas de peine à démontrer l'outrecuidance des Allemands demandeurs. Sa plaidoirie convainquit le Tribunal que, pas plus qu'on ne saurait faire breveter l'emploi du blé à la fabrication du pain, on ne saurait prendre un brevet en vue de l'emploi du caoutchouc clair pour la fabrication des tétines. Le caoutchouc, comme le blé, est un produit naturel : personne ne peut prétendre s'en approprier l'emploi.

Mais les Allemands ne se tiennent pas pour battus. Ils vont, en effet, prendre un brevet qui leur réservera l'exploitation exclusive du fil à couper le beurre.

18 juillet 1912.

La concurrence
des employés étrangers

Les employés allemands éliminent les Français des maisons de commerce françaises, en plein Paris, parce qu'ils acceptent des salaires inférieurs.

Et comment ces salaires de famine leur permettent-ils de supporter « la vie chère » ? Parce que le *Vaterland* leur fournit le complément : leur solde d'agents militaires en service commandé.

Les patrons français qui, pour économiser quelques écus, se prêtent à cette manœuvre, assument une terrible responsabilité.

Asnières, le 19 juillet 1912.

Monsieur,

Ayant été tellement stupéfié par la manière de faire de plusieurs commerçants français, surtout de la part des commissionnaires et exportateurs, je prends la liberté de vous communiquer ce qui suit :

Alors que j'étais, il y a quelque temps, à la recherche d'un emploi dans le commerce, il me fut conseillé de faire partie de la « Société des Employés de Commerce et d'Exportation », 5, rue de Trévise, à Paris, où me fut il dit, je trouverais aisément à me placer dans la branche commerciale que je désirais.

Je suivis donc ce conseil que je croyais bon et pour la somme de 3 francs (dont 1 franc pour mon admission et 2 francs pour ma cotisation mensuelle), je fus aussitôt admis comme membre de la société. Je payai ainsi ma cotisation mensuelle de 2 francs pendant plusieurs mois, sans jamais obtenir de place, contrairement à ce que l'administration de ladite « Société » m'avait promis.

Bref, ce que je trouvai de plus frappant fut que cette Société me recommandait chez des commerçants qui, soi-disant, réclamaient des jeunes gens pour le commerce, connaissant les langues étrangères (allemand et anglais, principalement) (ce qui était mon cas, car je parle anglais et allemand couramment et j'écris de même ces deux langues). Or, il m'était répondu dans la plupart de ces « maisons de commerce françaises » :

« Vous connaissez l'allemand ou l'anglais, suivant la maison, c'est très bien, mais vous n'êtes certainement pas resté assez longtemps dans le pays pour posséder la langue comme un étranger (et cela sans même vous faire subir un court examen). Nous regrettons beaucoup, mais nous ne pouvons vous accepter, *et nous préférons un étranger* qui sera moins exigeant que vous au point de vue traitement. »

J'allais ainsi dans plusieurs maisons et partout j'obtenais à peu de chose près la même réponse. De ce fait, les emplois commerciaux sont accaparés par les étrangers et nous devons rester sans travail durant des mois. Ce fut mon cas, de même que celui de plusieurs de mes collègues, sociétaires comme moi.

Je me suis donc permis, Monsieur, de vous soumettre cela, afin que vous puissiez juger par vous-même des tristes méfaits que la concurrence étrangère fait subir aux employés de commerce français et que vous puissiez, si possible, y remédier.

Veuillez agréer, etc.

1er *août 1912.*

Médecins et métèques

Monsieur,

Je n'ai pas la prétention, actuellement, de vous envoyer un article sur la question, qui est fort grave. Je tiens seulement à insister auprès de vous pour que vous ne vous contentiez pas de la publication d'une seule lettre. Puisque vous avez attaché le grelot, allez jusqu'au bout. Il faut que l'opinion publique soit saisie de la question ; il ne s'agit pas de « chauvinisme stupide ou d'internationalisme » puéril. *Il y a un fait :* c'est que nous sommes envahis par une foule d'étrangers qui rendent de plus en plus difficiles les concours, auxquels ceux-ci peuvent prendre part (externat, internat), au même titre que nous Français. Et c'est ainsi que l'on voit des jeunes gens étrangers, qui deviennent externes, puis internes et qui, lorsqu'ils sont prêts à passer le concours du Bureau central (médecins des hôpitaux) se font naturaliser. Ils deviennent ainsi médecins des hôpitaux français *sans avoir fait du service militaire.* Et la belle égalité devant le service des armes, où est-elle ?

Faites une enquête, Monsieur, une vaste enquête, interrogez les médecins des hôpitaux, les internes, les externes, renseignez-vous d'une façon impartiale et vous rendrez un grand service au corps médical, en mettant à découvert une vraie injustice sociale... en même temps que les étrangers qui en jouissent égoïstement, au détriment des jeunes Français dont ils volent les places.

La science n'a pas de pays ! C'est vrai. Mais les Français en ont encore un... jusqu'à nouvel ordre du moins. Il serait peut-être opportun que l'État ne l'oublie pas : la science n'y perdrait rien !

Agréez, Monsieur, etc.

UN MÉDECIN.
Ancien interne des Hôpitaux,
Lauréat de la Faculté de Médecine.

Ce n'est pas la semaine dernière, comme le croit notre correspondant, que nous avons « attaché ce grelot ». Voilà tantôt deux ans que cette campagne est commencée (voir notamment nos articles sur le « Péril médical ») et nous la poursuivons dans la mesure où nos informations nous le permettent.

Puisque nos amis deviennent de plus en plus nombreux

dans le monde médical, qu'ils veuillent bien compléter ou préciser notre documentation, et nous aurons grand plaisir à insérer leurs communications. L'Œuvre est faite pour cela, — entendez qu'elle est faite pour dire ce qu'on ne peut pas ou ce qu'on ne veut pas dire ailleurs.

1er août 1912.

Les progrès de l'invasion

De la *Bataille Syndicaliste* :

On parle beaucoup dans les journaux nationalistes, de la nouvelle invasion allemande que la France subit.

Ce n'est plus l'invasion brutale des armées, comme en 1870, c'est l'invasion lente, pacifique, mais parait-il, d'autant plus dangereuse, de tous les organes économiques, commerciaux et industriels du pays.

Les journaux nationalistes oublient de dire que si une telle invasion est possible, ce ne peut être que par la complicité des capitalistes, c'est-à-dire des gens qui, pour ces journaux, sont les meilleurs des patriotes.

Mais non, mais non, les rédacteurs de la *Bataille Syndicaliste* sont trop intelligents pour ne pas soutenir leurs opinions par des arguments plus nuancés. Les plus riches capitalistes, chez nous, s'appellent Rothschild et Deutsch de la Meurthe ; jamais nous ne les avons considérés ici comme « les meilleurs des patriotes ».

Apportons à notre tour notre petite contribution à l'enquête patriotique, ajoute la *Bataille Syndicaliste*.

Sait-on que le grand bazar catholique de Lourdes est dirigé par un évêque allemand, que les neuf-dixièmes des marchands installés dans le pays sont aussi des Allemands, et que tous les produits que vendent ces marchands : chapelets, scapulaires, souvenirs de toutes sortes, sont des produits manufacturés en Allemagne ?

Eh bien ! si c'est vrai, cela prouve une fois de plus que nous avons eu raison d'entreprendre notre campagne, et voilà tout.

Ce nous est d'ailleurs une joie très vive de constater qu'à présent tout le monde nous emboîte le pas.

Voici l'*Intransigeant* :

La Société des Hauts-Fournaux et Aciéries de Caen était constituée au capital de 500.000 francs. Or, par décision de son assemblée générale en date du 11 mars 1912, la société a décidé de porter son capital à 30 millions. La souscription a été aussitôt réalisée des 25.000.000 francs demandés ; et dans son assemblée extraordinaire du 20 mai dernier, la société a nommé comme administrateur, en même temps que plusieurs financiers français connus et estimés deux allemands, MM. A. et F. Thyssen, qui représentent dans la métallurgie allemande, la contre-partie de la puissante maison Krupp.

Nous savions déjà que plusieurs mines de Normandie et notamment les mines de Diélette étaient allemandes. Voici maintenant au cœur de la Normandie, une société de Hauts-Fourneaux où l'allemand a une place prépondérante.

Notre collaborateur Henry Gaston a écrit et démontré que l'*Allemagne manque de fer*. Mais elle en trouve en France, et elle le fait au besoin manufacturer en France. C'est encore une forme de l'investissement.

と

Même note dans la *Libre Parole* sous ce titre : *les Allemands boycottent l'industrie française* :

Berlin, 31 juillet. — Un Congrès des municipalités rurales de Westphalie ou « Provinzial-Landgemeindetag » vient d'avoir lieu à Dortmund. Nous n'en parlerions pas autrement si, une fois de plus, les Prussiens ne s'étaient avisés de partir en guerre contre l'industrie française, et juste au moment où la camelote allemande tend de plus en plus à envahir la France. An cours du Congrès de Dortmund, il a été beaucoup question des cinématographes ; le sous-préfet, docteur Luckhaus, de Hœrde, a fait ressortir au cours des débats que, malheureusement, l'Allemagne, se voyait dans la nécessité de s'approvisionner en bons films à l'étranger. Puis il donna une forme plus précise à ses regrets et, sans parler des films anglais ou américains, il s'attaqua à l'industrie française. Le docteur Luckhaus déplora donc que l'Allemagne achetât annuellement pour 6 millions de marks à la seule maison Pathé frères. Les congressistes émirent l'avis que cela devait prendre fin. On décida donc de « soutenir autant que possible la fabrication de films à l'intérieur ». Un président de police qui assistait au Congrès, M. Zur Nieden, préconisa la création de cinémas par les municipalités ; il fit ressortir que la prise en règle par les municipalités ne serait accompagnée d'aucun risque au point de vue pécuniaire. Une décision a été prise dans ce sens. Cela facilitera le boycottage !

Les Allemands veulent nous imposer leur camelote, mais ils ne veulent pas de nos marchandises : c'est logique.

Et voici la « grande presse » elle-même qui nous fait écho. « Jusqu'aux échelles de pompiers que nous achetons en Allemagne ! » s'écrie le *Matin*. Suivent ces détails :

Le maire d'une des localités les plus importantes du département de la Seine nous adresse le catalogue qu'il vient de recevoir d'une maison allemande pour la fourniture de matériel d'incendie.

Ce document, entièrement rédigé en français, s'appuie, pour gagner à sa clientèle les municipalités qui l'ignorent encore, sur des références aussi nombreuses que surprenantes.

C'est ainsi qu'on peut y voir figurer, choisies parmi plus de vingt autres, des villes comme Lyon et Rouen, Dunkerque, Raon-l'Étape, Montbéliard et Belfort et le régiment des sapeurs-pompiers de Paris lui-même, auquel la manufacture teutonne des bords du Danube est particulièrement fière d'avoir fourni la plupart de ses échelles mobiles.

Que la fabrication du matériel d'incendie en général et des échelles mobiles en particulier constitue une industrie spéciale personne ne saurait s'en étonner, mais ce qu'on admettra moins facilement, c'est que cette spécialisation de « types pivotants automobiles » soit telle que les municipalités ne puissent, par une entente commune, recourir à l'industrie nationale, au lieu de se faire les complices bénévoles de l'invasion allemande.

Bravo !

Mais la *Libre Parole* ajoute :

Sous ce titre *Made in Germany*, le *Matin* s'étonne d'apprendre que les échelles utilisées par la plupart des corps de pompiers de France, notamment les pompiers de Paris, ont fabriquées en Allemagne.

Notre confrère ignore-t-il qu'une maison allemande, grâce à l'intermédiaire d'une de ses succursales installées en France, fournit une grande quantité de selles à la cavalerie française ?

Il s'agit de la maison Adler et Oppenheimer (Cuirs) à Lingodsheim, près Strasbourg.

Cette fabrique a été établie sur les ruines d'une maison similaire fondée par un Alsacien, suspect de sentiments français, et qui avait refusé de travailler pour l'armée allemande.

Ce refus lui valut un boycottage en règle jusqu'au jour où, grâce à des capitaux allemands, MM. Adler et Oppenheimer juifs allemands, purent reprendre l'affaire.

Mais ils ne se sont pas contentés de travailler pour l'armée allemande, ils travaillent aussi — ce qui est un comble — pour l'armée française...

Qu'en pense le *Matin* ?

Le *Matin* n'a pas encore répondu.

‡

En revanche, le *Figaro* nous rapporte en six colonnes les propos de vacances de M. de Kiderlen Waechter, et s'applique à seconder les efforts de M. John Grand-Carteret, fondateur d'un *Comité de rapprochement intellectuel franco-allemand*. La nouvelle ligue est intitulée : *Pour mieux se connaître*. Nous attendrons, nous aussi, de la mieux connaître pour dire exactement ce que nous réserve ce bloc enfariné. Mais nous savons déjà tout le mal qu'a fait à l'Université de France la philologie allemande, et quand on nous parle de « rapprochement intellectuel » entre les deux pays, nous sommes aussitôt tentés de comprendre qu'il s'agit principalement d'introduire sur notre marché les valeurs germaniques.

Si nous nous trompons, tant mieux.

8 août 1912.

‡

Noms d'oiseaux

Paris, 3 août 1912.

Monsieur,

J'habite la banlieue ; il y a quelques jours, je me promenais avec mes chiens. Je rencontre trois individus causant ensemble ; ils étaient habillés de la façon caractéristique des « Burschen » (ordonnances) des officiers allemands ; je voulus en avoir le cœur net, car à mon passage ils se turent. Un quart d'heure plus tard, je repassai près d'eux.

Parlant l'allemand et connaissant à fond les termes de politesse avec lesquels les soldats allemands sont interpellés par leurs supérieurs, j'appelai mes chiens par des « noms d'oiseaux ».

J'avais à peine crié à mes chiens : « *Hier, Rindvich. Hier,*

Scharfloh! (en français : ici, bétail! ici, puce acide !) que mes trois gaillards, se croyant interpellés par un supérieur, rectifièrent la position et me laissèrent passer, immobiles. J'étais fixé, c'étaient bien trois Allemands, ordonnances d'officiers.

Ceci serait impossible en Allemagne ; leur police ne tolère personne de suspect, et expulse *par mesure municipale*. Comment se fait-il qu'ici les Allemands soient aussi libres ? Il est évident que notre mobilisation serait gravement empêchée par ces Teutons. qui n'ont qu'à faire sauter dix ouvrages d'art dans la banlieue de Paris pour bouleverser tout le plan de mobilisation.

Puissiez-vous faire comprendre cela à qui de droit !

Veuillez. etc.

Le « lattis » boche

Le *Matin* continue en douceur, presque en sourdine, la petite campagne esquissée contre l'invasion allemande :

« Made in Germany ». — Un wagon de « lattis » berlinois arrive chaque jour à Paris. — Que l'on se fournisse à l'étranger de produits que l'on ne trouve pas dans notre industrie, rien de plus naturel. Mais que nos architectes préconisent l'emploi d'une marchandise allemande que fournissent nos industriels français et meilleur marché et dans des conditions de fabrication bien supérieures, cela est inconcevable ! Il s'agit en l'espèce du « lattis ».

Qu'est-ce que le « lattis » ? Tout simplement un assemblage de vulgaires baguettes de bois reliées par du fil de fer et servant à préparer les plafonds des appartements. Pour confectionner le « lattis », point n'est besoin de machines compliquées : la main de l'homme, armée d'une pince, et c'est tout. Tout cela, on l'avouera, se trouve sans peine sur le sol français : mains, pinces, fil de fer et lattes.

Et cependant des architectes du gouvernement, travaillant pour l'État ou pour les communes, imposent aux entrepreneurs un « lattis » allemand, alors qu'il existe en France, à Paris même, des produits similaires incontestablement supérieurs à la pacotille d'outre-Rhin.

Il est stupéfiant de penser que chaque matin arrive à Paris
un wagon de ce « lattis » chargé à Berlin, qui sert au plafon-
nage de nos ministères, de nos mairies, de nos écoles, et que
l'exécution de ce travail est confiée à des ouvriers allemands,
sachant peu ou point parler notre langue. Pour ne citer qu'un
exemple sur mille, dernièrement encore, l'école communale
de Chatenay a été complètement plafonnée à l'aide de ce produit.

Oui, *Matin*, c'est « stupéfiant », mais il y a mieux, ou
pis. Cherchez bien, et vous n'aurez pas de peine à trouver, il vous suffirait de feuilleter la collection de l'*Œuvre*
depuis deux ans pour y recueillir les éléments d'une
grande enquête, dont les révélations sur le péril économique dont nous sommes menacés vaudraient tous les
couplets patriotiques et toutes les marches militaires.

15 août 1912.

と

Tous les toupets

Nancy, le 10 août 1912.

Monsieur,

Un ami a eu l'heureuse idée de me communiquer votre
dernier numéro de l'*Œuvre* et je me permets de vous féliciter
pour la magnifique campagne que vous menez contre les
métèques qui envahissent notre commerce, notre industrie,
nos théâtres et... notre armée. Tous les secrets de notre
défense nationale sont aujourd'hui livrés aux Allemands par
des espions, qui ne viennent pas travailler dans nos forts à
titre d'ouvriers, mais se font purement et simplement admettre
comme militaires. Vous souriez ; la chose vous paraît impossible. Qu'il me suffise de vous affirmer que, dans un ouvrage
de la frontière, l'un des plus importants puisqu'il ferme la
vallée de la Moselle et le passage vers Belfort, il y avait
encore dernièrement deux Prussiens, un artilleur et un fan-
tassin. Celui-ci acceptait son sort assez gaîment tandis que
l'autre faisait de fréquentes fugues — le temps de livrer son
travail, probablement — après lesquelles il réintégrait sa
batterie pour y subir la peine légère qui lui était infligée.

Partout, d'ailleurs, on sent par ici l'influence germanique ;
sous prétexte de conserver à nos petits soldats le souvenir

de l'Alsace et de la Lorraine, ne leur fait-on pas manger des conserves d'aspic préparées à Metz.

A Neuves-Maisons, les importantes forges de la Haute-Moselle reçoivent la houille des pays allemands et les actionnaires de leur compagnie se sont opposés à la création du canal de l'Est, qui leur permettrait de s'alimenter avec notre houille du Nord et relierait le bassin de Valenciennes au bassin de la Moselle. Ils ont été d'accord en cela avec Rothschild (naturellement !) lequel considère la création de ce canal comme une atteinte aux droits de la Compagnie du Nord.

Ne brûlons que du charbon allemand, empoisonnons nos fils avec des cochonneries teutonnes, établissons dans nos forteresses et nos camps retranchés les subordonnés du Gaudissart de Berlin, mais ne permettons pas que l'on discute l'idée de Patrie et bouclons Hervé « jusqu'à la gauche », s'il ose blaguer les généreux patriotes qui président aux destinées de la Nation Française...

&

L'investissement

A propos de votre campagne sur l'invasion allemande, permettez-moi de vous rapporter certains faits que vous pourriez contrôler, n'en ayant pas le temps moi-même.

En Haute-Marne, à Gudmont, il y a quelques années, s'est fondée une créosoterie pour la conservation des bois. En ouvrant l' « Annuaire des Téléphones », vous pourrez voir qui se trouve à la tête de cette usine : vous lisez *Himmelsbach*.

Mais là ne serait pas, paraît-il, le plus intéressant. A l'inauguration, il y a quelques années, il y eut grand banquet. Aux honneurs, à côté d'un colonel allemand qui présidait en qualité de directeur et de plusieurs officiers, on voyait trôner le préfet, le sous-préfet, des officiers généraux français ou se disant tels, etc.

Quant aux toasts qui furent portés, le charabia teuton se mêlait agréablement au patois yiddisch. Depuis lors, ces messieurs n'ont pas perdu leur temps. Tous les trois mois arrivent, comme soi-disant ouvriers, une centaine de soldats prussiens qui se relaient afin de connaître à fond toutes les forêts haut-marnaises. Insultant les bûcherons indigènes, ils sont devenus une terreur dans les villages environnants. Quant au colonel et aux officiers, ils ne perdent pas leur temps non plus. A cheval toute la journée, ils parcourent les forêts faisant des relevés de cartes, et, au moment des chasses, il n'y a plus de place que pour eux.

Si vous vous promenez dans les forêts haut marnaises, vous les trouverez pour la plupart rasées à blanc. Car, s'il nous en souvient, le Kaiser tient beaucoup à faire disparaître ces forêts, qui, en 70, furent de si bons auxiliaires pour les Français et il ne veut pas que cela recommence la prochaine fois.

De tous côtés, les émissaires juifs essaient de nous arracher à prix d'or les propriétés contenant des bois. Ils rasent à blanc les bois, puis revendent les châteaux ou terrains environnants en les morcelant le plus possible.

Mais il est une chose encore très importante que je m'en voudrais de ne pas vous signaler. Au point de vue stratégique le village de Gudmont a été vraiment bien choisi par le Grand Etat-major allemand.

En effet, près de Gudmont se trouvent les tunnels de Villiers-sur-Marne, l'un sur la grande ligne de l'Est par laquelle doit se faire la mobilisation, l'autre sur le canal de la Marne au Rhin, d'une importance capitale pour les aciéries de l'Est et quantités d'autres industries et commerces. Au moment d'une déclaration de guerre, ces braves gens reliés par téléphone seront prévenus par les autorités françaises qui n'auront pas le temps de faire surveiller ces ouvrages, et ceux-ci sauteront infailliblement. Il en sera de même du grand viaduc de Chaumont, car maintenant, comme avant 70, les gares de l'Est sont peuplées d'Allemands qui s'y installent dans tous les postes qu'ils peuvent obtenir. Quant aux braves paysans français qui ont signalé aux autorités tous ces faits, on leur a fait sentir qu'ils auraient tout intérêt à se taire, s'ils ne voulaient pas s'attirer plus que des désagréments.

Peut-être, si vous avez le temps, trouverez-vous par votre enquête personnelle des choses encore plus intéressantes, si on peut prononcer le mot d'intérêt, quand il s'agit de choses aussi écœurantes.

Agréez, Monsieur, avec mes salutations empressées, l'expression de ma vive reconnaissance pour le travail d'assainissement auquel vous travaillez.

Le péril vert

Avec l'*Œuvre* et après l'*Œuvre*, tous les journaux français ont beau crier au scandale, demander des mesures de protection, l'invasion verte continue...

M. Lépine a demandé à tous les commissaires un rapport sur ses ravages dans leur conscription ; c'est signe que partout, même à la préfecture, on sent la nécessité d'une défense immédiate.

Voici maintenant les filles allemandes de Londres et de Bruxelles qui viennent renforcer les quarante mille cocottes allemandes de Paris ; elles accouchent à l'A. P. et nous font payer les mois de nourrice de leurs produits tudesques.

L'invasion verte continue, parce que les Allemands s'imaginent que jamais on n'osera rien faire pour l'arrêter.

Nos officiers sont expulsés d'Alsace ? Que la même mesure soit prise contre les officiers allemands qui pullulent en France et y font de l'espionnage militaire et industriel.

Est-ce Herr von Schoen qui commande en France ?

Le dixième des Allemands de Paris ont fait leur déclaration à la préfecture de police : que les autres soient *ipso facto* expulsés comme indésirables ; s'ils n'ont pas fait de déclaration, c'est qu'ils désirent rester inconnus.

Que tous les Allemands condamnés par un tribunal français soient expulsés du territoire comme indésirables avec défense d'y revenir. La police et les tribunaux auront moitié moins de clients, les prisons seront moins pleines, le budget allégé, et notre pays débarrassé d'éléments pernicieux.

Qui va là? Un boche!

(Nous respectons scrupuleusement le style et l'orthographe de cette épître. Bien qu'anonyme, ne vous semble-t-elle pas « signée »?)

Monsieur le rédacteur en chef,

Vos lecteurs causent? Oui, ils causent, mais parfois des bêtises!

Vous venez de publier dans votre dernier numéro, page 1172, la causerie d'un lecteur, qui prétend connaître *au fond* « les termes de politesse avec lesquels les soldats allemands sont interpellés par leurs supérieurs ». Malheureusement, je le souhaite de tout mon cœur, il n'a pas eu l'expérience lui-même.

Moi, Allemand, ayant fait mon service militaire, sans avoir jamais entendu ces « termes de politesse », je vous dis, il n'en sait rien, absolument rien, et il aurait fait beaucoup mieux de se taire au lieu de se faire ridicule.

Un mot encore au sujet de l'invasion allemande. Est ce que vous croyez que l'État français, les grandes Compagnies et Sociétés achètent en Allemagne à cause de nos beaux yeux? Si nos marchandises n'étaient pas mieux travaillées, meilleur marché que les vôtres, personne ne les achèterait pas.

Et nous autres? Ne venons-nous pas aussi acheter la c melotte française?

On sait trop bien chez nous, à quoi se tenir et on rit à cette guerre de plume contre nous. Ce n'est jamais le plus fort qui se plaint.

Je suis bien curieux, Monsieur le rédacteur en chef, si vous me ferez le plaisir de publier cette « causerie » aussi.

Le cas échéant présentez, s. v. p., à vos lecteurs les salutations les plus respectueuses de

GERMANIA.

Filtres boches

M. Lebureau (de la guerre) ne se doute pas qu'il y a des fabricants de filtres à eau en France. Peut-être ignore-t-il que leur génial devancier s'appelait Pasteur! C'est pourquoi on voit dans beaucoup d'administrations, notamment *dans les arsenaux*, des filtres à eau construits à Berlin.

Romans boches

Un Français, qui a travaillé longtemps dans une maison d'édition allemande, M. Étienne de Raviez, nous déclare avoir été frappé par l'anormale production dans les imprimeries d'outre-Rhin des articles de librairie destinés à la consommation française.

— J'ai pu constater, nous dit-il, qu'une seule maison de Dresde expédie chaque semaine à Paris un wagon de douze tonnes de romans policiers. Depuis le grand succès de ce genre de contes, la rubrique « journaux et périodiques » de notre tarif douanier a passé *de 8.000 quintaux en 1906 à 80.000 quintaux en 1911.*

« Tous ces sous-produits de la littérature germanique, publiés sans nom d'auteur, sont du reste interdits en Allemagne ou du moins la vente et l'exposition en sont prohibées par le gouvernement dans les bibliothèques des gares et chez les libraires vendant à la jeunesse des écoles. Une association spéciale le « Dürer Bund », mène contre ces romans de pacotille une campagne énergique, et le roi de ces éditions dites populaires s'est suicidé à Dresde en janvier dernier, sous le poids de la honte accumulée autour de son nom. »

Ces révélations ahurissantes nous dispensent de commentaires.

꙰

Leur dédain

L'officieuse *Gazette de Cologne* qui, hier, menaçait l'Angleterre, attaque aujourd'hui la France qui, dit-elle, hait plus que jamais l'Allemagne, et lui reproche de se défendre contre l'envahissement, contre sa camelote allemande :

« *La campagne de la presse française est plus violente que jamais, écrit la Gazette de Cologne. C'est la France qui ose agir ainsi, elle dont l'industrie dans toutes ses branches est restée stationnaire et dont les écoles techniques ont encore le même programme qu'il y a cent ans !* »

꙰

A Rethel

Permettez-moi de vous signaler un fait qui montre le progrès de l'expansion allemande dans nos pays de frontière. A Rethel, petite ville des Ardennes, dont les habitants sont très patriotes, vient de s'établir une vaste usine dirigée par des « Teutons » (cela ne peut manquer). J'ai eu l'occasion de constater le fait *de visu* et de prendre quelques renseignements près des habitants. Cette usine a pour but la fabrication de la » textilose », nom bizarre et ambigu, sentant son Teuton d'une lieue, et qui, paraît-il, sert à désigner une matière faite avec du papier; elle aurait la propriété d'être très légère et incombustible !

Au début, la population a protesté; on a même nargué cette spéculation dans une petite revue locale que j'ai entendue. Mais la force comme toujours a primé le sentiment de l'honneur national et les Allemands sont complètement établis là comme chez eux, avec la facilité d'assimilation qui caractérise leur race, car la majorité du Conseil municipal leur en a donné l'autorisation.

C'est le chat

Et comme une guerre à la française ne va jamais sans éclats de rire, égayons-nous pour finir de ce prospectus que reçoivent les coiffeurs de chez nous. Nous respectons, bien entendu, le style et l'orthographe du morceau :

Bandes-moustaches et articles pour les soins de la moustache marque "Le Chat"

On ne remarque les préférences d'une bande-moustache travaillée dans toutes ses parties sans faute que dans l'usage.

Autorité dans la fabrication d'articles pour les soins de la moustache notre fabrique prétend la première place et l'on peut concevoir que la concurrence aime à s'en rapporter à nos fabricats et à vendre des imitations qui ressemblent autant que possible aux nôtres.

Ça va sans dire que ces produits d'une qualité inférieure se vendront à meilleure marché, mais — malgré cela — ils restent généralement des garde-magasins.

Presque toujours une bande-moustache se présente dans un extérieur propre, aussi le fabricat les plus mauvais; mais en regardant les différentes parties d'une bande-moustache on peut reconnaitre déjà superficiellement les préférences d'un fabricat solide. C'est seulement un fabricat composé des matériaux les plus fins et les plus soigneusement qui peut plaire au public. Les *bandes-moustaches* marque "*Le Chat*" sont les plus demandées depuis beaucoup d'années. Quant à la qualité nous livrons le meilleur que l'on peut fabriquer dans cet article. Depuis longtemps les bandes-moustaches marque « le Chat » sont la marque la plus recherchée et connue.

Un bon conseil au « fabriqueur » : qu'il réserve donc son produit pour les moustaches de Guillaume!

22 août 1912.

Affiches boches

Pourquoi donc l'entreprise de déménagements Hausner et Jacoby, maison allemande ayant une succursale à Paris, 21, avenue de Wagram, a-t-elle à la fois le toupet et la sottise de faire sa réclame avec des affiches allemandes, imprimées en Allemagne et d'un goût si allemand?

C'est à la fois de l'inconscience et une bravade.

Allez voir cette affiche allemande à la gare du métro de Passy, quai direction Italie.

10 octobre 1912.

— 208 —

Les fourriers de l'invasion

On nous écrit :

Il existe à Montereau une Société allemande pour la fabrication des produits pharmaceutiques et chimiques, dirigée par Herr Moerck. Tous les employés et contre-maîtres sont Prussiens.

Bien que cette usine périclite, de l'avis de tous les habitants, elle étend ses constructions qui se trouvent au confluent de la Seine et de l'Yonne. Isolée par suite de cette situation topographique spéciale, on ne peut y entrer sans sonner, et la concierge ouvre la porte qui est très verrouillée ; il faut parlementer, décliner ses noms, ses qualités avant d'être reçu.

Enfin, cette société vient d'acheter des terrains incultes le long de la ligne de l'Est ; elle va les faire remblayer pour établir un quai de débarquement sur l'Yonne.

Tout cela paraît très bizarre aux Monterelais.

Humour teuton

D'une lettre :

« Essayez donc de vous procurer le timbre-réclame de Continental pour ses talons tournants. Cela représente simplement un énorme soulier qui écrase Paris.

« Coïncidence ou Symbole ? »

Ouvriers agricoles

Autre lettre :

Il existe dans la Côte-d'Or une agence qui se charge de fournir des ouvriers agricoles aux différents fermiers de la région.

Deux fois par an — en mars et septembre — cette agence reçoit 500 à 600 individus qui se disent Polonais et dont on ne sait guère qu'une chose, c'est qu'ils ne savent pas un mot de français.

Réunis dans un hôtel de Dijon, ils y reçoivent la visite des employeurs qui examinent et choisissent les hommes à leur convenance.

Un contrat est passé ; l'agence touche de 60 à 80 francs par homme. Celui-ci est embauché moyennant la somme de 360 francs par an — nourri et couché.

Au bout de l'année, cet ouvrier est libre de renouveler son contrat ou de retourner dans son pays — ce qui arrive rarement d'ailleurs — soit parce que quelque peccadille l'en empêche, soit — surtout — pour éviter le service militaire.

Si le même fait se produit dans tous les départements, veuillez calculer ce qu'il entre ainsi d'étrangers en France, et quels étrangers !

Quant à l'ouvrier français, qui demande du travail avec un salaire suffisant pour ne pas mourir de faim, on devine la réception qui lui est faite...

Un Prolétaire Conscient.

Nous attirons spécialement, sur ce point, l'attention des socialistes. Que pensent les ouvriers français de cet avilissement des salaires par les immigrants ?

Il faut, naturellement, répéter pour l'industrie ce qu'on nous dit ici de l'agriculture.

C'est encore une « bonne blague » de Jaurès et des intellectuels de l'Affaire de faire accroire au prolétariat qu'il y a antinomie entre le socialisme et le nationalisme.

17 octobre 1912.

La cognée belge
et la charrue prussienne

Sextfontaines. 20 septembre.

Je suis ici — entre les routes de Lausanne à Saint-Dizier et de Paris à Mulhouse, à 12 kilomètres au Nord de Chaumont — en pays de forêts : forêts sauvages que sillonnaient seules naguère des tranches tortueuses ou des sentes sous les broussailles. De la Blaise à la Marne, 3.000 hectares de forêts s'étendent : l'Etoile, les Bois-Charrue, le Marchat et les Rolanvaux.

Les « tombeurs » de bois se sont jetés là-dessus comme la misère sur le pauvre monde.

Voici deux ans, le comte Lafond — il porte, pourtant, un nom français! — vendait, fonds et coupe, 544 hectares dans les Bois-Charrue, au Nord de Sextfontaines. Il les vendait à une maison belge, anversoise, la maison Kockerols. Alors, ce fut une ruée. Des bûcherons flamands se sont abattus sur le pays et campent en pleine forêt, avec toute leur nichée — deux à trois cents personnes — dans des huttes de branches et de terre, ou dans des cabanes de toile goudronnée. C'est toute une colonie belge, au cœur de la France. Un chemin de fer Decauville traverse la forêt, comme dans ces exploitations américaines qui, en quelques mois, rasent des milliers d'hectares. Et la futaie s'écroule, toute. Ce n'est point une de ces coupes savantes qui vivifient une forêt. C'est la saignée à blanc. Seuls, rachetés par un commerçant français, M. Perret, de Sextfontaines, des baliveaux — gros comme un manche à balai — ont échappé à la cognée belge. Mais le vent déjà les a pliés, cassés, déracinés. La moindre tempête fera là de terribles ravages. « C'est une forêt fichue », me dit un garde qui assiste avec désespoir à ce désastre.

Partout, c'est la même chose. Là-bas, de l'autre côté de la Marne, la colonie teutonne des Himmelsbach-Paradis ravage les forêts de l'Ornois. Ici, une colonie brabançonne « défriche » les Bois-Charrue. Tandis que la France s'essaie à la colonisation problématique encore du Maroc, l'Allemagne colonise notre Congo, Bade et Anvers colonisent la France.

⁂

Où vont tous ces bois qu'on nous arrache?

Le hêtre — la feuillisse, comme on dit — est vendu aux usines Carrel-Fouché, du Mans, pour en faire des traverses. Le reste est charrié vers une scierie ambulante établie à Bologne. Et me voici en route pour Bologne.

« Bologne, dit Ardouin-Dumazet, est une des grandes gares militaires de l'Est; des quais spéciaux permettraient le débarquement rapide de troupes nombreuses... Des magasins et des hangars sont destinés à abriter les soldats pendant leur repas. »

La gare de Bologne, en effet, autrement importante que celle d'Audelot, commande la ligne de Chaumont-Langres à Blesmes, et celle de Chaumont à Neufchâteau, Epinal et Nancy.

Ici, problème simple : étant donné, dans un village français, une scierie qui débite les bois d'une exploitation étrangère, et une gare stratégique, où faut-il chercher la scierie ?

Elle doit se trouver à proximité du terrain militaire, sinon sur le terrain lui-même : c'est inévitable.

De fait, la scierie de Bologne occupe un champ que traverse le chemin des hangars et quais d'embarquement. Ce champ, jusqu'à la route, est couvert, cela va sans dire, de bûches, de planches, de plateaux en piles. D'autres bûches, d'autres planches, d'autres plateaux au long des rails.

Je songe à la transformation des Himmelsbach en paradis, annoncée par *le Bois* en novembre dernier. Je me dis, avec Léon Daudet, que cette paradisiaque métamorphose était sans doute un infernal stratagème, et que les meilleurs pavillons couvrent parfois de singulières marchandises. Je songe aussi que si l'entreprise de Bologne est française, elle devrait bien laisser à d'autres le soin de gêner, ou de retarder la prochaine mobilisation...

⁂

J'ai pu voir, de l'autre côté du massif forestier, vers Marbéville, — dans les bois qui jadis appartenaient à M. Frotté, de Beauregard — un spectacle navrant. Sur le flanc des vallées (val de la gorge et vallons tributaires)

ce ne sont que des troncs abattus, tas de bois, piles de
charbonnettes qui dévalent la pente. L'on assiste à
l'écroulement de la forêt. J'ai visité ainsi quatorze
coupes, et j'ai remarqué partout la même destruction
sauvage.

Dira-t-on que cette exploitation est d'un merveilleux
profit pour les villages voisins? Non, car les ouvriers
sont presque tous étrangers, et les charrois sont assurés
par trois frères allemands, Jean, Nicolas et André Rohr,
de Sarrebrück...

❧

Le déboisement est ici triplement criminel :

1° Il ruinera le pays, qui n'est déjà pas si riche;

2° Nous sommes aux sources de la Blaise, affluent de
la Marne : et l'on voudrait provoquer les inondations
des hivers précédents et submerger Paris qu'on ne s'y
prendrait pas autrement;

3° Nous voyons tomber là un de nos remparts naturels
contre l'invasion allemande.

Car, si nous sommes attaqués — et ne faut-il pas le
prévoir? — du côté de la Suisse et de Belfort, c'est par
cette région que les Allemands pourront gagner Paris.
Ici tout près, à Juzennecourt, passe la route de Bâle, et
là, près de Vignory, celle qui remonte la Marne vers
Saint-Dizier et Châlons. Laisser abattre les forêts qui les
séparent, y laisser entrer, circuler, travailler des gens,
qui, pour l'envahisseur sont des guides éventuels, c'est
de la plus dangereuse folie.

❧

Depuis deux ou trois ans, des Allemands achètent des
fermes dans la contrée. Le système est connu. On a déjà
signalé pareille chose près de Lunéville (à 390 km. de
Paris); puis, près de Verdun (280 km.). Nous voici maintenant aux environs de Bar-sur-Aube, à 220 km. C'est un
investissement.

Il y a deux ans, à Buchey, sur les confins de l'Aube et
de la Haute-Marne, vinrent s'installer deux familles
allemandes, d'ailleurs alliées : les Becker et les Sibille.
Ils arrivèrent là avec un « mobilier » de riches, des
allures peu paysannes, et une ignorance évidente de la
culture. Le village où ils s'établissaient est assis sur un
contrefort du Mons de Colombey, lequel porte un signal
topographique, et domine la route de Paris à Bâle.

Peu de temps après, M. L..., maire de Mirbel, près

— 213 —

Vignory, loue avec promesse de vente sa ferme de Froideau à un Allemand nommé Rudolf Frebel. Celui-ci ne sait pas, ou affecte de ne pas savoir un mot de français (il a dû prendre pour interprète la fille d'un des charretiers allemands de Marbéville); il a une allure plus militaire que campagnarde; il promet de la ferme un prix de beaucoup supérieur, m'affirme-t-on, à sa valeur réelle; il apprend à cultiver en regardant les autres, et, dans une ferme où seul l'élevage peut permettre de vivre, il possède une vache. D'ailleurs, quand on veut exploiter une culture pour en tirer un bénéfice, ce n'est pas dans cette partie de la Haute-Marne qu'il faut l'aller chercher. Mais Froideau est au pied du mont Gimont, qui porte lui aussi un signal topographique, et sur un chemin qui aboutit au tunnel de Villiers-sur-Marne, l'unique tunnel de la ligne Chaumont-Blesmes.

Ces deux groupes d'Allemands ont entre eux des rapports suivis. J'ai pu voir moi-même, tel dimanche, la voiture de Froideau dans la cour des Sibille-Becker, à Buchey. Et les chefs de groupes s'absentent assez souvent pour de mystérieux voyages...

On me signale encore, de l'autre côté du mont de Colombey, dans la direction de Troyes, à La Villeneuve-aux-Fresnes, la présence d'un Allemand qui serait le premier en date dans la région.

La présence de tous ces étrangers, leur nombre, leurs allures, leurs allées et venues ne rassurent point la population du pays. On se souvient encore trop bien ici de ces bergers, de ces commis de ferme, de ces ambulants prussiens qui pullulaient dans la contrée avant 1870, la quittèrent aux premiers bruits de guerre, et y revinrent — guides admirables — sous l'uniforme teuton.

JEAN PIOT.

24 octobre 1912.

Impudeur

Les bureaux de l'Hôtel de Ville, naguère, étaient éclairés par de vieux becs de gaz patriarcaux, dont nul ne se plaignait.

On les a remplacés récemment par un système à globes dépolis et à becs renversés très compliqués, qui donne aux employés une lumière désagréable — et des migraines.

Ce fut une grosse dépense.

Sur les globes dépolis, cette simple marque :

SCHATT ET GEN
JENA.

12 décembre 1912.

On vend nos canons à l'Allemagne qui nous rend... des soldats de plomb !

Un lecteur nous écrit :

« J'entr' l'autre jour dans un grand magasin où je pensais ne trouver que des jouets français, et j'y fais emplette d'une poupée pour ma fille. Au déshabillé, nous nous aperçûmes que la poupée portait dans le dos le fatidique : *Made in Germany.*

Il en est du jouet comme du reste... »

Notre lecteur a tort de se plaindre. Il a eu la chance de tomber sur une poupée allemande qui avouait sa nationalité. Les autres sont allemandes aussi, mais ne le disent point.

Il n'y a plus, en France, de jouets français.

— Pardon, me dit un économiste. Et les statistiques? Consultez donc les statistiques! Sur cent jouets vendus en France, jadis, cinquante étaient importés. L'on a a augmenté les droits de douane, et l'importation n'est plus que de dix, peut-être quinze pour cent. Et songez que, là-dedans, il y a des coucous de la Forêt-Noire, les jouets mécaniques de Nüremberg, qui, loin de cacher leur origine, s'en vantent. Voyez les statistiques!

— Hé! J'avoue que voilà des chiffres rassurants! »

Voulez-vous, continue mon homme, des faits plus démonstratifs? Allez donc ces jours-ci aux *Galeries Lafayette*. Derrière les hautes vitrines vit tout un peuple de poupées. Là, ce sont des gentilshommes de la Renaissance, dames et damoiseaux de Versailles, marquises Pompadour : *la Mode à travers les âges*. Plus loin, une foule de spectateurs à la tête de biscuit se presse autour d'un cirque où la divertissent pitres et chevaux. Ailleurs, devant des fusils en faisceaux et des drapeaux roulés, c'est, à la veille d'une bataille, Napoléon en redingote grise, et son état-major étincelant de dorures.

« Aux visiteurs, de discrètes pancartes apprennent que ces fragiles figurines, de velours et de satin vêtues, sont des *Bébés Jumeau*. Plus encore que pour les *Galeries*, cette exposition est une puissante réclame pour cette bonne marque, une apothéose de la poupée française.

« Car le *Bébé Jumeau* est une poupée française, Monsieur, une vieille marque française, propriété de la *Société française pour la fabrication des bébés et jouets*, dont le siège est à Paris en *France*, 8, rue Pastourelle. Et l'Eden-Bébé, et le bébé Bru, et le bébé Prodige, tout cela, Monsieur, ce sont des poupées *françaises*, fabriquées par la *Société française*!

— Pour le coup, il y a trop de « France », là-dedans. L'on n'en demande pas tant. Qu'est-ce donc que cette « *Société française* » dont vous nous rebattez les oreilles? Nous en connaissons d'autres... Dès qu'un bon Alboche vient s'installer chez nous pour y écouler sa camelote, son premier soin est de fonder une société « française » ou tout au moins « nationale »...

Écoutez cette histoire :

Vers 1885, M. Salomon Fleichmann, — dont le prénom
en dit aussi long que le nom — exploitait, avec M. Blœdel, deux fabriques de jouets : l'une en Bavière, et l'autre
à Lunéville :

> Je suis Allemand : voyez Bavière!
> Je suis Français : voyez Lorraine!

En 1886, ils créaient une maison de vente, à Paris,
3, rue des Haudriettes. En 1893, ils fondaient une usine
rue Montempoivre pour la fabrication de l'Eden-Bébé,
et, en mars 1890, ils « entraient » dans cette fameuse
Société française des bébés et jouets, *qui se constituait
tout précisément, et dont, dès le début, M. Fleichmann fut
administrateur.*

Sous cette nouvelle forme, l'entreprise Fleichmann et
Blœdel prospéra. En 1901, elle s'accrut d'une fabrique de
constructions, pistolets et carabines d'enfants, sise
rue de Picpus. Puis elle racheta la célèbre marque Jumeau; et, sous ce nom bien français, les poupées de
MM. Fleichmann et Blœdel se vendirent encore mieux.

Aujourd'hui, M. Blœdel est mort. M. Fleichmann reste
directeur de la *Société anonyme des bébés et jouets au capital de 4.280.000 francs* (1). Les bureaux de la Société sont
rue de Picpus. Ses usines sont les usines primitives de
MM. Fleichmann et Blœdel, rue Montempoivre, aux-
quelles fut adjointe une usine à Montreuil, 152, rue
de Paris. On y fabrique poupées, soldats de plomb ou de
carton pâte, canons à boudin, pistolets et carabines
d'enfants. Et c'est cette société qui possède, on l'a vu,
les principales marques « françaises » de « bébés ». On
voudrait bien savoir s'il y a une différence très sensible
entre la *Société française* et M. Fleichmann!

D'ailleurs, si vous feuilletez le *Bottin*, vous ne trouverez
guère à la rubrique; *jouets,* que des noms comme Brunswick, Coblenz, Gosland, Margarete Steiff ou Weiser. S'il
y a un malheureux concurrent français, soyez sûrs qu'il
fait venir ses poupées — entières ou par pièces dé-
tachées — d'Allemagne.

Dès lors, tout s'explique. Et nous voyons, une fois de
plus, dans quelle mesure une statistique peut fournir un
argument.

Quand les Allemands ne trouvent plus bénéfice à
importer leur marchandise en France, *ils s'importent*

______

(1) 3.800.000 francs en 1899; 4.180.000 en 1906; 4.280.000 en 1912.

10

eux-mêmes. Ils s'installent. Ils sont bons commerçants, actifs, débrouillards. L'affaire marche à peu près. *Comme par hasard*, une société anonyme se constitue. On y entre; on en est administrateur, directeur. On est toujours là : mais le nom fâcheux a disparu de l'enseigne. On rachète quelques bonnes marques françaises. Peu à peu, l'on *truste* la fabrication de la poupée, du soldat en carton, du pistolet à dix sous, de la carabine à vingt-neuf. Le tour est joué.

‡

Si bien qu'aujourd'hui, il n'y a plus guère que dans les baraques du jour de l'an — et encore! — qu'on peut voir des jouets français. Chacun sait que ce sont, très souvent, des merveilles d'ingéniosité, d'habileté manuelle et d'esprit. Ils prouvent surabondamment que l'*art* du jouet est resté un art bien français. Mais l'*industrie* du jouet — comme toute industrie — nous échappe. On trouve encore, en France, des émules de Vaucanson : mais on n'y trouve aussi de capitaux et d'encouragements que pour les entreprises étrangères. Il y a, il y aura toujours des Parisiens pour inventer et des métèques pour exploiter; des Français pour découvrir et des Allemands pour fabriquer...

‡

Les Boches des wagons-lits

Ils sont partout, ils tiennent tout.

Le 11 novembre, M. Pourquery de Boisserin disait à la Chambre :

Les grandes compagnies, comme l'Etat, ont, depuis quelque temps, concédé à la Compagnie internationale des wagons-lits des faveurs qui me paraissent excessives. D'abord, tous les buffets roulants lui ont été abandonnés. Cela n'a pas suffi à son ambition. Elle a sollicité, et elle a obtenu une partie des grands buffets de France — le buffet de Lyon, par exemple. L'Etat, tout récemment, a constitué un véritable monopole à son profit, rompant même pour cela le contrat qu'il avait passé avec le buffet de Niort.

Pourquoi ces faveurs? La Compagnie des wagons-lits est une compagnie étrangère.

Les capitaux de la Compagnie des wagons-lits sont surtout
des capitaux étrangers et ses agents sont, pour la plupart,
étrangers. (*Très bien! très bien!*) Dans les buffets roulants
comme dans les gares, nous pouvons constater, avec un peu
d'attention, que la plupart des employés et surtout les chefs
sont étrangers. On les colore de nationalité suisse ou italienne, mais il n'en est rien.

A l'extrême gauche. Ils sont Allemands.

M. Pourquery de Boisserin. Ils sont presque tous Allemands, mais seraient-ils Suisses, Italiens, Autrichiens, Serbes
ou Turcs, ils n'en enlèvent pas moins du travail à nos nationaux, et je ne sais pas pourquoi le gouvernement permet
aussi facilement cette diminution du travail français. (*Très
bien! très bien!*)

L'article 61 de la loi de finances de l'année dernière dit bien
que tous les marchés et traités seront passés, sous sa seule
responsabilité, par M. le directeur du réseau des chemins de
fer de l'Etat; je ne sache pas, cependant, qu'en lui concédant
cette faculté la Chambre ait voulu consentir à ce que les étrangers soient substitués aux Français.

. . . .

Ce qu'il y a de fâcheux, c'est que l'on rencontre dans cette
société à peu près les mêmes personnes que dans toutes les
grandes banques internationales qui, depuis quelque temps,
pullulent sur notre place, lancent toutes sortes d'affaires plus
ou moins véreuses et pompent notre or qui servira, s'il n'est
déjà utilisé contre nous. (*Très bien! très bien!*)

Nommons ces « pompeurs d'or ». Il s'appellent :
Neef Orban, de Liège, le « baron » Baeyens, autre Belge
(à partir d'un certain nombre de millions, tous les financiers belges sont barons); le « baron » del Mar nol, troisième belge; J. Nagelmackers, quatrième belge (pourquoi n'est-il pas baron, celui-là?); le baron Oppenheim,
de Cologne; le comte Spazary, de Budapest; Glaser,
de Vienne (celui-ci se contente d'une particule et, modes-
tement, se fait appeler *de Glaser*). Voilà pour le conseil
d'administration. Quant au directeur général, son nom
Schrœder indique suffisamment son origine. Il est assisté
d'un second Nagelmackers (René, frère du Liégeois, et
d'un second Neef Orban (ne prononcez pas *forban*) secrétaire général.

Presque tous les hauts fonctionnaires de la compagnie
— qu'ils soient déguisés en Belges, en Suisses ou en
Autrichiens — sont de naissance germanique. Et si l'on
considère que dans toutes les grandes gares des réseaux
français il y a un représentant de la même compagnie,
qui, le plus souvent, est lui aussi un Prussien (rien ne

l'empêche d'être officier de réserve dans son pays), on imagine aisément le formidable danger que représenterait, en cas de mobilisation, cette administration qui surveille toutes nos voies ferrées.

Ne pourrait-elle être, en attendant pis, l'agence d'espionnage la mieux organisée ?

‡

Champagne Mumm

Non content de contrefaire notre champagne en Allemagne, les Allemands sont venus en faire du vrai chez nous.

La marque Mumm est une des plus réputées. Or, nous apprenons par un fait-divers sanglant que les Mumm sont Allemands. L'un d'eux n'est-il pas officier de réserve de l'armée prussienne ?

Question : combien reste-t-il en France de fabricants de champagne qui soient **Français** ?

‡

Bon goût... et franchise

Acheté, rue Bonaparte, une carte postale, dorée sur tranche, reproduisant — avec quelle grossièreté ! — le tableau de Chabas : *Au crépuscule.*

Au verso, cette notice : « *Paul Chabas, né 1869 à Nantes vive à Paris...* »

Et, sur le côté, cet aveu : « *Made in Germany* ».

Etait-ce bien nécessaire ?

19 décembre 1912.

La guerre sans fusils

Au cours de la discussion du Sénat sur la dépopulation, on a beaucoup parlé des petits instruments de caoutchouc que les feuilles malthusiennes recommandent aux mères de familles limitées. Le docteur Lannelongue s'est étonné qu'on en tolérât la vente.

Sait-il où on les fabrique ? Sait-il qu'ils nous viennent d'Allemagne ? Oui, tout comme ces livraisons de romans policiers, imbéciles et malfaisants, dont les éditeurs de Dresde et de Leipsig nous inondent ; tout comme la cocaïne et la morphine, dont les plus navrants faits-divers nous ont tout récemment découvert les ravages, même parmi les élèves de nos grandes écoles...

Combinez ces trois moyens d'action, et vous conviendrez que Guillaume a trouvé la meilleure façon de nous faire la guerre sans bourse délier et sans coup férir. Un kilogramme de caoutchouc bien placé vaut la meilleure artillerie. Et si des petits Français naissent « quand même », l'Allemagne se charge de leur empoisonner le corps et l'esprit...

C'est bien la peine !

Faites donc une campagne pour attirer l'attention des commerçants français sur les dangers de la concurrence et des contrefaçons allemandes !

Voici comment ils nous répondent. La maison Stackler, d'Alger, publie dans la *Dépêche Algérienne* cette annonce stupéfiante :

Employés de commerce, fonctionnaires algériens.
Ne laissez pas des étrangers
spéculer sur votre patriotisme.
Achetez la machine à écrire "Continental"
Une merveille de l'industrie allemande
chez Henry Stackler,
qui est une maison essentiellement française.
Allez tous : 2, rue Henri-Martin, Alger.

Essentiellement française ?
Comment pourrions-nous en douter ?

13 *février* 1913.

Pacifisme

M. de Bethmann-Hollweg, chancelier de l'Empire allemand fait allusion « au besoin de paix qui anime toutes les grandes Puissances » et que l'Allemagne partage, et il conclut : « Nous aurons besoin cette année d'augmenter nos armements sur terre ».

20 février 1913.

Les trucs de la Rubéroïd
ou
"qui perd gagne"

C'est encore une société *française, parisienne, nationale*, une société anonyme conforme à la loi. La loi française est si accommodante ! C'est en tout cas un excellent exemple entre trois cents. Il révèle les roueries et les astuces qui permettent à ces sociétés de vivre en France, mieux qu'en pays conquis.

La Société anonyme du *Rubéroïd*, « pour la fabrication des toitures et isolants », dont le siège est à Paris, 88, Boulevard Beaumarchais, n'est, en réalité, qu'une filiale de la *Rubéroïd Gesellschaft* de Hambourg.

Que dis-je : « une filiale ! » — Une simple succursale ; une maison de vente ; un « comptoir ».

Sans doute les catalogues français du *Rubéroïd* étalent orgueilleusement sur leur couverture une vue d'usine « française » colossale. Mais ne demandez pas, au siège social, où se trouve cette usine. N'étant nulle part, elle se trouve partout. Elle est à Marseille ou à Lille, selon les circonstances, et il y a toujours d'excellentes raisons pour que vous ne la connaissiez point. A vrai dire, il n'y a pas un mètre de « feutre isolant » ou de *Rubéroïd* — le *Rubéroïd* est du carton-pâte goudronné — qui ne vienne de Hambourg. Les échantillons sont revêtus, pour passer à la douane, de l'obligatoire formule : « *Importé d'Allemagne* », mais si bien placée qu'un simple coup de ciseaux l'enlève. Et, circoncis de la sorte, ils se faufilent partout sans difficulté.

☙

Que la *Rubéroïd* française ne soit qu'une succursale de la hambourgeoise *Rubéroïd*, la proposition est évidente. On peut pourtant se payer le luxe de la démontrer.

Il suffirait d'indiquer que le directeur actuel de la *Rubéroïd* française s'appelle Kirchner, qu'il fait en ce moment de louables efforts pour apprendre « sa » langue — c'est la nôtre que je veux dire — et en ignore encore les rudiments.

Il suffirait d'indiquer cela. Mais il est d'autres preuves plus solides.

Le 26 novembre 1912, une assemblée générale des actionnaires « français » décidait de porter le capital social de 100.000 à 300.000 francs. Le 30 novembre, MM. R. O. Meyer, W. Alfeis et M. Thiemer versaient à eux trois 50.000 francs. Or, MM. Meyer et Alfeis n'étaient autres que les principaux actionnaires et représentants de la *Rubéroïd* allemande. Quant à Thiemer, c'était l'administrateur aux gages, l'homme de paille des Alfeis.

Et bien mieux : les 150.000 francs qui restaient à verser furent payés *directement* à la maison de Hambourg, comme en fait foi la lettre que voici :

Hambourg 1/12/12.

Nous avons l'honneur de vous informer que nous avons reçu ordre de MM. R. O. Meyer, W. Alfeis, M. Thiemer de tenir à votre disposition pour leur compte les sommes respectives suivantes :

M. R. O. Meyer.	Fr.	60.000
W. Alfeis		52.500
M. Thiemer.		37.500
	Fr.	150.000

Nous portons ces différentes sommes au crédit de votre compte et vous en donnons décharge par la présente.

Veuillez agréer Messieurs, nos salutations distinguées.

Rubéroïd Gesellschaft. m. b. H.

ALFEIS.

Ainsi, c'est à la société allemande elle-même que MM. Meyer, Alfeis et Thiemer versent le nouveau capital, « pour le compte » de la société française. Comprenne qui pourra ! — Il est bon d'ajouter que Thiemer était mourant — (il décéda le 27 et fut congrûment incinéré le 30) — au moment où on le lançait dans cette affaire. Mais cela n'avait pas d'importance. Il n'était pas nécessaire de le consulter, la « nouvelle » entreprise n'étant, en réalité, qu'une des extensions « naturelles » de l'entreprise-mère — mère Gigogne — germanique.

🐍

Légalement, la *Rubéroïd* du Boulevard Beaumarchais est une maison « française ». Elle a quelques actionnaires au nom rassurant : Lefèvre ou Chadenier qui possèdent deux ou trois actions de cent francs. Et, pour la loi française bénévole, cette si « nationale » société reste toujours une simple « cliente » de la *Rubéroïd* d'Allemagne.

Mais la « cliente » fait assez mal ses affaires. Son budget — rien que pour le mois de décembre 1912 — se soldait par 8.000 fr. de déficit. De juin à décembre, il accusait une perte totale — soyons précis ! — de 21.281 fr. 16.

Pour une vulgaire maison française, c'était la faillite. Mais, pour si « française » qu'elle soit, la société du Boulevard Beaumarchais a plus d'un tour boche dans son sac. Elle se tira fort bien de ce mauvais pas.

Fin juin, la maison de Hambourg accordait à sa « cliente » de Paris la coquette « bonification » de 12 663 fr. 35, soit 8 % sur les marchandises fournies ; et, au 28 décembre, la non moins coquette « ristourne » de 11.457 fr. 50.

Additionnez :

$$
\begin{array}{r}
12.663,35 \\
+\ 11.457,50 \\
\hline
24.120,85
\end{array}
$$

Le trou des 21.281 fr. 16 comblé, il restait à **notre** *Rubéroïd* le léger bénéfice de 2.839 fr. 69 centimes.

Quel dommage que mes fournisseurs ne me fassent jamais de pareils cadeaux !

🐍

Mais attendez !... Le plus curieux, (c'est ici que ça devient intéressant) le plus curieux, c'est que *le déficit de la maison française est voulu. Exprès,* la maison allemande débite à très haut prix sa marchandise à sa succursale parisienne, *pour que celle-ci ne fasse point de bénéfices.* Si elle en faisait, il faudrait verser des dividendes aux porteurs d'actions françaises — fictifs ou non. Il faudrait, sur ces dividendes, payer 40 % à l'Etat français. Pas si bêtes ! Il est bien plus élégant, de faire perdre la société française sur la vente, et de boucher simplement le trou, en fin d'année, par des « ristournes », *tous les bénéfices restant ainsi à la seule entreprise allemande.*

L'Etat français, si bienveillant pour les sociétés exotiques, ne retire même point les avantages financiers de leur installation chez nous. Dans ce petit jeu « à qui perd gagne », il n'y a que lui qui perde sans gagner.

⁂

Et ce n'est pas tout. Après le coup du déficit volontaire, le coup de la douane.

Les couvertures isolantes ne vont pas sans couleurs et enduits plus ou moins « spéciaux » : *Ruberine Concrétine*, etc... Et, comme le *Rubéroïd* lui-même, *Ruberine* et *Concrétine* viennent d'Allemagne. Au Havre, elles payaient, jadis, 30 et 45 francs de droits par cent kilos, comme couleurs à essence. On s'aperçut un jour qu'en les déclarant aux Batignolles, sous l'étiquette « résidus d'huiles lourdes », elles ne payaient plus que 14 francs (art. 108 du tarif douanier). La douane française n'était sans doute pas très fixée sur la nature du produit ! — Quelle aubaine si l'on parvenait à la frustrer tout à fait ! — Notre *Rubéroïd* d'avoir alors recours aux lumières du consulat d'Allemagne.

Le consulat d'Allemagne sut trouver un expert-chimiste qui affubla les couleurs à l'essence de vocables innocents : « goudron minéral », par exemple, pour la *Ruberine* noire. Du coup, elles devaient être exemptes de tout droit. Sous ce nom nouveau, on tenta donc de les faire passer par Marseille, et cela prit fort bien. Le nez dans un tonneau de carmin hambourgeois, un inspecteur des douanes jurerait encore que ce n'est que du mauvais pétrole, ou du déchet d'usines à gaz. Et maintenant, *Ruberine* et *Concrétine* arrivent par la Provence, ce qui est un peu plus long, mais beaucoup moins cher que par la Normandie.

Verte, rouge, noire, en caisses et en tonneaux, la *Ruberine* entre chez nous à l'œil : la loi française n'y voit que du feu : la douane n'y voit que du bleu...

Alfeis et C⁰ auraient bien tort de se gêner.

Jean Piot.

27 mars 1913.

— 225 —

La guerre en octobre

— En Octobre prochain ? Allons donc ! On nous répète
à satiété que Guillaume II n'est que Guillaume le Pacifique. Il faut bien finir par le croire. L'Allemagne ne
veut pas la guerre. Tous les financiers l'affirment. Et
vous savez, les financiers sont aujourd'hui les gens les
mieux informés.

— Expliquez-nous alors ce renforcement subit des
armements allemands ?

— Mais nous aussi, nous augmentons nos effectifs !

— Ce n'est pas nous qui avons commencé.

— Non : mais nous avons emboîté le pas. Et nous
avons bien tort. Ce n'est pas contre nous que sont dirigées les mesures militaires d'Outre-Rhin. C'est contre
la Russie.

— Vous en êtes si sûr ?

— Voilà quinze jours que la chancellerie allemande
multiplie les communiqués pour nous en avertir.

— Jolie raison ! Un « communiqué » dit ce qu'il veut.
Russes et Teutons ne tiennent pas à reprendre la lutte
séculaire qui les a longtemps épuisés. Et voyez quelle
cordialité règne entre Nicolas, notre allié, et Guillaume II, notre adversaire !

— La cordialité de la diplomatie vaut ses communiqués.

— D'accord ! Mais la Russie n'inquiète guère son voisin de l'Ouest. Elle a, en Asie, un champ d'action assez
vaste pour satisfaire ses appétits,... Et d'ailleurs, les
bonnes intentions de la Russie à l'égard de l'Allemagne
ne se sont pas traduites seulement par des manifestations purement platoniques.

— Que voulez-vous dire ?

— N'est-il pas vrai que, voici quatre ans, la Russie
reporta son front de mobilisation derrière la Vistule ?
Jusqu'alors, cosaques et dragons, établis en Pologne,
menaçaient le cœur de l'Empire allemand. En deux
jours de raid, ils pouvaient être à Berlin, s'ils étaient
soutenus par derrière. Et voici que cette menace dispa-
raît d'elle-même, que le Russe rétracte ses dangereux
tentacules...

Dès lors, les u .. corps d'armée du maréchal von
der Goltz suffisent . arder cette frontière dégarnie. Si
vite qu'ils aillent, il faut vingt jours au bas mot pour

que les Russes concentrent leurs troupes. Il en viendra
de Sibérie ; il en viendra du Caucase ; il en viendra du
fin fond de l'Empire. Ce sera d'autant plus long que les
chemins de fer sont peu nombreux. Les Russes n'ont
pas, sur la frontière allemande, les douze lignes qui,
chacune, déverseront chaque jour 80.000 combattants
sur notre frontière.

— Mais alors ?...

— Alors ? Avant que les Russes n'aient achevé leur
mobilisation, l'Allemagne nous aura attaqués, écrasés
peut-être !... Et pour le reste, l'Autriche est là, qui gardera la frontière slave, menacera la Pologne, arrêtera
l'effort russe...

— Et nous n'avons rien dit, rien fait, quand la Russie
a reculé ainsi sa ligne de mobilisation ?

— Rien dit ? Rien fait ? Nous avons opiné du bonnet.
Le ministère de la guerre français, consulté par la
fidèle alliée, a répondu : « Faites donc ! Ne vous gênez
pas pour nous. » Ce fut, comme vous voyez, une belle
manifestation de pacifisme.

— Elle était peut-être intempestive.

— Pour le moins. Et voilà comment la Russie ne nous
serait d'aucun secours ! Et puis...

— Et puis ?

— Et puis, après nous, savez-vous qui est le plus
directement menacé par les armements allemands ?

— Ah ! tout de même, c'est la Russie !

— Non !

— L'Angleterre, alors ?

— Pas du tout : c'est l'Autriche. A la mort du vieux
François-Joseph, l'immense quantité de « pangerma-
nistes » englobés dans la macédoine de races qu'est
l'Autriche-Hongrie se rallieraient volontiers à la ban-
nière de la confédération germanique. Qu'est-ce qui
pourrait alors s'opposer à une nouvelle « proclamation
de Versailles » ? Et, s'il le faut, la Prusse hésiterait-elle
à faire rentrer, les armes à la main, les Allemands
d'Autriche dans le sein de la grande Allema...e ? Tous
les vieux diplomates s'attendent à cela ?

— Mais pour le moment, c'est nous qui sommes menacés, et nous seuls ?

— Eh oui ! Nous sommes la proie tentante. Nous avons
une fortune alléchante, des colonies — et Dieu sait si
l'Allemagne nous les envie !

— Elle a déjà prouvé qu'elles lui plaisaient en nous en
prenant, à l'amiable, un joli morceau.

— Oui ; mais elle sent que pour en prendre encore, il
sera peut-être nécessaire d'en venir aux mains. La
guerre est proche. C'est contre nous que sont massées
— 24 corps d'armées sur 27 — les forces teutoniques.

27 mars 1913.

Les fouilles boches

M. Guégen nous écrit :

Paris, le 21 mars 1913.

Monsieur et honoré Compatriote,

Je lis avec stupeur ce matin qu' « un Allemand, professeur
» à Stuttgard, M. Karl Jooss, dirige dans la commune de
» Tournan (Gers) une *importante exploitation de fouilles
» préhistoriques.* » Le professeur (?), opérant dans les riches
gisements découverts jadis par le savant Lartet, aurait déjà
mis au jour d'importantes pièces paléontologiques.

L'Allemand dont il s'agit appartient sans doute à la bande
organisée de soi-disant Belges qui fouilla, il y a deux ans, nos
dolmens bretons. L'allée couverte de l'Ile-Grande, près Tré-
beurden (C.-du-N.) a souffert de leurs déprédations, qui sont
de nature à précipiter, comme je l'ai dit naguère (*Bretagne
Nouvelle*, numéro de novembre 1911) la destruction de ce
magnifique mégalithe.

Ce qui se passe aujourd'hui dans le Gers, et probablement
ailleurs, montre à l'évidence qu'il s'agit d'une exploitation
méthodique de notre sol. Dans peu d'années, nous pourrons
sans doute *aller admirer, dans les musées allemands, nos
richesses archéologiques et paléontologiques,* patiemment
cambriolées sous couleur de recherches scientifiques.

De simples arrêtés préfectoraux suffiraient à mettre un
terme à cet éhonté pillage. Quelques préfets l'ont compris, à
l'heureuse initiative desquels il convient d'applaudir.

Mais la lutte contre un mal qui s'étend à tout le territoire
appelle une mesure générale. A quand la circulaire ministérielle qui la prescrira ?

En attendant, et en raison de l'urgence, il nous faut faire
appel aux initiatives privées. Les propriétaires, comme ils le
font maintenant à l'Ile-Grande, peuvent et doivent interdire
toute fouille dans leurs terrains. Si quelques-uns d'entre eux
— et il en est malheureusement — tentés par un peu d'or,
ont accepté de vendre leur sous-sol à des mercantis allemands

plus ou moins déguisés, nos paysans n'auraient-ils plus de
triques pour arrêter les déprédations des hyènes malfai-
santes ?

Signalée par la presse à l'attention du grand public, cette
nouvelle forme de pillage teuton aurait quelques chances
d'être arrêtée. Je crois ne pouvoir mieux faire que de m'adresser à vous pour répandre en France, par l'une de vos chroniques, ma protestation indignée.

Agréez, Monsieur et honoré Compatriote, mes salutations
très distinguées.

GUÉGEN,
Professeur agrégé à l'École Supérieure
de Pharmacie de l'Université
de Paris.

Les "Indésirables"

Dans son livre sur la *Pologne et l'Europe*, M. Eugène
Starczewski attribue la décadence et la ruine de son
pays aux mêmes envahisseurs dont pâtit le nôtre. Ami
clairvoyant et sincère, il nous prédit la même fin :

L'immigration augmente de jour en jour ; certaines branches
de travail sont proprement le monopole de l'étranger ; les
hôtels sont aux mains des Allemands ; les affaires de banque,
comme partout en Europe, sont accaparées par les Juifs...
Les Allemands peuvent attendre et se contenter, pour l'instant, de la *pénétration pacifique ;* la patience est une méthode ;
le fruit mûrit : ils le cueilleront.

Et Paul Mathiex, à qui j'emprunte cette désolante
citation, illustre notre thèse de nouveaux exemples :

La semaine dernière, un juif levantin comparaissait en
correctionnelle pour avoir ouvert un bar fréquenté exclusivement par des invertis ; une danseuse allemande était interro-
gée par le juge d'instruction pour avoir gambadé complètement nue sur une scène parisienne : elle se défendit en
invoquant la liberté de l'art ; le barman levantin fit peut-être
valoir la même excuse. Et, pendant ce temps, les gazettes des
autres pays écrivent des articles indignés contre la « corruption parisienne ». Ces pudibonds publicistes oublient d'ajouter que ce sont leurs vertueux compatriotes qui s'efforcent
d'importer et tentent d'acclimater à Paris les fantaisies qui
rendirent célèbres Lesbos et Sodome.

3 avril 1913.

Le capital français contre la France

Monsieur, nous écrit un lecteur, je suis assidûment les campagnes de l'Œuvre contre l'invasion commerciale allemande. Il y a là, certes, un véritable danger, un état de choses navrant. Mais voyez! Je possède une usine d'une force hydraulique de 70 chevaux, plus une machine de 80, avec de grands bâtiments et un terrain d'un hectare, le tout enfin valant nominalement 100.000 francs. Comme cette usine constitue toute ma fortune, et que je n'ai pas les capitaux suffisants pour la faire marcher, il me faut vendre. Or, pas une société française ne me fa t d'offre, même pour 50.000 francs. Il y a des Allemands qui ne demandent qu'à faire affaire. Il me va falloir recourir à cette dernière ressource! On est bien patriote; mais, n'est-ce pas? on ne vit pas d'idéal. J'habite un pays fort bien situé, sur une ligne stratégique. Cela tente les Allemands... et ils me tentent à leur tour!.. Que faire?

Ce lecteur a des scrupules qu'on ne saurait trop louer. Mais il est bien naïf!

Au fond, que lui faut-il? Des capitaux pour «remonter» une excellente affaire. Mais c'est une affaire française. Il est donc inutile de chercher. Il ne trouvera pas de capitaux. Il n'en trouvera pas en France.

S'il s'agissait de quelque mine de phosphates de Tombouctou ou d'une carrière de selenium argentin, ou d'une *Butterthread Ltd*, ou d'une *Idealabgeflachtpapierwindmühlsteingesellschaft* (1), l'argent affluerait. Mais une vulgaire filature, un banal tissage français, quel intérêt cela peut-il offrir?

Industrie française? Affaire française?... Le bas de laine se cache et s'enfouit. Exploitation sud-américaine? Colossale anonyme allemande entreprise? Le bas de laine s'ouvre par tous les bouts et se vide.

Un commerçant français me montre l'autre jour une invention — ingénieuse et simple — d'un de ses employés. Il s'agit d'un placage en bois, à la fois mince, souple et résistant, qui, dans la carrosserie de luxe, remplacerait avantageusement les revêtements de tôle.

(1) Entendez : « Société pour la fabrication des meules idéales en papier comprimé pour moulins à vent. »

lourds et qu'un rien bossèle. N'attendez pas de moi que je vous révèle le secret de ce modeste inventeur. Mais croyez qu'il y a là une fort intéressante découverte.

Le commerçant en question, désireux d'aider son employé, mais ne disposant pas des capitaux nécessaires, va trouver un, deux, trois financiers, capitalistes, hommes d'affaires français, et leur soumet la chose. Réponses évasives. Promesses dilatoires : « Oui. Oui. C'est à voir. Si l'on peut faire quelque chose, comptez sur moi... »

Va-t-on voir s'ils viennent !...

Mais le bruit de l'invention se répand. Et, d'Italie, d'Autriche, d'Allemagne arrivent à mon commerçant des lettres curieuses, pressantes et alléchantes. On ne demande qu'à savoir de quoi il s'agit exactement, et on est tout prêt à mettre dans l'affaire, dès le lendemain, l'argent qu'il faudra.

Notre inventeur et son patron sont tous deux bons patriotes. Ils pensent tous deux que l'argent a parfois une odeur, et ils hésitent encore...

On nous dira : « Le capital français est timide. Il est défiant. »

— Mais non ! puisque, chaque jour, des banques véreuses se fondent, et soutirent à d'inépuisables « gogos » de l'argent tant qu'elles en veulent. Mais non ! puisque, chaque jour, les plus invraisemblables entreprises, les plus lointaines exploitations voient, en France, leurs émissions couvertes en un clin d'œil.

La vérité, c'est qu'entre l'industrie, le commerce français et le capital français, il n'y a pas de rapports directs. Il y a des intermédiaires. Et c'est le rôle de ces intermédiaires qu'il serait bon de préciser.

Comme l'écrit très justement un ami de l'*Œuvre* :

Ce sont les grandes banques françaises qui, sous le contrôle de la haute finance internationale juive, exportent nos capitaux !... Une affaire industrielle ou commerciale française, si bonne qu'elle paraisse, si honnêtement menée qu'elle soit, ne trouvera pas un sou de crédit dans nos grands établissements, en cas de besoin. Pour que ceux-ci s'intéressent à une affaire, il faut qu'elle soit très grosse, très lointaine et très mauvaise, — triple condition pour que la commission soit importante.

Tous nos établissements de crédit sont soi-disant créés et mis au monde « pour favoriser le commerce et l'industrie » : pas le commerce et l'industrie français, en tout cas !...

Voilà comment nous sommes les prêteurs universels
— « les créanciers de l'Europe! »

Cela prouve au moins « que nous avons le moyen »,
et c'est sans doute un très beau rôle.

Mais c'est souvent un rôle de dupes.

Est-ce que, dans notre rage de prêter à tout venant,
nous ne ferions pas bien de commencer par nous? Ne
pourrions-nous avoir un peu confiance en nous-mêmes,
et dans les ressources de notre sol? Elles sont assez
abondantes, si l'on en juge par l'empressement avec
lequel Allemands et autres viennent les exploiter.

Et les exploiter avec quoi?

— Avec notre argent, — puisqu'ils n'en ont pas et que
c'est nous qui leur en avançons!

Il est bien vrai que par ce détour, c'est encore le capital
français qui contribue à la mise en valeur de la France.
Mais ce détour, est-il indispensable? Faut-il, pour favoriser l'industrie nationale, que notre argent passe d'abord
entre les mains de l'étranger, — et qu'il y reste?

Jean Piot.

Est-ce la faute à Berthelot?

Monsieur,

J'ai lu dans le numéro de l'Œuvre du 13 février, un article,
sur la « drogue allemande », dont l'auteur, après avoir constaté que les « Allemands ont mis décidément la main sur les
produits chimiques et pharmaceutiques », se demande si, en
fin de compte, cette main-mise est due à l'incapacité de nos
médecins et pharmaciens.

La décadence ou mieux la non-progression de notre industrie pharmaceutique n'est qu'une espèce particulière de la
décadence nationale.

A l'industrie pharmaceutique allemande, nous n'opposons
qu'une industrie nationale très insuffisante pour nos propres
besoins, ce qui rend inévitable l'invasion de produits étrangers.

Mais pourquoi notre industrie pharmaceutique est-elle si
pauvre? C'est que l'effort des jeunes a longtemps porté à

faux; et, sans qu'il y paraisse, la science chimique sort tout juste en France d'une crise qui mérite d'être signalée.

Ce qui a permis à l'industrie pharmaceutique allemande son extraordinaire développement, ce sont les extraordinaires progrès — simultanés — de la chimie organique. Or, en cette science, la production française est à peu près nulle en face de la production allemande. Les renseignements bibliographiques sont éloquents sur ce sujet. Il n'est pas un savant s'occupant de chimie organique qui puisse, à cette heure, ignorer l'allemand.

Le mal vient de ce que, jusqu'à l'an dernier, il y a eu chez nous une théorie officielle en science chimique. Tandis que la stéréo-chimie entrait dans le domaine de la science chimique courante au-delà du Rhin, nos universitaires n'en donnaient à leurs élèves que des indications succinctes et, quant à en faire la base d'un enseignement, il n'y fallait même pas songer. C'est qu'un homme veillait jalousement sur les routines de la vieille chimie, et un homme à qui il ne faisait pas bon se heurter : cet homme s'appelait Berthelot, qui a été le roi de la chimie.

Tous les partisans des théories moléculaires actuelles qui font la fortune de l'Allemagne scientifique et industrielle, ont été, chez nous, frappés d'ostracisme par les savants officiels. Il était très difficile, en France, d'être agrégé si l'on osait professer des idées subversives sur les représentations mécaniques de molécules. Abusant de la puissance politique que lui conférait son titre de chimiste en chef de la démocratie, Berthelot fut terrible pour ses adversaires et fit beaucoup de victimes, car son talent incontesté d'expérimentateur ne suffisait pas à faire taire ses contradicteurs, dénonçant sa médiocrité hors du laboratoire. (Il est avéré que Berthelot n'a jamais su ce qu'était la thermo-chimie.)

Il est indiscutable que la tyrannie de la science officielle a été pour une grande part dans l'atrophie relative de notre science chimique. Et que si là n'est pas l'unique cause de notre infériorité dans l'industrie pharmaceutique, c'en est du moins une cause importante.

3 avril 1913.

⚕

Verre, porcelaine et drap boches

Monsieur,

J'ai lu avec intérêt dans votre numéro du 3 avril l'article que vous avez publié sous le titre : *les verres de lampe.*

Je peux confirmer d'après mon expérience personnelle l'observation que vous faites; dans toutes les campagnes françaises on ne se sert plus que de verres de lampe de marque allemande. Ces verres ne sont guère meilleur marché que ceux fabriqués en France que l'on achetait encore il y a quinze ans, et de plus ils sont d'une extrême fragilité; on en casse aujourd'hui sept ou huit où autrefois on n'en cassait qu'un. Toutes les personnes qui se servent de verres de lampes à pétrole pourraient vous le dire.

J'ajoute que dans une conversation récente avec le contre-maitre d'une grande verrerie française, j'ai appris que toute l'industrie française en ce qui concerne les verres de lampes à pétrole et les verres de lampes électriques avait peu à peu cessé d'exister, les verreries françaises ne pouvant plus lutter avec la concurrence allemande.

J'attire également votre attention sur un autre fait qui me semble assez suggestif: dernièrement dans un grand magasin, j'examinais deux vases de porcelaine qui, au premier coup d'œil, semblaient des porcelaines de Colport (Angleterre); mais quelques secondes d'examen démontraient que ces porcelaines n'étaient qu'une imitation fabriquée en Allemagne bien qu'elle portât en dessous le mot « England ». J'en fis la remarque à un vendeur intelligent et lui dis que ces porcelaines n'étaient pas de véritables Colport, mais une imitation allemande. Il me répondit que cela était parfaitement vrai, mais que dans tous les grands magasins on vendait ces sortes d'articles comme articles anglais pour les raisons que voici :

Les Anglais, qui avaient gardé longtemps la réputation d'être les meilleurs potiers d'Europe, ne purent à un moment donné continuer la fabrication à un prix de revient assez bas. C'est ainsi que, peu à peu les fabricants anglais sont devenus de simples intermédiaires. Ils envoient leurs dessins et leurs modèles en Allemagne pour être exécutés à un prix infiniment meilleur marché qu'ils ne peuvent le faire en Angleterre. Ces articles sont ensuite envoyés d'Allemagne en Angleterre et réexpédiés en France comme articles anglais.

Il en est de même pour les draps de vêtements d'hommes, quoique ces draps soient de qualité très inférieure aux draps anglais. Un tailleur, qui achète la plupart de ses draps en Angleterre, fut fort surpris dernièrement de recevoir un ballot de draps qu'il avait commandé à une maison anglaise, portant une étiquette de Francfort. Un examen du drap lui découvrit tout de suite qu'il avait en mains une imitation très médiocre du drap qu'il avait l'habitude de recevoir. En regardant de près l'enveloppe du ballot, il s'aperçut qu'il avait été envoyé de Francfort à Boulogne-sur-Mer chez un entrepositaire et, de là, lui avait été réexpédié à Paris. Naturellement, ce commerçant a refusé le ballot et inutile de vous dire qu'il se gardera bien à l'avenir de s'adresser à la même maison.

J'ajoute que la même chose existe à Londres. Beaucoup de tailleurs, renommés pour leur coupe et faisant payer très cher leurs vêtements, sont assez peu scrupuleux pour employer des draps allemands qu'ils vendent à leurs clients comme draps anglais, naturellement parce qu'ils y trouvent un plus fort bénéfice.

Dernièrement, j'ai acheté à Londres une paire de gants qui portait ostensiblement une marque anglaise, et qu'on m'a vendue comme gants anglais, mais en défaisant l'ourlet qui entoure le poignet, j'ai trouvé ces mots *Made in Germany*.

Je pourrais vous citer une centaine d'exemples de la manière dont la France et l'Angleterre sont inondés ainsi par la camelote allemande. D'ailleurs la Chambre de Commerce anglaise à Paris ne cesse de signaler aux autorités les mille formes de cette invasion sournoise et frauduleuse.

Veuillez, etc.

17 avril 1913.

Ça sert à quelque chose!...

Dans l'*Œuvre* du 12 décembre dernier, nous avions signalé que les globes dépolis des becs de gaz, à l'Hôtel de Ville, portaient la marque :

SCHATT & GEN

IENA

Sur ce, un employé est passé dans les bureaux pour remplacer les globes indiscrets par des globes *sans marque.*

Reste à savoir...

24 avril 1913.

Éclairage boche

Gretzine éclaire nos rues. Il éclaire parfois aussi nos établissements municipaux. Un jour, au collège Rollin, on fit des essais d'éclairage Gretzine. Ils furent lamentables. Les becs éclairaient à merveille quarante-huit heures durant, puis ne marchaient plus.

Raison simple :

L'armature, qui aurait dû être toute en cuivre, était « fer et cuivre ». Comme le cuivre et le fer se dilatent inégalement, tout se disloquait.

‡

Les caisses qui contenaient ces becs portaient encore, en arrivant à Rollin, des étiquettes de chemins de fer allemands.

1er mai 1913.

‡

Le "Kaiser" à Cannes

On nous écrit de Cannes :

Vous vous intéressez au paquebot *Kaiser* de la Hamburg-America-Linie ? Sachez donc que non seulement il est le seul bateau d'excursion de la Côte d'Azur, mais encore qu'il est favorisé d'une subvention annuelle de 5.000 francs par la municipalité de Cannes et que le Syndidat des Hôteliers lui donne 15.000 francs.

Il convient d'ajouter qu'un grand nombre de ces hôteliers sont Allemands. Il est donc tout naturel qu'ils s'appliquent à favoriser la conquête de la Côte d'Azur par leurs compatriotes.

Mais, si notre correspondant dit vrai, à quoi pensent donc les conseillers municipaux de Cannes?

Fromage boche

Une fromagerie allemande de Breslau répand à profusion en France ce prospectus : « Nous sommes à même de fournir, en contrefaçon bien entendu, les meilleurs fromages français : brie de qualité supérieure, méthode Gervais, Neuchâtel à la parisienne, camembert Armand Fallières très gras. »

8 mai 1913.

Un peu de patience

Les échos de notre campagne ne sont pas encore parvenus jusqu'à la Chambre ; mais, la semaine dernière, ils ont paru émouvoir les voûtes du Sénat et même quelques sénateurs.

Nous le devons à M. Charles Riou qui, à la séance du 14 mai, s'est exprimé en ces termes :

J'avais l'intention d'aborder dans la discussion générale du budget — si cela avait été possible, mais le temps presse et je n'y ferai qu'une brève allusion — une question qui aujourd'hui passionne tous les esprits : c'est celle de l'invasion, en particulier au point de vue économique, par les étrangers, de notre douce France (*Très bien !*)

De tous les côtés ils l'envahissent, surtout les Allemands dont, à tous les égards, nous avons le droit de nous plaindre et de nous défier.

Or, messieurs, il y a déjà quelque temps, à la date du 28 janvier 1909, M. Gabart-Danneville, M. l'amiral de Cuverville, notre très regretté collègue et moi, nous déposions sur le bureau du Sénat une proposition de loi qui a été renvoyée à la commission de la marine. Je ne sais pas si cette commission l'a examinée. Dans tous les cas, elle n'a pas abouti. Cette proposition avait pour objet la défense de nos côtes non seulement de Bretagne, mais de Normandie, qui sont envahies sur tous les points, surtout par l'influence allemande. Nous n'avions pas la prétention de la faire voter telle que nous l'avions rédigée, mais notre désir était qu'elle fût exa-

"

minée et discutée et que des mesures efficaces intervinssent sans délai. Il n'en a rien été.

Il ne s'agit que de défendre la Normandie et la Bretagne! Attendez un peu : nous en reparlerons quand nous en aurons fini avec la défense laïque.

Nous verrons alors s'il est encore temps de reprendre aux Allemands les deux nouvelles provinces·dont ils vont achever la conquête sans coup férir.

༝

Même à Brest

A la fin du mois dernier, nous recevions cette lettre inquiétante :

Lecteur assidu de l'*Œuvre*, je m'intéresse particulièrement aux efforts que vous faites pour combattre l'invasion allemande. Un fait :

De passage au Conquet (Finistère), j'y ai appris par des habitants de la région qu'une usine allemande allait s'installer sur la côte pour l'exploitation de la soude et des extraits du goëmon; sans avoir la hantise de l'espionnage, il me paraît nécessaire d'attirer votre attention sur la situation exceptionnelle de cette usine.

Dès que l'usine travaillera, dirigée par un personnel allemand, il ne sera que trop facile aux ingénieurs de se procurer tous les renseignements qu'ils voudront sur la défense du port de Brest. Les distractions étant rares en cette région, on lie facilement connaissance et, le cas échéant, un gardien de batterie fera très innocemment visiter le fort aux « amis » de la fabrique voisine.

Et qui sait si l'on ne se demandera pas plus tard comment l'ennemi est parvenu à forcer le fameux « goulet » réputé imprenable?

༝

Nous nous sommes aussitôt adressés à un de nos amis de la région, et voici les résultats de l'enquête qu'il a bien voulu faire pour les lecteurs de l'*Œuvre* :

Il y a dix-huit mois environ, un certain G....., se disant Alsacien, arrivait au Conquet où il se donnait comme inventeur de procédés nouveaux, pour traiter les plantes marines, procédés *laissant pour résidus* les produits qui sont les plus appréciés par les raffineurs de cendres de varechs.

C'est pour ce motif, raconta l'inconnu, qu'il désirait s'installer au Conquet afin d'écouler facilement ses résidus à l'usine d'iode établie dans le voisinage.

S'il en avait été ainsi, M. G... aurait cherché les terrains les plus rapprochés de l'usine, or, par une bizarrerie inexplicable — ou trop facilement explicable — il jeta son dévolu sur des terrains éloignés de l'usine et *aussi mal placés* que possible pour une exploitation industrielle. En revanche, ces terrains sont pour ainsi dire contigus aux forts de la presqu'île de Kermorvan, forts qui dominent et défendent la baie des Blancs Sablons, considérée comme la seule aux environs de Brest *où se puisse opérer un débarquement de troupes.*

Le choix du terrain convoité par G... ne passa pas inaperçu, on le soupçonna d'être Allemand, si bien qu'il prit peur et disparut. Il fut remplacé par un M. de M..., qui vient d'acquérir et de payer 25 000 francs des terrains qui n'en valent pas 10.000, mais qui longent les forts défendant les Blancs Sablons !

Il ne manque pas de terrains entre Le Conquet et l'Aberwrach pour y créer des établissements traitant le varech, et tous sont infiniment supérieurs au point de vue industriel à l'emplacement choisi par M. de M.... c'est à-dire celui-là même dont G... avait négocié l'acquisition; mais ils ne sont pas auprès des forts, observent les habitants du pays, où on considère G... comme un Allemand et de M... comme son homme de paille.

Il est évident, ajoute t-on, qu'on ne peut interdire aux G... l'accès du territoire français ni l'acquisition de terrains, mais on devrait étendre la zone militaire autour des forts et interdire dans cette zone la création d'une usine quelconque. On ne voit pas, en effet, ce qui empêcherait nos industrieux Allemands d'installer sur une cheminée des appareils de télégraphie sans fil pour renseigner au large la flotte ennemie.

Et de combien d'autres manières ne pourrait-on pas utiliser contre nous cette admirable position !

En sera-t-il des chimistes allemands installés en Bretagne, comme de ces fermiers allemands, dont notre collaborateur Jean Piot, le 24 octobre, signalait la présence à Buchey, dans la Haute-Marne, sur un autre point stratégique?

Ces honnêtes « fermiers » ont d'abord maudit les rédacteurs de l'*Œuvre*; puis ils ont annoncé qu'ils allaient nous poursuivre, tout comme les marchands de conserves qui font avaler à nos soldats, sous couleur de bouillon, les sous-produits et les rinçures de la bière germanique. Enfin, après avoir un peu hésité, ils ont plié bagage et sont retournés dans leur pays, en expliquant :

— Nous ne faisons pas nos affaires à Buchey.

Ils n'y faisaient, en effet, que celles de Guillaume; et sans doute elles sont terminées. S'étant renseignés à loisir, ayant pris tous les clichés et levé tous les plans nécessaires, ces fourriers de l'invasion n'avaient plus rien à faire chez nous. Du moins, pour le moment.

Car nous les reverrons.

En Bourgogne

Nous ne croyons pas que le *Petit Marseillais* ait consacré jusqu'à ce jour beaucoup d'articles à la question qui nous occupe. Mais il publiait ces jours-ci cette dépêche de Dijon, qui montre une fois de plus combien le péril est grave et multiple :

Depuis quelques jours, des ingénieurs allemands de la maison Fritz Ferber, de Mannheim (grand-duché de Bade), circulent dans le département de la Côte-d'Or, à la recherche de terrains en vue de l'installation d'une colossale usine de fabrication d'aluminium et de produits chimiques. Leur choix vient de s'arrêter sur les vastes terrains formant ensemble près de cinq hectares, situés sur les territoires de Brazey-en-Plaine et de Saint-Jean-de-Losne, tout à proximité du canal de Bourgogne et d'une ligne ferrée stratégique aboutissant à la jonction des lignes P.-L.-M. de Dijon à Saint-Amour, de Dijon à Lons-le-Saulnier et de Gray à Chalon.

L'usine n'occupera que des ouvriers allemands; c'est donc une colonie s'élevant, d'après les dires des ingénieurs eux-mêmes, à sept cents ou huit cents sujets germaniques, qui va s'installer en Côte-d'Or, à moins que, malgré les offres alléchantes, les propriétaires des terrains convoités refusent net toutes transactions. Ce serait là un bel acte de patriotisme. En tout cas, il semble à tous que pareilles tentatives doivent attirer l'attention du gouvernement.

La France est dépecée de tous les côtés à la fois.

Et que faudrait-il dire de la Champagne, qui, à l'heure présente, est certainement beaucoup plus germanisée que la Lorraine?

Leur toupet (Suite)

La maison allemande Knorr répand en France à profusion de petits prospectus jaunes, qui donnent, au verso, de bons conseils à nos écoliers :

Par exemple :

« — Ne vous emparez jamais de ce qui ne vous appartient pas. »

Sur quoi, Knorr, d'Heilbronn, se pare du titre de Français.

Ou bien :

« Ne mentez jamais. »

Après quoi le prospectus affirme que « les potages KNORR sont de *fabrication française.* »

&

On demande un Français

Simple annonce cueillie dans la *Gazette de Lausanne* :

Maison d'électricité allemande
cherche
pour sa succursale à Nancy et son rayon de propagande un
correspondant français
Adresser offres avec prétentions et photographie sous L 2142 X à Haasenstein et Vogler, Genève.

Combien y a-t-il de maisons d'électricité françaises qui cherchent des correspondants allemands pour leur succursale de Dresde ou de Munich ?

Mais, au fait, y a-t-il des maisons d'électricité françaises ?

22 mai 1913.

Commerce français

Un prospectus rouge sur lequel est collé un « papillon » figurant un drapeau tricolore. Sur le drapeau on lit : *MAISON EXCLUSIVEMENT FRANÇAISE, Comestibles Emile.*

Ouvrez le prospectus et vous y trouverez cet en tête :

« ÉMILE »
(Marque déposée)
Maison Jeanmaire fondée en 1875.
« *Émile* » *JUNGHAENI-JAECKER,*
propriétaire
31, *rue Quincampoix, Paris.*

La bande porte :

Jean *ULLMO, faubourg de France, Belfort.*

✷

La « Bénédictine » de Fécamp offre un canif en prime à ses clients. Il est accompagné d'un petit prospectus ainsi conçu :

Instructions pour l'usage des canifs.

Pour obtenir les lames bien ouvrantes et fermantes, il est nécessaire à placer « une goutte de bonne huile » à la place, où la lame et le ressort se touchent; autrement il est bien possible, que, par la même dureté de la lame et du ressort, l'un ou l'autre part se détériore et par cela la lame sortit du manche, où la friction a lieu.

Cela n'est pas une faute de la fabrication, mais sera évitée si les canifs seront usés dans la manière, comme mentionnée avant.

Ce canif est-il aussi fabriqué à Fécamp?

✷

Gants boches

De Bordeaux, un élève de l'Ecole de médecine navale nous écrit :

N'y aurait-il plus en France de fabriques de gants ? A l'Ecole du Service de Santé de la Marine, école militaire pourtant, les gants qui nous sont fournis par l'Administration nous viennent d'Allemagne.

J'ignore la maison, mais je vous envoie la notice contenue dans les gants. N'aurait-elle d'autre objet que de nous faire apprendre un peu plus rapidement les langues vivantes?

Les chaises de nos études sont fabriquées par la maison Fischel, de Bohême ; l'adresse est inscrite dessus en toutes lettres.

Il paraît même que nos épées sont importées d'Allemagne ; et, si j'en avais la preuve, je n'en serais pas autrement surpris.

La lettre est, en effet, accompagnée d'une notice en allemand, qui explique la manière de se ganter.

29 mai 1913.

☨

Protestation [1]

M. G... qui a acheté les terrains du Conquet, voisins des forts de Kermorvan, proteste contre les soupçons d'espionnage, que laissaient paraître nos deux correspondants brestois.

Il n'en reste pas moins que M. G... est allemand. S'il fait construire une usine, au Conquet, c'est, dit-il, « pour donner un nouvel essor à l'industrie française de l'iode ».

Bien obligés. Mais nous lui serions encore plus reconnaissants s'il allait fabriquer son iode un peu plus loin, par exemple sur les rivages de la mer Baltique.

19 juin 1913.

---

[1] Voir page 238.

Huile boche

Tous les officiers de Marine vous expliqueront qu'une torpille fonctionne comme un mécanisme d'horlogerie et que les organes en sont aussi délicats. C'est dire que la qualité de l'huile employée a une importance essentielle : que l'huile n'ait pas la finesse exigée, et les torpilles ne sont plus qu'une encombrante et dangereuse ferraille.

Or, savez-vous à qui le ministère de la Marine commande son huile? Vous avez déjà deviné que c'est à une maison allemande.

Il est vrai que sur le traité, suivant l'usage, elle est déguisée en « société anonyme française » Voyez plutôt :

<table>
<tr><td>PORT
de Cherbourg</td><td>RÉPUBLIQUE FRANÇAISE</td><td>Date du Marché
31 Mai 1912</td></tr>
<tr><td>Huile Spéciale
pour Torpilles
à réchauffeur</td><td>Marine Nationale

Direction des Constructions Navales</td><td>Durée du Marché
2 ans.</td></tr>
<tr><td>Le cautionnement de la somme de 2.770 francs a été réalisé en quatre inscriptions montant ensemble à 100 fr. de rente 3 % à Paris le 11 juin 1912 suivant récépissé n° 2.118.</td><td>**Marché de gré à gré**
après appel
à la Concurrence

pour la fourniture

**d'Huile spéciale
pour torpilles à réchauffeur**</td><td>Date de notification du Marché
6 Juin 1912

Le Sous-Directeur des Constructions Navales

Signé : RIDEL</td></tr>
<tr><td>Société anonyme française, Stern Sonneborn, soumissionnaire.</td><td>Dépêche Ministérielle du 31 Octobre 1911
Direction C^{le} des Constructions Navales
Etat-Major Général
Intend^{ce} Marit^{me} — Bureaux, Torpilles,
Administratif, 2e et 4e section
Approvisionnements.</td><td></td></tr>
</table>

SOUMISSION

Nous soussignée Société Anonyme Française STERN SONNEBORN, domiciliée à Pantin, 33, rue Victor-Hugo, se soumet et s'engage envers le Ministre de la Marine, stipulant au nom de l'État, à fournir et livrer à ses frais et risques aux ports désignés dans le tableau ci-dessous, les matières indiquées ci après, et ce, aux prix, clauses et conditions qui suivent :

Article 1er

Importance de la Fourniture. — La fourniture se compose d'*Huile Spéciale Gloria* pour torpilles à réchauffeur indiquée dans le tableau ci-dessous :

	ESPÈCES des unités	Quantités	PRIX unitaire	Valeurs
Cherbourg..............	Kilo	5.200	280 %	14.560
Toulon................	—	10.600	280 %	29.680
Brest.................	—	2.600	280 %	7.280
Sidi-Abdallah..........	—	1.400	280 %	3.920
			Total...	55.440

Sans doute, la maison Stern-Sonneborn a installé un dépôt à Pantin, comme l'indiquait déjà le répertoire alphabétique des *Allemands chez nous* que nous avons publié en appendice à la plaidoirie de notre avocat *les Prussiens masqués*. Mais comme la maison Springer-Rademacher, la maison mère Stern-Sonneborn a son siège à Hambourg, 26, Werfstrasse.

Que demain la guerre éclate, et nos torpilleurs sont à la merci d'une commande non livrée — ou sabotée !

❧

— 245 —

Knorr proteste

L'Allemand Knorr, autre fournisseur de l'armée française, n'est pas satisfait de notre campagne. Et il vient d'écrire à notre avocat cette lettre qu'il nous semble tout à fait inutile de commenter :

Vincennes, 17-6-13.

Monsieur,

Dans un plaidoyer récent, vous avez dit : ... mais, voilà les articles pour lesquels Knorr nous fait poursuivre par Springer, son compère.

Ce disant, vous avez erré.

Knorr fabrique tout uniment des potages et ne s'occupe point de polémiques.

Beaucoup fabriquer bon, telle est sa très simple devise.

Aimable seriez-vous, correct serait-il, de, spontanément, reconnaître que votre allégation fut fantaisiste.

Croyez, monsieur, à la qualité de nos potages et recevez l'assurance de leur réelle valeur nutritive.

KNORR.

Un comble

Tout récemment, un M. Brucker faisait une « période d'instruction » au camp de Sissonne, en qualité d'aide-major.

On remarqua qu'il oubliait de saluer le drapeau.

— La première fois, lui dit un jeune officier, ça ne coûte qu'une tournée de champagne ; la seconde, c'est un peu plus cher...

Où ce Brucker a-t-il fait son service ?

Est-il Autrichien ou Allemand ?

Le certain, c'est qu'il n'est pas né en France.

Mais depuis que les Prussiens se chargent de toutes nos fournitures militaires, qu'il s'agisse de munitions ou de vivres, de graisse pour les automobiles ou d'huile pour les torpilles, il ne faut plus s'étonner de rien ; et voyant l'embarras où nous sommes, l'obligeant Kaiser va sans doute nous fournir aussi des soldats.

Encore un

Les Allemands ne perdent jamais, on le sait, leur nationalité. Leur loi ne reconnaît point la naturalisation étrangère.

C'est ainsi que la Compagnie des Omnibus a l'honneur de compter au nombre des membres de son conseil de direction un officier allemand.

M. Thurnauer, bien que s'étant fait naturaliser Américain, au moment où il occupait un poste élevé dans la *General Electric Company*, n'a jamais été rayé des contrôles de l'armée allemande. Il est devenu administrateur de la Compagnie des Omnibus, au moment de l'entente de celle-ci avec la Thomson-Houston.

Naturellement, M. Thurnauer est chevalier de la Légion d'honneur.

&

"Petite remarque"

Le docteur Helme n'est pas seulement un excellent praticien et un publiciste de talent : c'est aussi un maître ironiste. L'autre jour, dans la *Revue moderne de médecine et de chirurgie*, rendant compte des *Éléments d'anatomie et de physiologie médicales*, publiés sous la direction des professeurs Landouzy et Bernard, M. Helme disait :

Je ne ferai qu'une petite remarque : nos jeunes confrères *Halbron, Israël de Jong, Lœderich, Salomon*, etc., connaissent à merveille la littérature allemande et il n'est plus le temps où l'Ecole française s'abstenait de regarder hors des frontières...

« Ecole française » est charmant.

26 juin 1913.

Comment les Boches empoisonnent nos gosses

Il fut un temps où les tétines de biberons étaient en vrai caoutchouc. C'était le temps où l'industrie française, pour les fabriquer, n'utilisait que des feuilles de Para pur, découpées, soudées, puis vulcanisées à chaud au bain de soufre. Ce procédé excellent offrait toute garantie pour la santé des enfants.

Mais les Allemands sont venus, et ils trouvent que le caoutchouc coûte trop cher. Par quoi le remplacer? Ils fabriquent les tétines en trempant des moules dans une solution de caoutchouc ou de factice coloré (le « factice » est une substance plus ou moins élastique que l'on obtient par l'action du chlorure de soufre sur l'huile de lin; on la colore avec du sulfure rouge de mercure ou cinabre). La vulcanisation est faite à froid par le chlorure de soufre dissous dans le sulfure de carbone.

Résultat : des tétines aussi dangereuses que bon marché.

Cet article reconnu toxique, est interdit en Allemagne. Mais il est bien assez bon pour les petits Français et dans nos bazars on n'en vend pas d'autre.

De nombreux accidents s'étant produits, quelques députés (notamment MM. Schmidt et Doisy) ont rédigé un projet de loi « tendant à interdire la fabrication, l'importation, la détention et la vente » de ces tétines. Le projet vient d'être soumis à la commission d'hygiène, qui a chargé de son rapport M. Lutz, professeur à l'Ecole supérieure de Pharmacie. En voici la conclusion essentielle :

« La tétine obtenue par le procédé allemand abandonne, au contact du lait des biberons, du sulfure de mercure, rendu soluble par sa transformation en chlorosulfure de mercure sous l'influence de l'excès d'acide chlohydrique résultant de la vulcanisation à froid par le chlorure de soufre. »

En d'autres termes, tous les enfants, à qui l'on donne un biberon muni de cet accessoire, *tettent du poison.*

Les Allemands ne se contentent pas d'avoir plus d'enfants que nous; par mesure de précaution, ils suppriment les nôtres.

A ce jeu-là...

3 juillet 1913.

Électricité boche

Monsieur,

Les Allemands au Ministère de la Marine : tel est l'un des sujets que traite le dernier numéro de l'*Œuvre*.

Oui, les Allemands sont au Ministère de la Marine plus encore que vous ne le supposez. En voici une nouvelle preuve :

Peut-être ignorez-vous la Compagnie Générale d'Electricité de Creil ?

Bien que constituée sous le régime des lois françaises, cette Société est bien entre les mains des Allemands, puisque sur les 7.000 actions qui composent le capital social, 6.781 sont la propriété de la Société Schuckert de Nuremberg.

Au reste, le Conseil d'Administration de cette Compagnie comprend M. Van Siemens de la Maison Siemens Schuckert Werke de Berlin : Von Natalis de la même maison ainsi que Von Chauvin. Il est vrai que ces braves Teutons se sont adjoint, et sans doute ils ne se sont pas contentés de le coudre avec du fil blanc, M. Fumey, *ancien directeur des Constructions navales au Ministère de la Marine.*

Vous comprendrez que si on a fait entrer dans le Conseil, ce M. Fumey c'est pour mettre à profit les relations importantes qu'il doit avoir au Ministère de la Marine. On peut, du reste, se montrer surpris qu'un ancien et haut fonctionnaire, lequel par sa situation a été à même de connaître certains détails de la défense nationale, prête ainsi son appui et son patronage à une société notoirement allemande.

Veuillez, etc...

Insigne patriotique

La fête du 14 juillet est solennisée surtout à Paris, en banlieue et dans les grandes villes, grâce aux comités de quartier. Les municipalités n'organisent que la carcasse officielle des réjouissances, et s'en rapportent pour le reste à l'initiative privée. Mais, afin de marquer leur adhésion, elles visitent tour à tour les divers comités. L'usage s'est établi, qu'au cours de ces visites, le maire ou le conseiller délégué remette, pour les dames, un certain nombre de ces fleurettes tricolores faites de

minces bandelettes de celluloïd, réunies par une épingle
de laiton.

D'habitude, ces fleurettes sont remise pêle-mêle dans
une boîte. Mais, parfois, par suite du manque de temps,
on les laisse sur la carte où le fabricant les attache.
Ainsi en fut-il cette année en plusieurs endroits.

Et les bons citoyens qui se précipitaient pour réclamer le léger souvenir de la fête nationale purent lire,
au bas du carton retenant les fleurettes : *Made in Austria*.

Les Autrichiens aussi aiment le 14 juillet.

Une campagne qui aboutit

La France est une patrie accueillante.

Depuis la fondation de la République, depuis plus
longtemps même, toutes les dispositions législatives
qu'elle a prises au sujet des étrangers, furent pour leur
faciliter, non seulement l'accès de son sol, mais aussi la
conquête de ses lettres de naturalisation.

Nous vivions sur cette vieille formule que « chaque
homme a deux patries : la sienne et puis, la France... »
et nous lui ouvrions sans hésitation la patrie française,
sans même toujours nous préoccuper de savoir s'il avait
renoncé à la sienne.

Considérez la législation des étrangers en France,
vous verrez qu'elle est faite, toute entière, pour leur
rendre de plus en plus facile l'acquisition de la nationalité française.

De 1867, date de l'ancienne loi de naturalisation à
1889, le nombre des naturalisations était en moyenne de
458 par an.

Depuis 1889, date de la loi actuelle, jusqu'à aujourd'hui,
la moyenne annuelle des naturalisations fut de 13.203.

Elle augmente tous les jours.

Jusqu'à ces derniers temps, cette situation paraissait
admirable et nous avons sous les yeux un article du

Matin même qui, au mois de mars 1911, publiait ces statistiques et les proclamait glorieuses :

« Cette constatation, qui fait grand honneur à notre pays, peut être de quelque réconfort en face de la diminution inquiétante de notre natalité »

Ce fut à cette époque que l'*Œuvre* commença sa campagne contre la loi de naturalisation. Robert de Jouvenel écrivait dans le numéro du 30 mars 1911 :

Evidemment. il y a, tous les ans, un peu moins de Français en France, mais il y a aussi, tous les ans, en France, un peu plus d'étrangers, qui s'installent, qui prennent possession de notre sol, qui s'emparent de notre richesse, de notre culture, de nos œuvres vives. Cela fait une moyenne, dit le *Matin*, qui commente en l'occurence le rapport de M. La Borde, directeur des affaires civiles et du sceau.

« Si le roi d'Angleterre reprenait demain le titre de roi de France, qu'il a porté pendant longtemps, M. La Borde se frotterait les mains, tout heureux d'inscrire une unité de plus sur ses feuilles de recensement.

Et Robert de Jouvenel concluait :

Quelle que soit l'impuissance du Parlement, incapable de voter une loi, espérons qu'il sera capable au moins d'en effacer une. Le péril est éclatant. La solution est simple.

Nous demandons l'abrogation de la loi du 26 juin 1889. »

On sait quel fut, depuis cette époque, le succès de notre campagne. Le *Matin* lâcha la thèse de M. La Borde pour la nôtre. Tous les journaux firent chorus et depuis tantôt deux ans et demi la campagne contre les « étrangers masqués », sortie de chez nous, remplit toute la presse.

Cette campagne vient d'aboutir, cette semaine, à une première victoire législative. Sans doute, on n'a pas encore abrogé la loi de 1889, mais on vient, du moins, d'y mettre une restriction. Jadis, un étranger qui se faisait naturaliser Français, après l'âge de vingt-sept ans, n'était pas tenu de faire en France de service militaire. Aujourd'hui, sur la proposition de MM. Maurice Barrès et J. Garat, le naturalisé sera tenu jusqu'à trente-cinq ans de passer trois ans sous les drapeaux.

Et M. Garat peut écrire dans le *Matin* du 18 dernier :

Cette proposition a réuni l'avis unanime de la commission ; le gouvernement, après quelques hésitations, lui a fait un accueil favorable, que la Chambre a ratifié.

De graves motifs d'ordre social et économique exigent que la durée de service des naturalisés soit portée à trente-cinq ans, afin d'empêcher les étrangers de concurrencer nos nationaux, dans presque toutes les carrières libérales comme dans certaines professions manuelles, en éludant la charge des obligations militaires. Les statistiques du ministère de la Justice accusent, depuis les dispositions imprudentes de la loi de 1905, la naturalisation de 746 avocats, dentistes, médecins, pharmaciens étrangers.

Prenons l'exemple de la carrière médicale, car il est typique. C'est vers la trentième année que l'on passe les concours donnant accès aux fonctions officielles d'agrégé, de prosecteur, de médecin ou de chirurgien de l'Assistance publique, de professeur de faculté. Avec le projet primitif du gouvernement et de la commission, l'étudiant étranger se préparait à ces concours jusqu'à trente ans ; à ce moment, il demandait la naturalisation, elle lui était accordée après quelques formalités et moyennant payement d'un droit de 250 francs. Il pouvait ainsi, *sans avoir fait son service*, briguer les postes les plus enviables et les plus recherchés, qui sont exclusivement réservés aux médecins de nationalité française.

Nous aimons mieux ce langage que celui de M. La Borde.

Mais, tout de même, si les législateurs eux-mêmes se mettent à comprendre ainsi l'utilité de nos campagnes quel précieux encouragement à la continuer!

Continuons-la donc.

Métallurgie
et défense nationale

Aux Chantiers de la Loire, à Nantes, où se construisent tant de choses destinées à la défense nationale, le chef du Bureau des dessins de la section des locomotives est Allemand. Naturellement il élimine peu à peu de son bureau tous les dessinateurs français et déclare à qui veut l'entendre qu'un Français ne saurait être un dessinateur convenable.

Car il importe, quand on est Allemand, de ne pas se gêner — même si on a envie de rire.

Qu'un chantier, presque chantier d'État, emploie des

étrangers, c'est déjà raide. Mais il y a quelque chose de
plus grave : de bureau de dessinateurs à bureau de dessinateurs, on se connaît, on fraternise, on se consulte et
alors... les dessinateurs de nos cuirassés...

L. C. Épinal.

Banques

Nous avons reçu cette lettre avec pièces à l'appui :

Je vous adresse inclus une circulaire que j'ai reçue hier
d'une banque française ayant son siège faubourg Poisson-
nière.

Veuillez examiner le timbre de la poste, la circulaire vient
d'Allemagne !

Remarquez en outre qu'elle n'est timbrée qu'à 10 pfennigs
au lieu de 20, y aurait-il un tarif postal de faveur pour ces
Messieurs.

B.

Industrie textile

Un de nos lecteurs nous communique « pour ajouter à la
collection de l'Œuvre », cette carte postale « en français »
qu'il reçut récemment :

En cas que vous avez de l'intérêt (1) pour une nouveauté
qui s'impose pour le séchage de vos matériaux de
textile qui vous procure de *tels épargnements et avantages,*
que selon la quantité de votre production *toute la
somme d'achat sera couverte déjà dans environ 1 à 1 année
et demi* seulement par les épargnements de consommation de vapeur, donc des économies de charbon, alors
veuillez vous mettre de suite en rapport avec la maison
Société Friedrich Haas, Brüssel Belgien Rue du Lombard, 34,

---

(1) Les mots en italiques sont soulignés dans le texte.

et vous verrez qu'on vous soumettra toute sorte de renseignements et de détails intéressants.

Nous livrons à des firmes de votre branche *une installation après l'autre.*

Veuillez agréer, Messieurs, nos bien sincères salutations.
W. ETAITUTH.

＊

Pharmacie

MM. les docteurs H. Hillen et Franz Capelle, de Berlin, préparent un grand ouvrage sur la « pharmacie
allemande dans le monde ».

Ne doutons point que cet ouvrage sera passionnant.

D'autant que pour le corser MM. Hillen et Capelle
n'hésitent pas à envoyer à tous les pharmaciens allemands ou simplement « sachant l'allemand » une circulaire et un questionnaire détaillés.

Ces documents peuvent se résumer ainsi :

1° Comment et où un pharmacien allemand peut-il
pratiquement s'installer en France ?

2° Comment peut-on y assurer pratiquement l'écoulement des produits pharmaceutiques allemands ?

Et ceci est d'une simplicité touchante.

24 juillet 1913.

＊

Toujours les fourriers
de l'invasion

27 juillet 1913.

Monsieur,

Votre campagne contre l'invasion teutonne et l'espionnage
allemand en France prendrait une extension considérable et
acquerrait une portée incalculable, si chacun de vos lecteurs

daignait jeter les yeux autour de lui et apporter sa modeste
contribution à la tâche que vous avez entreprise.

Permettez-moi de le faire dans la mesure où me le permet
mon champ d'observation limité.

Vous avez maintes fois remarqué que, sur tous les points
du territoire importants pour la défense nationale, on trouvait embusqués, sous un quelconque prétexte industriel ou
commercial, les fourriers de l'invasion prussienne.

En voici un nouvel exemple :

A Laroche (Yonne) deux individus, les frères R..., *se disant
Suisses*, en réalité d'origine inconnue, portant un nom à dési-
nence tudesque, et ayant physiquement le type traditionnel
des aborigènes d'Outre-Rhin, se sont établis depuis quelques
années. Ils ont monté une laiterie-fromagerie importante et
prétendent éliminer la concurrence dans leur rayon d'action.
Ils se comportent d'ailleurs insolemment comme en pays
conquis, à telle enseigne que *l'un d'eux*, du moins, fut à
deux reprises impliqué dans des procédures correctionnelles
où il avait joué le rôle de parfait maître chanteur : dans une
de ces affaires il était plaignant (et j'eusse mieux aimé être
l'inculpé que le plaignant dans cette affaire) ; dans la seconde,
il était inculpé et il ne dut son non-lieu qu'à un retrait de
plainte et à une équivoque sur la bonne foi possible.

Que sont venus faire ces gens à Laroche ? S'ils voulaient
simplement faire commerce de laitage et fromagerie, ils
eussent été bien mieux installés à Villeneuve-sur-Yonne,
Saint-Julien, Sens ou même à Brienon ou Saint-Florentin,
tous centres agricoles, alors que Laroche est d'une importance nulle au point de vue culture et élevage.

Mais Laroche est un point stratégique de premier ordre,
appelé à jouer un rôle capital en cas de mobilisation. Là sont
tous les dépôts et magasins de la Compagnie P.-L.-M. ; là
les points de jonction de la grande ligne : 1° avec les lignes
stratégiques transversales se dirigeant vers Troyes et les
places de l'Est ; 2° avec les embranchements rejoignant Ne-
vers et les lignes du Bourbonnais.

Au point de vue de l'espionnage, au point de vue du sabotage de la mobilisation en cas de conflit, il y a tout à faire à
Laroche.

Au point de vue agricole, c'est l'endroit le plus ingrat de
la région. Toutes les communes formant cette agglomération :
Laroche, Migennes, La Cité, Le Canal, Cheny, Saint-Cydroine,
sont exclusivement occupées par les innombrables employés
du P.-L.-M. affectés aux services des dépôts, de la voie et des
magasins. Que sont venus faire là les frères R... (dont l'un
d'eux parle à *peine* un mauvais français ; je le sais par expérience personnelle) ? C'est au lecteur de le dire... ou de le
présumer.

Le tabac allemand

Lyon, 3 août 1913.

Monsieur le Directeur,

Lecteur assidu de l'*Œuvre* je sais tout le bien qu'elle peut faire et vous envoie une boîte de cigarettes que j'ai achetée l'autre jour. A ma grande stupéfaction, j'ai lu sur l'enveloppe qu'elles étaient fabriquées à Berlin et... fournies par notre Régie !

Il est honteux de penser que l'Etat nous vend de semblables produits.

Et les « commandements allemands », les a-t-on oubliés ?

La lettre est accompagnée d'une petite boîte de métal. On lit dessus : *Dandy cigarettes*. Et dans le coin à droite : *Manoli Berlin*.

Au moins, voilà qui est franc.

Mais ce qui est tout à fait comique, c'est de voir à gauche la bande de la Régie portant ces mots tranquilles :

Manufactures de l'Etat.

Alors, les « manufactures » de l'Etat français sont à Berlin, maintenant ?

7 août 1913.

La fraude par omission

Et les Allemands continuent à ne pas se gêner...

La maison Michelin ayant fait condamner la maison allemande *Continental* pour diverses supercheries à la douane, vous croyez peut-être que les marchands de caoutchouc prussien se le tiennent pour dit ?

Pas le moins du monde, et voici un journal d'Outre-Rhin, le *Gummiwelt*, qui, dans son numéro du 31 juillet, indique à ses compatriotes *le moyen de frauder impunément*.

C'est d'un cynisme inouï, comme vous en jugerez par cette simple traduction :

Il est de nécessité urgente de signaler aux exportateurs

allemands, que l'administration des douanes françaises exécute avec une très grande sévérité depuis quelque temps, les prescriptions de l'article 15 de la loi du 11 janvier 1892. Cet article concerne l'interdiction d'importer ou de faire passer en transit les marchandises portant des signes qui peuvent faire croire que celles-ci sont d'origine française.

Non seulement les marchandises destinées à la France sont soumises à une enquête minutieuse, mais encore les marchandises en transit. Les enquêtes entreprises récemment à la frontière française, qu'il s'agisse de la frontière franco-belge ou franco-allemande ou franco-suisse, étaient si nombreuses (d'autant plus que les employés de la douane chargés des enquêtes étaient stimulés par une gratification de 50 % de l'amende infligée), qu'il ne se passait pas de jours sans que différents envois fussent saisis. Les amendes fixées par le ministère, qui réserve toujours sa décision pour ces saisies, ne sont que des amendes de principe, pouvant atteindre de 25 à 100 francs quand il s'agit d'envois venant de pays autres que l'Allemagne (Suisse, Autriche, etc.). Par contre, ainsi que nous l'apprenons de source sérieuse, cette amende peut atteindre le montant de la valeur de la marchandise saisie, s'il s'agit de marchandises allemandes.

Pour ces raisons, nous signalons d'une façon toute spéciale aux fabricants intéressés, qui exportent en France ou par la France, ce fait, afin qu'ils en fassent leur profit et qu'ils n'expédient des marchandises frappées par l'article 15, qu'après avoir apposé sur celle-ci la mention « Importé d'Allemagne » et ce à côté ou sous la marque de fabrique ou la marque de désignation de la marchandise.

La manière la plus sûre d'éviter toute difficulté est sans contredit celle-ci : omettre sur les marchandises ou emballages chaque marque de fabrique ou de marchandise brevetée ou considérée comme brevetée en France et n'apposer celle-ci qu'à l'arrivée à destination.

Rien n'est plus commode, en effet, que cette « omission »; mais sauf erreur, c'est justement un oubli de ce genre qui fit condamner naguère la *Continental*.

— Qu'importe! s'écrient les honnêtes commerçants d'Outre-Rhin, c'est un trop bon truc pour y renoncer. On se fait prendre une fois, mais ça réussit presque toujours... Et les Français sont si naïfs, que même prévenus par nos journaux, ils n'y verront encore que du feu...

Voulez-vous parier d'ailleurs que ce nouveau document publié par l'*Œuvre*, si démonstratif, si insolent qu'il soit, n'indignera et même n'étonnera personne ?

Des deux mains

On nous écrivait le mois dernier — et l'information n'a pas été démentie — que M. Fumey, ancien directeur des constructions navales, était maintenant aux gages d'une société allemande, la Compagnie générale d'électricité de Creil. Notre correspondant ajoutait :

Vous comprendrez que si on a fait entrer dans le Conseil d'administration ce M. Fumey c'est pour mettre à profit les relations importantes qu'il doit avoir au Ministère de la Marine. On peut, du reste, se montrer surpris qu'un ancien et haut fonctionnaire, lequel par sa situation a été à même de connaître certains détails de la défense nationale, prête ainsi son appui et son patronage à une société notoirement allemande.

Un autre lecteur nous demande si ce n'est pas ce même Fumey, qui avait déposé jadis une plainte contre Gustave Téry, quand il menait campagne contre les saboteurs de la Marine.

— Eh! si, c'est bien le même! Nous allions l'oublier...

Voici qui est plus curieux encore. M. Fumey a bien été admis à la retraite, mais, jusqu'à liquidation de sa pension, il continue à exercer ses fonctions comme sous-directeur de l'artillerie navale au Ministère de la Marine.

En sorte que voilà un haut fonctionnaire qui trouve le moyen d'être tout ensemble au service de la France et de l'Allemagne.

Il nous répondra sans doute qu'il a deux mains pour toucher...

Toujours les Prussiens masqués

Encore une maison bien française! Les *Petites Affiches* nous annoncent comme il suit la formation d'une Société Anonyme dite « Compagnie Internationale pour la fabrication de Chauffe-bains et Appareils à chauffer l'eau ».

Siège à Paris : 16, boulevard de la Madeleine
Capital : 2.250.000 francs.

PREMIERS ADMINISTRATEURS NOMMÉS POUR SIX ANNÉES

1o M. Simon Bamberger, fabricant à Francfort-sur-le-Mein.
2' M. Alfred Leroi, fabricant à Francfort-sur-le-Mein.
3o M. Otto Lorez Benzinger, fabricant à Francfort-sur-le-Mein.
4o M. Ludwig Kahn, fabricant à Francfort-sur-le-Mein.
5o M. Albert John Le Héron, industriel à Chessy.
6o M. Julien Kinsbourg, industriel à Paris.
7o M. Joseph Winterflood, fabricant à Paris.
8o M. Chain, fondateur.

Est-ce que nous avons vraiment besoin d'aller à Francfort pour nous faire chauffer un bain?

14 Août 1913.

&

L'Aube Allemande

Bar-sur-Aube, 25 août.

— Croyez-vous qu'il ne ferait pas du champagne, celui-là, hein? Il *champagnise* tout seul. Est-il clair! et pétillant! Goûtez-moi ça : c'est du 1900. Du champagne naturel, Monsieur! Du champagne de l'Aube!...

Ainsi parle le vigneron en versant dans nos verres le vin clair et joyeux.

« Et dire que, de par la loi, ce n'est plus que du « mousseux »! Oui, monsieur, du *mousseux!* Pourquoi pas de la *limonade!*

— Alors, tout votre vin ne peut se vendre qu'avec cette étiquette infamante?

— En France, oui... ou à peu près. Car vous pensez bien qu'il y a des fraudes encore et quand même. Mais il se vend comme champagne, chez les Allemands. Ça ne les gêne pas, eux! »

À Rouvres, à Fontaine, à Arrentières ou à Engente, et dans les deux Colombé, le-Sec et la-Fosse, et dans toute l'Aube viticole, où je viens de passer, escaladant les côtes à vigne, allant de village en village par les sentiers entre les pampres, partout c'est la même chanson. On n'en fait point mystère : le vin de l'Aube — qui est du vin de champagn) — s'en va « chez les Allemands ». On vend son vin à qui le paye. Il faut bien vivre, et ce n'est déjà pas si commode.

Je ne connais rien qui donne une impression de richesse comme les vignes au long d'un coteau, les vignes feuillues, épaisses, plantées à la moderne, en rangées régulières. Mais rien, non plus qui soit aussi trompeur. La vigne, aujourd'hui, « c'est *bien des maux.* » Il faut bêcher, biner, sarcler, tailler, soufrer, sulfater, allumer les feux contre la gelée, tirer contre la grêle. Et cela ne fait rien : la gelée vient tout de même, la grêle tombe quand on ne l'attend pas. Et puis, c'est l'oïdium, c'est le mildew, c'est le black-rot; ce sont toutes les maladies du diable. Les bonnes années sont rares. Alors, vous comprenez, quand il en vient une par hasard, si le vigneron ne peut pas céder son vin « bon prix », il n'y a plus qu'à laisser là le hoyau et la bêche, et s'en aller chercher sa vie dans les usines. On ne peut pourtant pas se laisser « crever la faim ».

Pour les vignerons de l'Aube — qui m'ont dit tout cela — il n'est qu'un moyen de vivre : c'est de vendre leurs vins pour en faire du champagne.

— Autrefois, me dit-on à Rouvres, au temps des vieilles vignes, on vendait bien du vin aux cultivateurs des villages voisins. Aujourd'hui, les vins du Midi arrivent en wagons-foudres, sont rendus dans les villages en camions, et vendus dix-huit francs l'hecto. Nous ne pouvons pas lutter.

— Et puis, « des vingt francs l'hecto », dit un autre, ce n'est pas un prix pour les vins de chez nous. A ce compte-là, vaut mieux lâcher tout et faire son baluchon. C'est ce qu'on fait déjà, d'ailleurs : voyez les maisons vides. »

Elles pullulent en effet, les maisons sans rideaux, envahies de plantes folles, qui sentent l'abandon.

— Vous comprenez, fait un troisième, après le phylloxéra, le gouvernement nous a fait dire par les professeurs d'agriculture : « Replantez ! Mais replantez du bon plant : c'est votre avantage. » Bon ! On l'écoute. On replante des espèces à petit rendement, mais qui font de la bonne marchandise. Aujourd'hui, la bonne marchandise, il faut la vendre au prix du vin de table : nous voilà bien avancés. On nous a volés... Avec ça, il y a plus de fichues années que de fameuses...

— Alors, aujourd'hui, à qui vendez-vous vos vins... quand vous en avez ? »

Et c'est l'éternelle réponse : .

— Ma fi ! aux Allemands. Faut bien qu'on vive ! »

D'ailleurs, ils ne vendent pas à l'Allemagne directement. Ça s'en va en Allemagne : voilà tout ce qu'on sait. On ne sait pas chez qui... Des courtiers du pays ou des courtiers de la Marne servent d'intermédiaires.

Ils achètent sur place, trouvent facilement dans les villages caves et celliers où, pendant l'hiver, ils font soigner les vins. Puis ils les font passer par Reims ou Châlons, et les réexpédient en fûts sur l'Allemagne. Les vins « en cercles » paient des droits moins élevés que les vins en bouteilles. Une fois en Allemagne ils reposent un peu, sont mélangés, dans la proportion légale de 51 %, à d'autres vins *quelconques*, puis sont *champagnisés* et mis en vente comme « champagnes » véritables.

« Quelque temps avant la délimitation, — me raconte un gros vigneron de Fontaine, qui s'occupe de courtage, — un homme d'affaires est venu me trouver. Il voulait me louer des emplacements, caves et celliers, où j'aurais, durant l'hiver, traité les vins. Tous les ans, j'aurais eu à acheter et soigner la même quantité d'hectolitres, et l'on m'offrait une jolie commission.

« Il était entendu que cela ne m'empêcherait pas de faire du courtage pour les Marnais, comme par le passé. Au moment de conclure, j'ai su que mon homme agissait pour une maison allemande : j'ai rompu les pourparlers. *Je vous avoue que si j'avais su, j'aurais accepté, et qu'aujourd'hui, si l'occasion se présentait encore, j'accepterais. J'ai du vin à vendre : il faut bien que je le vende et que je gagne ma vie !* »

C'est très malheureux : mais c'est à cela qu'en sont

réduits les vignerons aubois. Il faut bien qu'ils donnent au commerce teuton ce dont la France ne veut plus.

Achetés, dans l'Aube, 60, 70, 75 francs l'hectolitre, les vins sont revendus en Allemagne, après mélange, quatre francs la bouteille. Et le bourgeois teuton, qui aime le vin pétillant, mais, patriote, entend faire vivre l'industrie nationale, trouve à cela son compte. Il boit du champagne, mais du champagne *manufacturé en Allemagne*, du champagne « *made in Germany* ». Son palais, son estomac et son patriotisme sont satisfaits tout à la fois.

☙

Ceux qui ne sont pas satisfaits, ce sont les Aubois. Ils voudraient bien savoir pourquoi leurs vins, qui font du champagne au-delà des Vosges n'en sauraient plus faire en deçà. Ils ne sont pas satisfaits, et ils le montrent : leurs conseils municipaux démissionnent et refusent — peut-on concevoir crime plus abominable ? — de « fêter la fête » au 14 juillet. Ce n'est point qu'ils soient mauvais républicains ni mauvais patriotes. Mais ils comprennent mal une République qui leur enlève un droit séculaire — leurs archives en font foi — et une patrie comme la France qui, délibérément, les livre, pieds et poings liés, au commerce allemand. « Si l'on veut que nos vins français restent français, qu'on nous replace dans la Champagne... », et ils ajoutent malicieusement (car le Champenois est malicieux et le vigneron aime à sourire) : «... la Champagne, capitale Troyes dans l'Aube. »

☙

Et puis, ils ne sont pas ambitieux. Ils ne veulent faire concurrence aux crus d'Ay ni de Crémant. Ils savent bien, pardieu ! que les vins de Fontaine et des Colombé ne valent point mille francs la pièce. Mais ils savent aussi que, dans la Marne, des crus inférieurs se vendent des deux cents, deux cent cinquante francs parce qu'ils sont *de la Marne*, sans pour cela valoir les leurs. Ils savent que dans l'Aisne, des crus « délimités » font du vrai champagne aux yeux de la loi, et de la « piquette » pour le consommateur.

« On ne fait pas du champagne de première classe avec nos raisins, on le sait bien. Nous ne fournirons pas du champagne à quinze francs la bouteille, c'est entendu. Ce sera du champagne à cent sous ; mais nous voulons que ce soit *du champagne*. Sans quoi, jamais ça ne peut se vendre en France. »

Quant au « *champagne Aube* », il ne faut point leur en parler, le maire de Fontaine l'affirme énergiquement. Quand il fut à Paris, comme membre de la commission d'enquête, le ministre Clémentel proposa devant lui cette mesure « conciliatrice ». L'excellent maire déclara que les Aubois n'en voudraient point.

— Ils ont donc peur de faire connaître leurs crus ? demanda le ministre.

— Non, répliqua l'autre. *Ils accepteraient peut-être le « champagne Aube » si on créait le « champagne Aisne »*; et le champagne de Bar ne craindrait pas la concurrence du champagne de Soissons. Les Aubois veulent bien d'une étiquette, non d'une mise à l'index.

En attendant, leur vin fait du champagne en Allemagne, et les Allemands n'indiquent point sur leurs bouteilles, soyez-en sûrs, que ce Champagne est « Deuxième Zone » !

Donc, la délimitation n'a servi qu'aux Allemands. Elle a permis aux grandes maisons de Reims ou d'Epernay, — qui, si elles n'appartiennent point aux Mumm, sont soutenues par les capitaux internationaux des Rothschild, — de monopoliser la fabrication du champagne en France, du champagne « de luxe », si je puis dire. Les petits fabricants, qui allaient chercher leurs vins dans l'Aube, en sont réduits à la vente difficile des « mousseux ». Pendant ce temps, les Allemands d'Allemagne fabriquent, à l'aide de vins français, un vague champagne qui ne connaît point les *zones* et se vend fort bien, tant est grande la vertu des étiquettes !

Voilà pourquoi les journaux aubois ont grand'raison d'écrire :

« Il importe de prendre une décision immédiate pour empêcher les vignerons de l'Aube d'être obligés d'alimenter le commerce allemand du Champagne, qui augmente considérablement (*il est arrivé à vendre 17.000.000 de bouteilles*) depuis notre exclusion de la Champagne.

« La prolongation de l'état de choses actuel est nuisible au commerce français du champagne qui, avant la délimitation, progressait régulièrement de 2.000.000 de bouteilles tous les cinq ans, tandis que depuis il diminue...

« La réintégration de l'Aube dans la Champagne permettrait de remplacer les crus inférieurs de la région délimitée par les premiers crus de l'Aube, qui leur sont supérieurs, ce qui serait le meilleur moyen de lutter contre le commerce allemand (1). »

Qu'on n'accuse donc pas les vignerons de l'Aube d'antipatriotisme. Ils ne demandent qu'à redevenir Champenois et du même coup Français. Car, pour le moment, c'est de l'Allemagne qu'ils vivent, c'est d'elle qu'ils dépendent, et ce n'est pas de leur faute s'il en est ainsi.

« Il importe de prendre une décision immédiate... »

Elle est simple : qu'on supprime la délimitation ! Elle ruine le vigneron de l'Aube *sans enrichir le vigneron marnais*. Elle ne fait que la fortune des Allemands, Allemands de France ou d'Allemagne.

« Délimiter » la Champagne viticole, c'est la céder à nos voisins de l'Est.

Attendons au moins, pour la leur céder, qu'ils l'aient conquise.

JEAN PIOT.

Pourquoi? Pour qui?

Qu'est-ce que « l'Institut W. Schimmelpfeng » ?

Un lecteur nous communique une circulaire « confidentielle » dont le tour est au moins bizarre et dont le but n'apparaît pas très clairement.

Pour nous mettre à même de faire ressortir, dans nos rapports, les données dont vous désirez qu'il soit tenu compte, nous nous permettons de vous demander « une déclaration personnelle » concernant votre situation commerciale.

L'importance et la réputation de notre Institut vous seront un sûr garant que vos communications trouveront toute notre attention et qu'elles seront utilisées avec la plus grande loyauté.

Veuillez agréez, Messieurs, nos salutations distinguées,

Institut W. Schimmelpfeng.
Le Fondé de pouvoirs
VAN DER DONCK.

Suit un questionnaire, d'une indiscrétion parfaite. Et notre lecteur ajoute :

---

(1) *La Tribune de l'Aube.*

Les noms que je lis en tête de cette circulaire et en signature me laissent rêveur.

Que signifie une telle enquête menée par des gens qui ne cachent même pas qu'ils sont étrangers ?

Ces renseignements, destinés, nous dit-on, à faciliter les rapports d'acheteurs à vendeurs, sont tout à fait superflus.

Les industriels et commerçants français savent très bien à quoi s'en tenir sur la solvabilité de leur clientèle. Les banques sont très documentées à ce sujet, en général, et renseignent leurs clients.

Or, dans cette circulaire, à côté des renseignements quelconques, il y en a qui seraient, si on répondait aux questions, d'une grande utilité pour la concurrence étrangère ou pour indiquer à des voisins envahissants les bonnes places à prendre chez nous. Vous serait-il possible de pousser une enquête de ce côté et voir ce qui se cache exactement derrière cet institut Schimmelpfeng, au nom bien français ?

28 août 1913.

La défense nationale tributaire de l'Allemagne

Les magnétos boches

Supposez qu'on vienne nous dire, avec preuves à l'appui, que les obus et les cartouches de l'armée française lui sont fournis par l'industrie allemande et que, naturellement, dès le début des hostilités, celle-ci cessera de lui livrer des munitions. Bien que l'on ait pris chez nous l'habitude de ne plus s'étonner de rien, il est assez probable qu'une pareille nouvelle causerait quelque émotion.

En voici une autre qui n'en excitera sans doute aucune : toutes les magnétos de nos moteurs militaires sont allemandes ; ce sont des Allemands qui nous les fournissent, ce sont des Allemands qui les réparent, et en cas de guerre, fourniture et réparation s'arrêteraient net.

— Et puis après? Les magnétos, qu'est cela?

Ce que c'est? Je vais vous le dire.

La magnéto, c'est le petit appareil qui donne la vie à tous les moteurs; c'est grâce à elle que le généralissime, les commandants d'armée pourront, dans des automobiles rapides, aller inspecter leurs formations et disposer leurs lignes... C'est la magnéto qui anime les gros tracteurs à quatre roues motrices qui traîneront, à travers sillons et fossés, les pièces de forteresse et les mettront en position... C'est en elle que puisent le souffle les camions de ravitaillement qui apporteront aux troupes vivres et munitions... C'est elle qui propulse le dirigeable; elle est proprement le cœur des aéroplanes... La magnéto, c'est l'élément sans lequel aucun moteur ne peut vivre, car c'est elle qui fournit aux cylindres l'étincelle indispensable pour allumer le mélange gazeux dont l'explosion chasse les pistons et engendre la force motrice; elle est au moteur ce qu'est le percuteur au fusil, ce qu'est l'amorce de fulminate à la cartouche, ce qu'est la gargousse à l'obus. L'arrêt de la magnéto, c'est l'arrêt immédiat du moteur, de l'automobile ou du camion, c'est le dirigeable ballotté au gré du vent, c'est la chute de l'aéroplane dans les lignes ennemies...

On voit toute l'importance d'un service de réparation et de rechange parfaitement organisé pour le ravitaillement des magnétos; on voit l'intérêt primordial qu'il y a à pouvoir trouver chez le fabricant, en cas de guerre, des appareils remplaçant ceux qui seront usés ou détériorés au cours de la campagne. Or le fabricant, à ce moment-là, se trouvera de l'autre côté de la frontière, *car le fabricant est Allemand.*

Toutes les magnétos, ou presque, des moteurs militaires français sont allemandes; elles sont fournies par des Allemands, leurs pièces de rechange nous viennent d'Allemagne.

Quatre-vingt dix pour cent de nos moteurs militaires sont en effet pourvus de magnétos Bosch (de Stuttgard). Les dix pour cent qui restent se partagent entre Unterberg et Helmé (Allemands), Méa (Allemand) et Lavalotte-Eisemann (Français); en presque totalité, rien que des Allemands! Peut-on raisonnablement penser que tous ces gens-là ne cesseront pas, en cas de guerre, de fournir à la France — à l'ennemi! — les appareils et les rechanges indispensables?

Non, tous leurs ateliers seraient fermés, et ce serait

la paralysie immédiate d'un des organes les plus importants de la défense nationale.

✖

A quoi les « Docteurs Tant-mieux », qui ne veulent pas
d'histoires, répondront peut-être : « Que voulez-vous
qu'on y fasse ? L'industrie de la magnéto est presque
exclusivement allemande, et la magnéto est indispensable au moteur à explosions. Alors ? »

Alors, ils se trompent lourdement quand ils disent —
suivant une opinion, il est vrai, très répandue — que le
moteur à explosions ne peut fonctionner sans magnéto.
Celle-ci est à celui-là si peu indispensable qu'avant peu
de temps — un couple d'années peut-être — les nouveaux châssis automobiles s'en passeront fort bien. Elle
sera remplacée par un autre générateur d'électricité, la
dynamo, dont il existe déjà de nombreux spécimens sur
les automobiles de construction française. Elle n'a servi
jusqu'à présent qu'à éclairer la voiture. Pourquoi ne
l'utiliserait-on pas pour allumer le moteur ?

La batterie d'accumulateurs fournit le courant aux
lampes ; la dynamo, propulsée par le moteur lui-même,
recharge la batterie au fur et à mesure qu'il en est
besoin. C'est une véritable petite usine électrique, qui
peut tout aussi bien fournir l'étincelle aux cylindres que
le courant aux lanternes et aux phares.

Tout l'appareillage électrique fournissant le courant à
basse tension existe ; il suffirait, pour allumer le moteur
et remplacer définitivement la magnéto, d'adjoindre à
cet appareillage un récepteur de courant synchrone du
moteur, un transformateur à haute tension et un distributeur. Cela ne souffre aucune difficulté, et si l'administration de la guerre le voulait, elle aurait tôt fait de
libérer ses moteurs de l'inquiétante tutelle allemande.

Le voudra-t-elle ? Et quand ?

MORTIMER-MÉGRET.

✖

Les aveux de la Rubéroïd

Dans l'*Œuvre* du 17 mars, j'indiquais par quels « trucs » de comptabilité une pseudo-société française, — la *Rubéroïd* —, en réalité simple succursale d'une maison allemande, soldait le budget annuel par des pertes fictives, réservait ainsi tous ses bénéfices à l'entreprise mère, et frustrait l'État français des droits qu'il prélève sur les dividendes. Vous le pensez bien, je ne suis pas *médium*, et ce n'est pas par télépathie que j'avais découvert « l'astuce ». Un *lecteur bien informé* nous avait dévoilé le pot-aux-roses.

Pour une fois, non seulement le lecteur était bien nformé, mais, seul il pouvait l'être de la sorte, et les Prussiens démasqués cherchent à se venger de lui.

Leur vengeance est un aveu.

Notre correspondant, qui est étranger, faisait en effet partie de l'*Association des employés de commerce*, fondée à Hambourg en 1858, qui a des bureaux, à Paris, 8, cité Rougemont, et « a pour objet le placement des employés Allemands (1). »

Aussitôt notre article paru, la *Rubéroïd* d'Allemagne — pas celle de Paris : celle de Paris n'a l'initiative de rien ; elle ne compte pas, — la *Rubéroïd* d'Allemagne écrivait à l'*Association* de Hambourg pour demander la tête du « traître ». Sur quoi les directeurs de l'*Association* transmirent en ces termes, aux bureaux de la cité Rougemont, l'ordre d'exécution :

Hambourg, le 10 avril 1915.

La maison *Rubéroïd Ges.* d'ici nous écrit, en date du 9 courant, ce qui suit : « Pour vous prouver comment procède le nommé X..., qui fait partie de votre société de Paris, nous vous envoyons ci-inclus un numéro du journal à « sensation »...

Merci !

... « l'*Œuvre* ». Nous vous prions de lire l'article sur la *Rubéroïd* et nous vous faisons remarquer que la lettre qui y est reproduite n'était connue que par X... ainsi que les autres détails concernant les pertes et ristournes que X... seul connaissait en qualité de comptable. *Les employés français n'en savaient rien.* C'est donc un fait, triste à constater...

Oh ! Combien !

---

(1) V. le *Répertoire des « Allemands chez nous »*, dans la brochure : *les Prussiens Masqués*, en vente à l'*Œuvre*. 64 pages, 50 centimes.

...qu'un Allemand commet un abus de confiance assez bas pour porter préjudice à ses propres compatriotes. Nous sommes d'avis qu'une pareille personne doit être exclue de toute société allemande, et nous vous prions de nous dire quelles mesures vous prendrez contre X... qui seul, comme comptable à Paris, connaissait les plus anciens détails de comptabilité de la *Rubéroïd*.

Signé :

VEREIN FUR HANDLUNGS COMMIS VON 1858.

Cette lettre, dont nous avons connaissance aujourd'hui, prouve plusieurs choses.

D'abord, sur la *Rubéroïd*.

1° Celle-ci se plaint de « livraison » de documents; mais elle ne nie pas l'authenticité de ces documents; elle en avoue même implicitement l'exactitude et la précision. La lettre ci-dessus est la meilleure confirmation de notre article du mois de mars.

2° La *Rubéroïd* se plaint qu'on ait révélé jusqu'aux « *plus anciens détails* » de sa comptabilité. Ce n'est donc pas d'hier qu'elle se livre à son petit trafic, à notre détriment.

3° Elle dépose sa plainte entre les mains, non de la justice, mais d'une association allemande privée : elle a sans doute plus à perdre qu'à gagner à ce que la justice française mette le nez dans ses comptes.

Ensuite, sur l'*Association* de la cité Rougemont :

Il appert, comme on dit au Palais, qu'elle n'est pas seulement une Union pour le « placement » d'employés allemands, mais une véritable franc-maçonnerie d'employés implantés chez nous pour y défendre par tous les moyens, *même malhonnêtes*, le commerce germanique. Le seul tort de notre « Informateur » était en effet celui-ci : *n'avoir pas voulu se faire plus longtemps le complice d'une fraude.*

Il nous écrivait :

Ayant reconnu la vraie nationalité de la maison du *Rubéroïd* et *n'approuvent pas les écritures* de cette société allemande à faux-nez français, j'ai cru qu'il serait plus loyal envers le pays où j'habite actuellement de ne pas travailler dans une maison pareille. J'ai donc quitté cette maison...

« La peste soit de l'olibrius, se sont dit les Allemands de la *Rubéroïd* et de la Cité Rougemont. Il a des scrupules bien étranges. Si l'on ne peut plus gruger les Français à son aise, qu'est-ce que nous deviendrons? »

On se le demande.

Mais enregistrons toujours leur double aveu ; l'un après l'autre, les masques tombent.   JEAN PIOT.

18 septembre 1913.

Les Boches en Bretagne

Nous avons signalé déjà le danger auquel les continuels achats de chevaux faits par la remonte allemande exposent la défense nationale.

Rien n'a été fait pour enrayer le mal. Sous la direction d'officiers de l'armée allemande qui ne dissimulent aucunement leur qualité, et croient avoir assez fait pour garder l'incognito lorsqu'ils ont remplacé le casque à pointe par un de ces petits chapeaux verdâtres qui constituent à eux seuls d'indiscutables certificats d'origine, de véritables missions parcourent la France pour râfler tous les chevaux disponibles. Elles sévissent particulièrement en Bretagne d'où l'on nous signale à nouveau que tous les centres d'élevage, Quimper, Quimperlé, Morlaix, Saint-Pol, Carhaix, Landerneau, ont été littéralement écumés.

On évalue à près de deux cent mille le nombre des chevaux français qui, depuis un an, ont été expédiés en Allemagne pour les besoins de la mobilisation. Si une soixantaine de mille ont été achetés par l'intermédiaire de maquignons suisses, italiens ou espagnols, près de cent quarante mille ont été livrés directement aux agents de l'Allemagne, sous l'œil bénévole des autorités françaises. De la seule gare de Landivisiau, quarante-sept wagons de chevaux sont partis pour l'Allemagne la quinzaine dernière.

L'attitude bizarre des commissions de remonte françaises est d'ailleurs pour beaucoup dans les facilités qui s'offrent aux acheteurs d'Outre-Rhin. C'est ainsi qu'on raconte à Quimperlé le fait suivant qui a déjà été signalé officiellement au ministre de la guerre sans que celui-ci ait jugé à propos d'ouvrir une enquête.

Lorsque la commission dont il s'agit se présente dans un village, elle refuse, paraît-il, tous les chevaux qui lui sont présentés. Alors surgissent deux ou trois maquignons. Ils démontrent aux paysans que, si leurs chevaux ont été refusés, c'est qu'ils ne valent absolument rien et les persuadent de les leur vendre à vil prix. Aussitôt possesseurs des animaux qu'on a bien voulu leur céder, ils devancent la commission au plus prochain village et les revendent, paraît-il, aux mêmes officiers qui les avaient trouvés la veille impropres au service, à des conditions très onéreuses. L'un des maquignons se vantait

n septembre dernier d'avoir réalisé de la sorte en un
seul mois un bénéfice de cinquante mille francs. Cinquante mille francs inutilement gaspillés par l'aveugle-
ment — pour ne pas dire plus — des membres de la
commission.

On comprend que, dans ces conditions, les paysans
préfèrent vendre aux Allemands à un prix très rémunérateur.

Car les Allemands ne marchandent pas. Ils achètent
out, à tout prix. Ils n'hésitent pas à dépenser des
sommes importantes pour acquérir même les chevaux
des particuliers.

Il y a quelques jours, le juge de paix d'A..., dans le
Finistère, arrivait en cabriolet à Quimperlé. Il était à
peine installé à table d'hôte que deux étrangers se pré-
sentaient et lui offraient de lui acheter son cheval. Ils
élevèrent leurs offres jusqu'à dix-huit cents francs. La
bête en valait huit cents environ. Le magistrat refusa
parce que les acheteurs étaient Allemands.

Mais combien de paysans n'ont pas les mêmes scrupules !

Le danger s'accroît du chef que, en ces dernières
semaines, les acheteurs germaniques portent leurs choix
sur les juments poulinières et s'efforcent de décider les
éleveurs à les leur céder à des prix fort élevés, donc fort
tentants. Si cela continue, la production allemande
s'améliorera bientôt, à mesure que la nôtre s'amoindrira
et, avant peu, ce sont nos éleveurs qui devront fréquenter
les marchés d'Allemagne. Mais soyez sûrs qu'on ne lais-
sera jamais circuler de l'autre côté de la frontière des
missions françaises dirigées par des officiers français.

⁂

Si, du reste, les Allemands font en Bretagne besogne
patriotique et travaillent à renforcer, grâce à nos chevaux, la garde du Rhin, ils n'oublient pas leurs petits
bénéfices.

Il ne leur faut pas seulement les produits de l'élevage
breton, ils veulent aussi ceux du sol. C'est par milliers
de quintaux qu'ils accaparent les pommes à cidre,
richesse de la contrée.

Ces bons Teutons ont, d'ailleurs trouvé le moyen
d'entrer en possession des fruits sans bourse délier.
Dans vingt communes, ils ont employé le même procédé.
En arrivant dans le pays, ils déposent en banque une
certaine somme et se font ouvrir un compte. Ils règlent

leurs menues dépenses avec des chèques qui sont naturellement payés rubis sur l'ongle. Leurs achats de pommes terminés, ils les font conduire en gare et charger. Puis, au moment du départ, ils remettent un chèque au vendeur qui part en les remerciant. Mais, lorsqu'il se présente à la banque, il apprend que les Allemands, quittant le pays, ont retiré tout leur argent. Et le tour est joué.

Un de nos amis a failli être pincé de la sorte pour une somme de six mille francs. Heureusement pour lui, un doute lui était venu. Dès la signature du contrat de vente de sa récolte, il avait, à l'aide de ce contrat, pu faire mettre opposition sur l'argent des Allemands. Et, lorsque ceux-ci se présentèrent pour le retirer, il était trop tard.

L'étrange, c'est qu'aucune plainte n'ait été déposée. Mais les Bretons, les paysans bretons sont ainsi faits qu'ils hésitent toujours à mêler la justice à leurs affaires. Le parquet n'en est pas moins au courant. Les brigades mobiles que nous entretenons à grands frais ont dû avoir vent de la chose. Qu'a-t-on fait pour protéger nos nationaux contre les escrocs allemands ? Rien.

23 octobre 1913.

A la frontière

Il y a encore des gens qui s'étonnent que des officiers allemands puissent passer la frontière très commodément, et qu'on ne les aperçoive que par miracle. Le miracle, c'est qu'on les aperçoive quelquefois !

Sur toute la frontière de l'Est, nos voisins font des reconnaissances dans ce but : « se rendre compte s'il existe chez nous une surveillance ».

Faites donc passer de l'autre côté seulement quatre hommes et un caporal : vous verrez si on est là pour les recevoir !

25 décembre 1913.

Une autre forme de l'invasion

La pornographie boche

Lorsque M. le sénateur Bérenger parcourt les rues, tout choque son œil pudique. Son visage se renfrogne devant les passantes accortes qui se troussent galamment. Il oppose aux plaisanteries douteuses des jeunes hommes égrillards une oreille irritée. Mais il s'attache surtout aux étalages des marchands de journaux. Il cherche longuement dans le dessin bon enfant d'un artiste montmartrois la ligne ombrée à point pour réjouir les imaginations sadiques. Il en analyse sévèrement, d'une analyse grammaticale, mais peu logique, les légendes qu'il blâme, tantôt pour leur clarté, tantôt pour leur obscurité. Et sa promenade se termine invariablement dans le cabinet du procureur de la République, auquel il impose des poursuites dont le besoin ne se fait pas toujours sentir.

Son initiative pourrait peut-être s'employer plus utilement. Ignore-t-il les entreprises des industriels sans scrupules qui, de l'étranger, nous inondent de circulaires, de prospectus, de catalogues, de photographies et de livres obscènes ?

Je puis, pour lui, entr'ouvrir mes dossiers.

La pudibonde Allemagne est le siège de l'industrie pornographique. Les Allemands sont aujourd'hui les fournisseurs attitrés de tous ceux qui, par métier ou goût, cherchent dans l'imprimerie et dans l'image le seul détail érotique.

Sans doute, d'autres commerçants, en d'autres pays, essaient d'exploiter la même curiosité vicieuse. Mais c'est avec une maladresse presque ingénue, qui ne peut laisser aucun doute sur la marchandise qu'ils proposent.

Madrid, calle Torija, 90.

Monsieur,

Ayant eu l'honneur de traiter avec vous des affaires pour certaines curiosités galantes, je me permet (sic) de vous in-

"

former que je viens de créer un grand nombre de photos avec
poses splendides, modèles ravissants : leur format est de
13 × 14 cm.

Je peux vous composer des lots choisis à 25, 40, 50 francs
et au-dessus.

Egalement à votre disposition photo format visite à 2f francs
le cent.

Palement en bons de poste en blanc car le mandat international n'existe pas pour ce pays.

ALIX.

Monsieur,

Ayant pris la suite d'une maison avec laquelle vous avez
fait des affaires pour certaines curiosités galantes, je me permets de vous envoyer mon catalogue; tout est nouveau, les
poses splendides, les modèles merveilleux, etc.

DEBRYEN,
Fomento 00, Madrid.

Les Allemands, eux, ont la manière.

C'est sous couleur d'art qu'ils opèrent. Leurs circulaires, luxeusement imprimées sur papier couché, contiennent un certain nombre de reproductions en miniature de poses plastiques. Voici comment s'exprime l'un
des marchands les plus connus :

Nouvelles Photographies de modèles vivants.

*Un matériel d'étude intéressant et artistique et d'une ri-
chesse extraordinaire.*

*Grâce à la collaboration de deux artistes renommés et ayant
à ma disposition un corps de modèles remarquables par leur
beauté et leurs formes parfaites, je suis en état d'offrir un
choix de poses et de groupes qui pour leur variété et leur
excellence artistique dépasse tout ce qui ait été offert jusqu'à
ce jour.*

Pour vous en donner au moins une idée je vous présente
ci-après un petit choix de miniatures de ces vues reproduites
en typographie. Quoique ces réductions manquent de la clarté
et de la finesse des originaux elles pourront vous servir de
gouverne pour la détermination d'un choix. Je vous prie de
vouloir bien me désigner un certain nombre de vues dont
vous voudrez bien obtenir les photographies originales. Si
vous ne trouvez pas dans la petite collection assez de poses
vous convenant, veuillez demander mon catalogue de photographies en miniature qui embrasse 200 vues et dont le prix
est frs 5,60.

Sur une commande de 10 vues format « cabinet » (11 vues
pour 10) je reprendrai le catalogue en payement de sa valeur
de frs 5,60.

Les vues format « cabinet » sont des photographies
originales aux dimensions de 9 ½ × 17 cm. ou de
10 ½ × 14 ½ cm.

Le prix est de 75 cts, mais sur une commande de 10 pièces j'ajoute une vue à titre gracieux, donc 11 pour 10.

Suit un bulletin de commande au nom de Oswald Schladitz et Co, G. m. b. H. Berlin W. 57, Bulowstr. 54 part. Ce bulletin spécifie que les photographies originales doivent servir « pour dessein (sic) artistique ».

Que certaines maisons soient spécialisées dans ces photographies de nu artistique qui ne dissimule rien de la nature, c'est possible. Mais la plupart, après les poses à un personnage, vous fournissent celles à deux et à plusieurs acteurs.

Après l'Allemand qui vend des photographies d'art, il y a celui qui procure aux collectionneurs des pièces rares. Tel est Herr K. J. Obratil, maître de dessin, membre de la société des Ex-libris de Berlin. Il est tout prêt à vous envoyer, en épreuves sur soie, sur Chine ou sur Japon une dizaine de compositions qu'il qualifie lui-même d' « Ex-libris érotiques » et dont la plus chaste ferait rougir un singe.

Si les Allemands opèrent eux-mêmes lorsqu'ils peuvent donner à leurs propositions un prétexte à peu près avouable, ils ne se font pas faute d'employer, pour des offres moins déguisées, des intermédiaires auxquels ils achètent un petit fonds de commission.

Lorsqu'on a demandé quelques spécimens de vues d'après nature, on reçoit une circulaire semblable à celle-ci :

Monsieur,

Votre adresse ci-jointe m'a été communiquée par un de mes amis de l'Etranger à qui vous avez fait quelques achats de sujets académiques.

Je me permets de venir vous faire des offres de service pour des articles *beaucoup plus intéressants au point de vue que vous recherchez.*

Curiosités rares, artistiques et littéraires.

Je puis vous composer des lots d'essai bien assorti et avantageux avec les *meilleurs numéros* des plus récentes séries parues.

Lots à 10, 20, 30, 40, 50 francs, etc., etc.

Vous en aurez, soyez-en sûr, la plus grande satisfaction.

Je puis également vous vendre des livres à des prix défiant toute concurrence. (Echantillon : 10 francs.)

Une prime gratuite est jointe à toute commande passée dans les huit jours qui suivent le retour du courrier (sauf pour les livres).

Mes catalogues seront joints au lot d'essai que vous aurez choisi. Je ne les envoie jamais d'office mais seulement sur demande et sous pli cacheté.

A défaut d'ordre plus important, prière de prendre au moins 6 francs d'échantillons en demandant les catalogues.

Prière : 1° De ne jamais écrire par carte postale ni sur les talons des mandats-cartes.

2° De faire recommander vos correspondances et surtout des envois de fonds.

3° De ne jamais retourner aucune marchandise sans avoir demandé et reçu des instructions spéciales à cet effet.

Ces circulaires ne sont pas signées. Mais elles contiennent une enveloppe de retour au nom de l'intermédiaire. Deux des plus connus sont M. A. L., se disant commissionnaire en marchandises, à Vincennes, et Mme C., articles de Paris, parfumerie, etc., à Toulouse.

Que les marchandises de M. L., et les articles de Paris de Mme C. soient fabriqués en Allemagne, personne n'en peut douter en parcourant les catalogues orduriers qu'ils expédient, et dont la forme typographique comme la structure des phrases décèlent l'origine.

Ainsi, par exemple, le traducteur d'une réclame pour un livre qui s'intitule *les Paradis Charnels* donne à l'auteur le qualificatif de « Docter ». Singulier « Docter » du reste qui a, paraît-il, dessiné lui-même et d'après nature 148 postures diverses ! ou bien l'on oublie de supprimer la page relative aux difficultés que pourrait créer la douane.

≛

Il est impossible de donner ici le moindre extrait des catalogues prussiens qui offrent jusqu'à des adresses de personnes accueillantes. Leur introduction dans une maison est un véritable attentat. Que M. Bérenger, et après ou avant lui, le parquet en ignorent les expéditeurs, cela semble invraisemblable. Pourquoi ne pas prendre des mesures à la frontière, afin d'empêcher l'introduction de cette marchandise empoisonnée ?

J'ai vu la douane anglaise refuser des ballots d'imprimés émanant d'une société financière suspecte. Pourquoi la douane française n'agirait-elle pas de même et pourquoi tous les envois des proxénètes allemands ne seraient-ils pas arrêtés ?

Voilà, pour M. René Bérenger, une campagne à entreprendre, plus urgente que celle qui consiste à éplucher les productions de nos artistes.

Et elle aurait d'autant plus d'intérêt que le parquet

berlinois vient d'engager des poursuites pour immoralité contre plusieurs éditeurs français, notamment MM. Fasquelle, Alfred Vallette et Arthème Fayard...

Ce toupet!

L'impôt contre l'invasion

I. — Pourquoi ne réclamerait-on pas en France l'établissement du permis de séjour pour les étrangers, qui existe dans tous les pays d'Europe?

Ce permis de séjour établirait sur l'étranger un droit de perception de cinq francs (5 fr.) par année et le porteur serait astreint à le faire signer ou viser à son arrivée en France, à tout changement de domicile ainsi qu'à son départ de France.

Vous garantiriez ainsi en France la sécurité de vos nationaux et celle des étrangers, et vous auriez un moyen très juste et légitime d'équilibrer votre budget.

Cela rendrait grand service à la police, et permettrait d'éliminer tout étranger *indésirable*.

Les milliers d'étrangers qui vivent de votre vie et viennent profiter de vos institutions n'auraient pas de reproches de conscience à se faire.

Moi qui suis Suisse du canton de Neuchâtel, j'ai été domicilié quatre ans à Genève; et à Genève, dans mon propre pays, j'étais comme étranger, et je payais 4 fr. 75 de permis de séjour par an.

Les contribuables français ont toutes les charges; il est juste et légitime que les étrangers payent leur part.

Tous les repris de justice étrangers, comme le voleur de la Joconde, viennent chercher asile chez vous pour se perdre et se cacher dans la grande fourmilière parisienne.

En établissant cette loi vous en seriez bientôt débarrassés.

P. S.
Suisse à Paris.

II. — Nos députés viennent de voter un emprunt de 1.300 millions et les contribuables sont écrasés par les impôts qui augmentent tous les jours. Pourquoi, alors que nous cherchons de l'argent, ne ferions-nous pas ce qu'on fait dans les pays voisins, l'Allemagne par exemple?

Je dois aller en Allemagne le mois prochain, et je payerai un impôt d'environ 100 francs (impôts de guerre sur les étrangers, etc.).

Ne pourrait-on pas imposer de même les milliers d'étrangers qui vivent chez nous, et devons-nous faire fi des millions que nous rapporterait pareil impôt?

UN INGÉNIEUR.

1er janvier 1914.

Taxons les Aubains!

Pourquoi, demandions-nous la semaine dernière, ne sommes-nous pas mieux défendus contre les étrangers masqués qui nous bernent et nous pillent? Pourquoi Caillaux, qui cherche de l'argent, ne fait-il même pas payer à ces intrus la taxe dont on nous frappe, nous Français, lorsque nous séjournons en Allemagne? A-t-on pour de révéler, par la perception d'un pareil impôt, le nombre effroyable de parasites qui nous rongent?

Voilà des années que nous posons ces mêmes questions. Mais, chaque semaine, l'aventure d'un Piotruzinski quelconque leur donne une actualité nouvelle.

Et, chaque semaine aussi, à ce sujet, nos lecteurs nous écrivent.

L'un nous signale, d'une manière très précise, l'invasion des hôtels français par le majordome suisse-allemand :

Un mot de félicitations pour votre campagne contre les « Aubains » que notre hospitalité par trop débonnaire accepte et qui en profitent pour mettre notre beau pays au pillage. Je travaille dans un grand hôtel. L'industrie hôtelière est une des branches le plus soumises à la coupe des étrangers, tous alliés contre nous, en un bloc contre lequel quelques Français luttent avec désespoir sans pouvoir se maintenir.

Sur les 88 grands hôtels de Paris, à peine sept ou huit ont

un premier maître d'hôtel Français; or, c'est le premier maître d'hôtel qui règle tout.

Cette place vaut de 10.000 à 20.000 francs par an, les chefs de rang ont de 3.000 à 5.000 francs.

Quand j'étais en Allemagne, je gagnais 1.400 marks par an, et je payais 30 marks comme « taxe d'étranger ».

UN LECTEUR de l'Œuvre.

Tel autre nous montre à quelles taxes l'étranger est soumis en Espagne :

Je suis marchand d'antiquités. Quand j'étais établi à Madrid, mes collègues espagnols payaient une contribution qui était au maximum de 1.200 pesetas. A moi, l'on m'avait imposé, comme étranger, une contribution de 3.500 francs par an. Pourtant je ne faisais pas plus d'affaires que les marchands espagnols.

Croyez-vous que votre ministre des Finances ne serait pas bien inspiré en taxant toutes les maisons de commerce étrangères qui font de la concurrence aux commerçants français, d'une contribution double ?

Il serait facile de trouver là 2 ou 300 millions par an.

Aujourd'hui, en France, tout le gros commerce est entre les mains des étrangers qui se soutiennent entre eux : ainsi le commerce des pierreries fines, des tailleurs pour hommes et pour dames, des transports de bijoux, des antiquités, etc. Visitez ces maisons-là : vous n'y verrez comme employés que des étrangers.

En Suisse et en Allemagne aussi, les étrangers paient :

Pour travailler pendant quatre mois dans le canton du Valais, j'ai dû payer 25 francs d'impôts sur le travail, 5 francs à l'Etat Suisse, 5 francs à l'Etat du Valais, 3 francs de permis de séjour et 5 francs à la Commune : total, 43 francs pour quatre mois de travail. En Allemagne, à Hombourg-am-M., près de Francfort, pour une saison de 7 mois j'ai payé 28 marks d'impôts. Chez nous, au pays des bonnes poires, l'étranger paie pour tout potage 2 fr. 50 par an, et jouit des mêmes privilèges que les Français : si tout étranger en France payait seulement 5 francs, c-la rapporterait des millions au Trésor.

UN FRANÇAIS VOYAGEUR.

5 février 1914.

Tous ceux qui ont voyagé hors de France s'étonnent que l'on ne fasse pas chez nous, où pullulent les étrangers ce que font tant de nations voisines. Nous citions l'autre jour le cas de l'ouvrier qui pour travailler à Genève ou à Francfort, doit acquitter une taxe; le cas de l'antiquaire français qui, à Madrid, paye patente double, — alors qu'en France un étranger, pour tous droits, verse deux francs cinquante en faisant sa déclaration — quand il la fait !

Hors de nos frontières, cette manière de lutter contre « l'invasion » tend à se généraliser. S'il est encore quelques États allemands où l'étranger ne paye pas de taxe particulière, il va être frappé, et de dure façon, par la contribution de guerre que le Reichstag vota récemment. Pourquoi donc les Allemands implantés chez nous ne contribueraient-ils pas, eux aussi, à notre défense nationale ?

Prenons, dans le courrier de cette semaine, quelques lettres. Voyez comme elles confirment notre campagne :

Je suis, dit l'un, ouvrier maroquinier. Or la plupart des ateliers de maroquinerie sont occupés par des étrangers. Qu'un patron ait, dans ses ateliers, deux étrangers pour dix Français, passe encore ! Mais c'est, en réalité, tout le contraire : il y a un Français pour dix « métèques » Et la plupart de ceux-ci ne payent même pas leur droit d'étranger.

Il n'en va pas ainsi seulement dans la maroquinerie ; voici un autre exemple :

Faisant partie de la corporation du Bâtiment, je me suis toujours étonné du pourcentage d'étrangers qui viennent abaisser la main-d'œuvre. Généralement célibataires ou ayant laissé au pays femme et enfants, peu fumeurs et buveurs (ils échappent par là aux impôts indirects) ils n'ont pour tout état-civil qu'un certificat de domicile, pas de déclaration à la préfecture et ne paient aucune indemnité.

Mais qu'une vieille Alsacienne installée à Paris perde son mari, et retourne pour l'ensevelir au pays natal : elle n'échappera pas à la taxe :

Lors de mon deuil, nous dit-elle, je suis allée avec ma fille à Strasbourg, puis à Baden-Baden. Nous avons dû payer une « Kurtaxe » très élevée. Ne voulant pas enrichir les Allemands, je suis partie bien vite.

Peut-être, devant une bonne taxe française, quelques Badois tiendraient-ils le même raisonnement. Et ce serait tant mieux !

*
*   *

Vous n'imaginez pas, nous écrit un lecteur de Cannes, ce que pourrait donner sur la Riviéra et jusqu'au delà de Marseille, un impôt de séjour sur tous les employés étrangers qui font une concurrence acharnée aux travailleurs français.

Dans les hôtels, les employés sont tous, ou presque tous Allemands ! Et il y a sur notre littoral plus d'un million d'Italiens qui envoient intégralement leur gain chez eux, et dépensent fort peu chez nous.

Un impôt de séjour annuel serait fort rémunérateur pour l'Etat. Et j'ajoute qu'il serait fort juste !

Quand donc nous déciderons-nous à trier les étrangers à leur entrée en France, et à leur faire payer une indemnité de résidence de 25 ou 30 francs par an ?

N'oublions pas les Espagnols :

Les Espagnols malhonnêtes, affirme un lecteur, pullulent en France. Un de ces Espagnols, qui fait le grand seigneur, habite un luxueux appartement et s'affuble d'un nom pompeux, m'a escroqué de l'argent, ainsi qu'à d'autres personnes...

Les deux fils de ce noble Espagnol (ils sont tous nobles) ont passé l'âge d'être soldats. Ils restent tranquillement dans leur famille, ne servant aucun pays et ne vivant que d'escroqueries.

Il serait temps que l'on fît une loi, obligeant tout étranger qui habite la France, à faire son service militaire comme nos fils. Ou alors qu'on les renvoie dans leur pays !

Et tout au moins, qu'ils payent !

Nous n'avons guère trouvé, pour protester, que quelques Weinberg ou autres bons Français. L'un nous affirme sans rire que le déserteur Piotruzinski, n'étant que « petit fils » d'un Polonais, « est doublement Français... puis que son père l'était déjà (sic). » Un autre nous déclare (et je respecte son orthographe) :

« Il n'y a pas seulement de bons étrangers qui contribuent à la prospérité de la France, mais tous les étrangers, vous entendez, tous y contribuent, sauf quelques mauvais gars, qui sont en si faible minorité que vraiment ça vaut même pas la peine de parler d'eux. »

(C'est sans doute pour cela que, chaque jour, les journaux sont pleins du récit de leurs exploits.)

Et notre aimable correspondant conclut :

« Gardez au pays, qui porte la devise Liberté, Egalité, Fraternité, son auréole intacte. »

Ah ! non, cher monsieur Weinberg, laissez là la devise et l'auréole. Ça ne prend plus. C'est très beau d'avoir une auréole : ce n'est pas une raison pour se laisser manger.

Ainsi pense notre ouvrier en bâtiment :

Au moment où l'étranger nous oblige à revenir au service de trois ans, à augmenter nos armements et nos impôts, comment se fait-il, a-t-il demandé à M. Leboucq, son député, comment se fait-il qu'on n'ait même pas songé à faire participer à nos dépenses ces étrangers qui retourneront manger chez eux l'argent gagné chez nous, tandis que nos fils manquent de charbon dans les casernes?

A quoi M. Charles Leboucq a répondu :

J'ai pris moi-même l'initiative d'une campagne dans le sens que vous désirez, et ceci à la suite du vote de la loi de trois ans, qui, frappant d'une lourde charge nos travailleurs par l'obligation d'une année supplémentaire de présence sous les drapeaux, les met dans un état d'infériorité par rapport à leurs concurrents étrangers. Mais jusqu'à présent, le gouvernement ne semble pas disposé à appuyer mon initiative...

Objection :

Si on demandait aux industriels des départements du nord de la France leur avis sur la question, ils seraient tout disposés à payer une prime aux ouvriers étrangers plutôt qu'à leur imposer une taxe de séjour; car c'est surtout la main-d'œuvre étrangère qui a contribué à la prospérité de l'industrie de ces régions où un nombre incalculable de maisons sont heureuses d'avoir des ouvriers étrangers à employer.

Hélas! avouons-le, c'est là notre point faible...

Nous avons, l'an dernier, poussé ce cri d'alarme : « Des enfants ! Des soldats ! » (1) Ce ne sont pas seulement des soldats qu'il nous faudrait : ce sont aussi des travailleurs. Si la France ne peut plus se fournir à elle-même sa main-d'œuvre, il faut bien qu'elle la prenne quelque part. Et c'est la porte ouverte aux immigrations.

Quel est donc ce médecin qui proposait naguère, pour remédier à la pénurie des naissances françaises, d'importer chez nous, chaque année, un million de Slaves, en échange des milliards que nous exportons en Russie ?... Nous sommes bien malades si, au lieu de « taxer » les étrangers, nous en sommes réduits à payer *pour qu'ils nous envahissent.*

Mais sommes-nous vraiment tombés si bas ?

____

(1) Numéro du 27 février 1913.

Man Spricht Deutsch

Si vous allez de Saint-Quentin à Paris, et si vous faites ce voyage par le rapide 180 (14 heures 8), prenez bien soin d'emporter avec vous un dictionnaire allemand-français.

Sur les wagons du rapide 180, il y a, en effet, de larges pancartes portant ces inscriptions :

Raucher.
Nicht Raucher.
Frauen.

C'est à vous que ces discours s'adressent.

Évidemment, vous savez mieux que personne si vous êtes un fumeur, un non-fumeur, ou une dame seule. Mais, faute d'avoir appris l'allemand au collège, vous ne saurez pas dans quel compartiment du rapide 180 vous devez prendre place ; car aucun lexique n'est mis à la disposition des voyageurs.

M. Chastenet, sénateur, a posé une question au ministre des travaux publics, dans le but d'obtenir une traduction.

Le ministre a promis qu'il inviterait la Compagnie du Nord à apposer des étiquettes bilingues, même sur les trains qui, comme le rapide 180, proviennent de Cologne.

Mais on voudrait bien savoir comment, dans le rapide 180, ils ont traduit « *water-closets* » en allemand ?

12 février 1914.

※

L'oreille du loup

Un de nos amis reçoit un Catalogue de machines à écrire de la maison Adler. A la première page, une magnifique machine — la seule machine du monde entier qui, pour 650 francs possède, etc... Et, sur cette machine, la marque suivante en caractères romains :

Adler
Société française des établissements Adler,
Paris,
10, rue Vivienne.

Mais, plus loin, un autre cliché. La machine, cette fois, porte, en caractères gothiques, ce seul mot lisible *Adler*. Seulement, à côté, d'autres lettres maladroitement grattées, permettent de reconstituer l'inscription suivante :

Adler Werke
Vorm. Heinrich Kleyer A. G.
Franckfurt a Mein.

Pas malin pour une fois !

19 février 1914.

Est-il vrai ?

Un lecteur nous écrit :

Vous ne vous doutez pas — mais vous l'apprendrez sans étonnement — que les petites bandes de papier sur lesquelles sont imprimés les télégrammes sont fournies à l'administration des Postes par la maison *Lüber et Rieder, de Molsheim (Allemagne)*.

Est-ce vrai ? Et, si c'est vrai, n'y a-t-il donc pas de Français en France qui soient capables de fabriquer ces petits serpentins ?

Made in Germany

On sait déjà que la pharmacie française est débordée par les spécialités étrangères. Les associations de pharmaciens ont décidé de continuer avec plus d'énergie que jamais la lutte commencée contre elles. Nous aurons occasion de les y aider. En attendant ne pourrions-nous conseiller aux métèques qui nous inondent de leurs produits de faire reviser leurs circulaires, afin, du moins, de ménager notre langue, sinon nos intestins ?

Voyez plutôt comment s'exprime, à propos de l'eau de Janos, Herr Andréas Saxlehner :

Le prix de vente au public devra toujours être arrondi avec cinq centimes et égal ou immédiatement supérieur au prix obtenu par la majoration. *Exemple* : Si le prix de revient, augmenté de 25 %, déterminait un prix variant de 0 fr. 55 à 0 fr. 60 ou de 0 fr. 60 à 0 fr. 65, il conviendra toujours de prendre, pour prix de vente au public, les chiffres de 0 fr. 60 ou de 0 fr. 65.

C'est évidemment du français fabriqué dans les prisons... d'Outre-Rhin.

Tout haut!

Le conseil municipal de Dinan discute sur l'établissement du chauffage central au collège par la maison Kurling.

M. Giblat. — Il y avait huit maisons à avoir fait des offres, sept françaises et une allemande; c'est cette dernière qui a été choisie; c'est monstrueux !

M. le Maire. — Nous ne sommes pas seuls à payer. *Nous avons dû laisser au Ministère le soin de choisir le fournisseur qui lui convenait. Nous partageons vos sentiments à cet égard, et regrettons ce choix; c'est tout ce que nous pouvons faire.*

M. Foligné. — Nous blâmons tout, mais tout bas.

Et l'Œuvre le répète tout haut, pour vous donner du cœur.

Eclairage allemand au ministère des finances

Chauffage allemand au ministère de l'instruction publique.

Si la France devenait une colonie allemande, qu'est-ce qu'il y aurait de changé?

26 février 1914.

&

Prise de Grenoble

Le dernier rapport publié par le Conseil de l'Université de Grenoble donne la statistique suivante :

Etudiants français. . . 429
Etudiants allemands . . 428
Autres nationalités. . . 38

A Paris, nous avons encore la majorité. A Grenoble, il y a ballottage.

Mais les Allemands considèrent la ville comme gagnée, et en font un nouvel Heidelberg : le temps passé par les étudiants allemands à Grenoble compte pour leur scolarité obligatoire... *Et certains cours de la Faculté de droit sont professés en langue allemande.*

D'après une intéressante étude publiée par le Dr Lucien Nass, certains libraires de Grenoble affichent à

leur étalage la dernière nouveauté pangermaniste :
Frankreik Ende in Jahre 19..., avec la carte du partage
de la France entre nos futurs vainqueurs.

Futurs?...

Remarquez que la plupart des étudiants allemands
sont officiers de réserve. Grenoble est au cœur même
de notre défense alpine.

Il y a là un sujet d'études plus passionnant que l'anatomie ou les Pandectes.

5 mars 1914.

La trouée du Luxembourg

Longwy, ce 5 avril 1914.

Messieurs,

Je tiens à vous signaler deux faits d'une importance
extrême.

Il s'agit de la « trouée » du Luxembourg qui a fait
couler déjà tant d'encre, — pas autant, cependant, qu'elle
le méritait.

I. — Le secteur menacé par les Allemands est celui
dont Longwy est le centre et dont les deux ailes sont les
lignes Longwy-Conflans et surtout Longwy-Charleville.

Devant ce demi-secteur, les Allemands disposent,
pour amener leurs troupes à la frontière, des voies
ferrées :

1. Thionville à Esch et Bettembourg.
2. Trèves à Hollerich-Luxembourg.
3. Trois-Vierges à Hollerich-Luxembourg.
4. *Trèves à Arlon* par *Luxembourg* ou par Diekirch.
— Malmedy à Virton par Neufchâteau.
— Malmedy à Florenville, par Bertrix-Bastogne.
— Malmedy à Bouillon par Recogne.

Dans ce même secteur, les places de défense françaises
sont :

1. Longwy, dont la valeur est nulle.
2. Montmedy, dont la valeur est nulle.
3. Le Fort des Ayvelles, plus qu'insuffisant.

Nos défenses naturelles sont :

La Chiers et la Meuse. On peut les franchir :

— 287 —

1° La Chiers, par les neuf *Ponts* de Longuyon, Charency, Chauvency, La Ferté, Carignan, Blagny, Tétaigne, Pouru, Douzy.

2° La Meuse, par les douze *Ponts* de Consenvoye, Vilosnes, Dun, Sassey, Stenay, Mouzon, Remilly, Bazeilles, Sedan, Donchery, Vrigne, Nouvion-sur-Meuse.

Les voies d'accès naturelles vers Paris sont :

1. La Vallée de l'Aire par les routes convergentes de Varennes, la Vallée d'Andou et Stenay-Grand-pré,

2. La Vallée de l'Aisne, par Buzancy et Vouziers.

La *Vallée de la Bar*, par Le Chesne.

La *Vallée de la Vence*, par Boulzicourt.

Or les Allemands ne possédaient pas encore la ligne *Luxembourg-Arlon* qui était occupée par un personnel belge.

Dès à présent, un arrangement germano-belge a fait passer cette ligne sous l'exploitation du chemin de fer Guillaume-Luxembourg qui est *prussien*.

Kleinbettingen, après Bettembourg et Hollerich est devenu une des grandes têtes de ligne de la prochaine invasion.

Le gouvernement français *n'a pas dit un mot*. Cette chose minime en apparence nous coûtera à la *prochaine guerre* le sang de 20 000 Français de plus. Tâchez donc d'obtenir un *repêchage* de cette affaire. Et si l'on n'y peut plus rien, qu'on prenne au moins les mesures de défense qui s'imposent sur cette frontière : camps retranchés ; forts d'arrêt, etc.

Ce n'est pas tout.

Une loi est déposée au Luxembourg pour rendre unilingue ce pays qui était bilingue. Or ce n'est certainement pas le français qui y supplantera l'allemand.

Y a-t-il moyen d'éviter cette nouvelle « reculade » ?

Croyez, Messieurs, à mes sentiments les plus distingués.

R. M.

23 avril 1914.

La lampe Osram

On nous écrit :

Monsieur l'Administrateur,

Je lis, dans votre honorable publication, sous la désignation « Question », la lettre d'un de vos abonnés demandant si la lampe *Osram* est vraiment de fabrication allemande.

Je puis vous assurer que la question ne se pose même pas. La lampe *Osram* est bel et bien fabriquée à nos usines de Puteaux (Seine), par des ouvrières françaises, et avec du matériel français.

Je me tiens à votre disposition, et à celle de votre abonné, à la condition qu'il n'appartienne pas à la concurrence, pour vous faire visiter l'usine, et vous donner tous les renseignements que vous jugerez nécessaires, le jour et l'heure qui vous plairont.

Je vous envoie sous pli séparé deux albums donnant quelques renseignements sur nos usines de Puteaux.

Je vous prie d'agréer, etc.

RICHARD HELLER.

Personne ne le conteste ?

26 mars 1914.

On nous écrit :

I. Si, Monsieur, je conteste !

Si la lampe Osram n'est pas d'origine, de fabrication allemande, comment se fait-il qu'on trouve encore dans le commerce des ampoules portant gravée, au-dessus du mot « Osram », l'inscription : *Importé d'Allemagne?*

Au reste, j'ai là devant moi trois « Osram », fabriquées à des dates différentes. Il est curieux de les comparer.

La première porte sur le culot l'inscription : 25 *K*. ce qui est une marque allemande, et, sur le verre les mots : *Importé d'Allemagne*.

La seconde n'est plus « *importée d'Allemagne* ». Mais elle porte toujours sur la douille une marque allemande : *82 K*.

La troisième enfin ne présente plus rien de suspect. Elle a un petit air français auquel on peut se laisser prendre !...

Mais, Monsieur, c'est l'histoire des prospectus de *Knorr*, dans *les Prussiens masqués*. Et nous savons fort bien que les Allemands, quand ils n'ont plus intérêt à importer leur marchandise en France, s'y importent eux-mêmes...

La lampe Osram est fabriquée à Puteaux. soit! C'est une lampe allemande quand même.

UN LECTEUR.

II. Je lis dans *l'Œuvre* — on sans surprise — la lettre de la lampe Osram.

Je prends chaque jour le train à la gare de Suresnes-Longchamp et je remarque d'énormes caisses à l'adresse de la dite société, provenant de la frontière belge.

Alors... ?

UN LECTEUR DE SURESNES.

23 avril 1913.

Monsieur,

Dans le numéro du 26 mars dernier, vous publiez une lettre de M. Richard Heller où il prétend que la lampe Osram est de fabrication française. Seriez vous assez aimable d'insérer dans un de vos prochains numéros les quelques questions suivantes :

M. Richard Heller peut-il nier qu'à l'usine de Puteaux, les matières premières pour la fabrication de la lampe Osram viennent d'Allemagne à l'exception des culots de lampe importés de Hollande ?

Que les ordres donnés aux contremaîtres le sont en allemand ?

Que certains employés font continuellement le voyage entre Puteaux et Berlin ?

Que lui, M. Richard Heller, directeur général de la lampe Osram, est Allemand, que le directeur technique, M. Arndt est Allemand, que le directeur commercial, M. Bruder est Allemand, que les principaux contremaîtres sont Allemands et non naturalisés.

Recevez, etc.

L. RANDON.

7 mai 1914.

Oui, ou non ?

Un jour, un lecteur nous pose cette simple question : « Oui ou non, la lampe « Osram » est-elle de fabrication allemande ? » Nous publions sa lettre ; et l'administrateur de la Société, M. Richard Heller, nous répond :

« Je puis vous assurer que la question ne se pose même pas. La lampe *Osram* est bel et bien fabriquée à nos usines de Puteaux (Seine), par des ouvrières françaises, et avec du matériel français.

... Je vous envoie sous pli séparé deux albums donnant quelques renseignements sur nos usines... »

« Personne ne le conteste? » avons-nous demandé.
Beaucoup l'ont contesté.

Je viens de feuilleter un des albums dont nous fit
présent M. Richard Heller. Luxueusement édité, il
donne sur la fabrication de la lampe *Osram* des détails
fort intéressants.

A cette partie technique succèdent quelques pages,
que l'on pourrait appeler apologétiques, où l'auteur de
la brochure défend la lampe *Osram* d'être une lampe
étrangère. L'argumentation en est curieuse.

« L'usine *Osram*, dit l'écrivain, a été citée comme un
repaire d'étrangers hostiles à la France, et prêts à s'emparer
des secrets de sa défense. Qui pourrait ajouter foi à de
pareilles billevesées? »

Non, non : ce n'est pas de cela qu'il s'agit. Laissons là
les « secrets de la défense » nationale. Nous ne disons
pas que les Allemands de Puteaux sont tous des espions.
Nous disons que ces Allemands sont des Allemands, et
c'est tout.

— Mais il n'y a pas d'Allemands à Puteaux, réplique
notre homme... ou si peu!

« L'usine *Osram* occupe tout juste deux pour cent d'étrangers dans son personnel. Deux pour cent sur un millier de
travailleurs! »

« Deux pour cent sur un *millier* »? Qu'est-ce à dire?
Nous le verrons tout à l'heure.

Voici, dit le rédacteur, d'autres preuves :

« Les ministères, les grandes administrations ne s'éclairent
qu'avec des *Osram*. Et si les ministères accordent leur clientèle à cette lampe, c'est qu'ils n'ignorent pas... qu'ils favorisent l'industrie nationale. »

Belle preuve, en vérité! Quand il y a huit jours
M. Doumergue signa une circulaire pour admettre les
étrangers aux adjudications publiques, M. Herbette
n'eut il pas soin de nous expliquer qu'il se bornait à
« maintenir le régime existant »?...

« A la vérité, poursuit l'effronté apologiste, ce sont là (ces
accusations d'exotisme) passe-temps d'écrivains eu mal de
« copie » sensationnelle et facile, d'écrivains, aussi, à la
crédulité desquels il est aisé de fournir un aliment fâcheux.
Il ne faut donc pas prêter à leurs propos une attention trop
soutenue. »

Bien! cher monsieur : je ne vous demanderai plus de
« soutenir votre attention » que quelques secondes, et je
ferai le moins de « copie » possible.

13.

Il n'y a, à l'usine de Puteaux, que vingt travailleurs
allemands sur mille ouvriers? Soit! Je vous accorde
même qu'il n'y en a pas vingt ; qu'il n'y en a pas *un*.

Mais le directeur de la maison *Osram* s'appelle
Richard Heller, autrichien naturalisé ;

Le premier fondé de pouvoirs s'appelle Von Opel,
Allemand ;

Le second fondé de pouvoirs s'appelle Nabakowski,
Allemand ;

Le directeur de Puteaux, Bruder, Suisse-Allemand ;

Le premier sous-directeur, Geiger. Allemand ;

Le second sous-directeur, Arnt. Allemand ;

Le directeur du service des fiches, Friedrich, Allemand.

Suffit. Quand un colon allemand, au Cameroun, fait
cultiver sa terre par cinquante nègres, on ne dit pas que
son entreprise est une entreprise nègre. On dit que c'est
une entreprise allemande. A Puteaux, ce sont les Français qui sont les nègres.

Comment le directeur de la Lampe Osram essaie-t-il
de nous faire accroire que son entreprise n'est pas une
simple succursale de l'allemande *Auer Gesellschaft?*

Lisez ce télégramme d'origine berlinoise :

Berlin, 10 décembre. — La Société du bec Auer communique, contrairement à d'autres nouvelles mises en circulation, que ce n'est pas son président qui est parti pour Paris,
mais bien un autre membre du Conseil d'Administration et
un membre de la direction. Il s'agit du traitement habituel
des affaires courantes de la Société Osram parisienne et d'une
discussion relative aux mesures à prendre par la société en
vue de l'aggravation de là concurrence.

(*L'Information*, n° 285, du 10 décembre 1913.)

Est-ce clair?

Et puis, à quoi bon discuter plus longtemps? Nous
avons sous les yeux deux annonces. L'une parue dans
le Matin, est ainsi conçue :

Nouvelles créations Bté S. G. D. G.

Filament étiré en spirale.

FABRICATION FRANÇAISE

LA LAMPE OSRAM

Usines à Puteaux.

L'autre est découpée dans le *Diario del Plata*, de
Montevideo :

75,0/0 Economia verdadera.
¡Hilo estirado irrompible
Comprad la lampara

OSRAM

de hilo estirado que es sin rival.
**FABRICANTES : AUERGESELLSCHAFT
BERLIN O. 17, ALEMANIA**
De venta en todes partes.

La lampe Osram, française à Paris, est allemande à Montevideo.

Il fut d'ailleurs un temps, qui n'est pas si ancien, où, même en France, la lampe Osram avouait son origine. Nous tenons à la disposition de M. Richard Heller plusieurs ampoules qui portent leur acte de naissance gravé dans le verre.

La cause est entendue.

18 juin 1914.

≠

« *Boycottage* »

La Staatsbürger Zeitung est mécontente :

Dans son dernier numéro de juin, dit-elle, l'*Œuvre* « dénonçait » la lampe Osram. Le but de cette dénonciation se traduisait ainsi finalement : « Français, n'achète plus de lampe Osram ! »

Cette publication est vendue dans tous les kiosques de Paris. Elle est lue, et par son ignoble boycottage elle *portera en fin de compte préjudice aux marchandises allemandes.*

Donc la lampe Osram est bien allemande : la *Staatsbürger Zeitung* nous en fait l'aveu pour elle. Hâtons-nous de dire à nos confrères d'outre-Rhin que nous ne « boycottons » pas les marchandises allemandes, mais que nous dénonçons au public français les maisons allemandes qui s'affublent d'un faux nez pour écouler leur camelote en France. Ce n'est pas là un *distinguo*, c'est une distinction très réelle.

Par manière de vengeance, la *Staatsbürger Zeitung* déclare la guerre à nos vins. « Allemands, s'écrie-t-elle, ne buvez plus de vin français ! »

— 293 —

On se demande quel vin boiront alors ces pauvres gens. Les coteaux de la Moselle et du Rhin suffiront-ils à leur consommation ? On peut en douter.

Mais la *Staatsbürger Zeitung* sait aussi bien que nous, que depuis longtemps le Champagne « français » est fabriqué, à Reims ou à Epernay, par des Allemands qui, privés de vignes chez eux, viennent exploiter les nôtres.

Ne condamnez pas le « vin de France », ô *Staatsbürger Zeitung* : ce sont encore des marchandises allemandes ue vous « boycotteriez ».

16 juillet 1914.

Les banques allemandes en France

En 1911, les rentiers français furent avertis par les journaux, et aussi par des affiches, que la Compagnie des chemins de fer du nord de São-Paulo émettait 60.000 obligations à 5 %. Il est malaisé, par le temps qui court, de placer son argent à 5 %. Chaque obligation ne coûterait d'ailleurs que 470 francs. Excellente manière de mettre ses économies à l'abri. Aussi, les rentiers français n'hésitèrent point, et souscrivirent avec une grande confiance.

Aussi bien, on leur fournissait une garantie. Cette garantie n'était rien de moins qu'une première hypothèque. Au cas où la Compagnie ferait faillite, ils n'auraient qu'à faire valoir cette hypothèque. Ils étaient donc fort tranquilles. Du reste, pendant trois ans, ils n'eurent pas besoin de recourir à cette extrémité. La Compagnie leur versait sans difficulté les intérêts de leur argent.

Et puis, soudain, le 7 mars dernier, voilà que la Compagnie des chemins de fer du nord de São-Paulo est mise en faillite.

Les obligataires, aussitôt, se mettent en mesure de faire valoir leur gage, cette fameuse première hypothèque grâce à quoi on les a attirés.

Ils courent aux deux banques parisiennes qui ont émis les obligations. On leur répond... écoutez! on leur répond de s'adresser à la banque Behrens et fils, de Hambourg, pour le compte de laquelle l'émission a été faite.

Tiens, tiens! C'est une banque allemande qui a lancé sur le marché ces titres à 470 francs, qui ne valent plus maintenant que 160 francs environ? C'est une banque allemande qui a enlevé aux rentiers français, en un tournemain, dix-neuf millions?

Une autre fois, pensent les rentiers, on y regardera de plus près. Mais, maintenant, adressons-nous à cette banque Behrens.

Ils écrivent.

Et la maison Behrens leur répond avec une brutalité germanique :

« Nous ne pouvons entreprendre de communiquer avec chacun des intéressés... »

Voilà nos obligataires bien ennuyés. Ils commencent à réfléchir. La banque allemande ne veut leur fournir aucun renseignement. Bien. Mais, puisque leur créance est garantie par une hypothèque, il doit y avoir quelque part un acte hypothécaire. Ils veulent le voir. Ils retournent donc dans les deux banques parisiennes, et disent: « Montrez-le nous ».

Dans la première banque, on leur dit :

— L'acte est dans un coffre. Et le propriétaire de ce coffre est en voyage.

Dans la seconde banque, on leur dit :

— Nous avons l'acte. Mais nous le détenons pour le compte de la maison Behrens. Les obligataires n'ont pas le droit de le consulter.

Ainsi, voilà des gens qu'une banque allemande a dépouillés de dix-neuf millions, et qui ne peuvent même obtenir de connaître l'acte où sont stipulés les engagements pris à leur égard. Que va devenir leur garantie? Au moment où ils se désolent, ils lisent dans le *Brésil*, journal généralement bien informé des affaires brésiliennes, un article sur la faillite des chemins de fer du nord de São-Paulo. Ils y trouvent ceci :

« Les représentants des banquiers intéressés s'occupent de sauvegarder les intérêts engagés, et d'empêcher la vente publique, *laquelle ne garantirait que les intérêts des obligataires.* »

Comment? Eux, porteurs français, qui n'ont mis leur argent dans l'affaire que parce qu'une première hypothèque leur servait de garantie, ils se trouvent en présence de banquiers allemands qui empêchent la réalisation de l'hypothèque? Non seulement ils perdent 310 francs par titre, c'est-à-dire plus de 70 % de leur capital. Mais encore l'exécution de leur débiteur et la prise de possession de leur gage se trouvent empêchés par ceux-là même qui devraient justement assurer l'une et l'autre. La banque Behrens, ayant détroussé les obligataires, se charge ensuite de les représenter.

༅

Au reste, ce n'est pas la première fois que cette banque pille l'épargne française.

Elle a émis :

A 470 francs, les obligations des chemins de fer Nord-Ouest du Pérou, qui valent aujourd'hui 130 francs.

A 492 fr. 50, les obligations des chemins de fer d'Haïti, qui valent aujourd'hui 278 francs.

A 490 francs, les obligations du Crédit Foncier Cubain, offertes maintenant à 350 francs.

A 700 francs, les actions du même Crédit Foncier Cubain, dont nul ne veut aujourd'hui pour 475 francs.

Ainsi, grâce à la banque Behrens, le marché français a subi une perte de *quarante millions*. Ajoutez-y les dix-neuf millions du Nord-Sâo-Paulo. Vous obtiendrez *cinquante-neuf* millions qu'un seul banquier de Hambourg, à l'abri derrière la frontière, nous a volés.

On a déjà dénoncé publiquement ses manœuvres. Le 3 février 1912, M. Maurice Damour exposa, devant une Chambre stupéfaite, comment la banque Behrens avait fait admettre à la Bourse les vingt-cinq millions d'actions du Crédit Foncier Cubain, et comment elle se proposait d'y faire admettre encore vingt-cinq millions d'obligations. M. Poincaré, qui était président du Conseil, déclara que ces nouvelles valeurs ne seraient pas admises à la Cote, et en effet elles ne le furent point. Mais déjà la France avait perdu la moitié de son gage. En effet, depuis dix-neuf ans, des négociations se poursuivent entre le gouvernement français et le gouvernement cubain, pour faire payer à nos nationaux victimes de la révolution de 1895 des indemnités légitimes. La seule arme dont nous disposions pour défendre nos nationaux, était précisément le refus d'admission à la Cote.

Or, qui avait accordé l'admission pour les actions? Caillaux, Joseph Caillaux, le même Caillaux qu'on retrouve dans toutes les « affaires » de ce temps. Deux de ses protégés ont été casés dans le Crédit Foncier Cu-

— 296 —

bain. Ce sont MM. Gueydan de Dives et Eugène Fosse, ancien préfet de la Seine-Inférieure.

Quelles mesures va-t-on prendre contre les pillards allemands? Va-t-on souffrir qu'un Behrens, impunément, refuse de rendre des comptes aux porteurs français qu'il a abusés?

C'est ce que nous verrons. La banque Behrens, a déclaré à la Chambre M. Damour, a une filiale à Paris. Cette filiale se cache sous l'étiquette de « Banque Continentale de Paris ». Donc, sans pourparlers diplomatiques, on peut atteindre Behrens. Et si on trouve chez lui des lettres de Caillaux, tant pis!

14 mai 1914.

Photographes

Un lecteur nous envoie deux « vues » prises en aéroplane, au-dessus de Reims, par un photographe allemand établi en Champagne. Ces deux vues ne représentent que le collège d'athlètes. Mais qu'est-ce qui prouve que l'opérateur n'en a pas pris d'autres?

Et puis supposez un instant qu'un Français en fasse autant par delà les Vosges...

18 juin 1914.

L'affaire de Toul

Monsieur,

Ne trouvez-vous pas scandaleux et abusif qu'un simple employé dessinateur de *vingt-quatre* ans, et allemand, gagne 350 francs par mois pour faire des calques ou copier des plans, ce qui n'exige ni talent ni science approfondie, alors que nos sous-officiers et nos officiers dont la tâche est autrement lourde, gagnent si peu?

La Chefferie se montre singulièrement généreuse!

Comparez cela aux salaires d'une foule d'employés de ministères, d'officiers d'administration, ou d'instituteurs.

Chez nous, on trouve pour 200 francs des dessinateurs sortant de l'Ecole des Beaux-Arts ou de Centrale, tant qu'on en veut.

Du moins, si ce traitement de 350 francs par mois est mérité, cette place de choix devrait, semble-t-il, être réservée à un Français.

B...,
Architecte de l'Ecole Centrale.

La taxe des Aubains

En ces temps de difficultés financières, songera-t-on enfin à cette source de revenus pour l'Etat que serait l'impôt sur les étrangers habitant en France? Commerçants, industriels, représentants, etc., ils devraient payer une taxe de séjour de 10 à 25 % sur les bénéfices qu'ils réalisent chez nous. Cela, pour deux raisons :

1º Ils profitent des avantages qu'a le Français sans en avoir les charges ;

2º Ils échapperont toujours à l'impôt sur le revenu.

Ne réservons pas aux étrangers, et surtout aux Allemands, une hospitalité que nous ne trouverions pas chez eux.

25 juin 1914.

Dans les moulins

Il y a à Lyon une véritable armée allemande, — une armée économique, s'entend.

Depuis juillet 1910, je travaille dans une maison lyonnaise.

La proportion des ouvriers étrangers occupés là était jadis de 50 à 60 pour 100. Mais, cette année, la proportion était, à Villefranche, de 21 Allemands pour 5 Français ; à Lyon, de 23 Allemands pour 6 Français et 3 Belges.

Quand ces Allemands quittent Lyon, ce n'est pas pour rentrer en Allemagne, mais pour venir à Paris ou dans les environs. Beaucoup travaillent dans la meunerie.

Encore quelque mois ou quelques années, et l'on ne verra plus un seul grand moulin, en France, qui ne dépende de l'Allemagne.

Après avoir accaparé Corbeil et presque tous les moulins de l'Est, nos envahisseurs sont en train de construire un moulin qui débitera 2.500 quintaux. Pourvu que ce ne soit pas pour nourrir l'armée prussienne !

L'hydrogène des ballons

Monsieur,

Il existe aux environs de Compiègne, à la Motte-Breuil, une Société anonyme dite « Société industrielle de Produits Chimiques » qui est une succursale de l'*Electron-Chemische* de Griesheim-Bitterfeld. Cette Société a la fourniture de l'hydrogène destiné au gonflement de nos dirigeables du parc aérostatique de La Motte-Breuil.

Ainsi, nos dirigeables militaires sont construits à La Motte-Breuil, à deux pas d'une fabrique de produits chimiques allemande. C'est elle qui leur fournit l'hydrogène. Les Allemands connaissent donc à fond les installations du parc aérostatique.

En Allemagne, M. Clément-Bayard est arrêté pour avoir regardé de trop près l'atterrissage d'un Zeppelin. En France, le personnel allemand de l'usine de La Motte-Breuil circule librement dans notre parc aérostatique.

En cas de conflit avec l'Allemagne peut on affirmer que la conduite souterraine qui, de l'usine amène l'hydrogène au parc resterait ouverte ou que l'oxygène serait pur ?

Louis R...

Jouets d'Allemagne

En 1902, la France importait 10.548 quintaux de jouets ; elle en importe aujourd'hui 25.380, presque tous d'origine allemande. L'Allemagne a en effet introduit chez nous.

En 1902......   9.508 quintaux de jouets.
En 1904......   10.920   —
En 1906 ... .   11.645   —
En 1908.. . ...   12.314   —
En 1910.... .   18.712   —
En 1912... ..   19.867   —

Ajoutez à cela, pour avoir un tableau complet, 3.000 quintaux de bijouterie fausse et autre pacotille, et vous obtenez un joli total.

Mais n'oubliez pas non plus les poupées et soldats de plomb que fabrique en France, des industriels allemands. Depuis notre numéro du 19 décembre 1912, M. Salomon Fleichmann continue, avec un égal succès, à produire des Bébés Jumeau, de marque bien française.

Accoucheurs

Annonce parue dans la *Tribune de Genève* :

DANS CLINIQUE D'ACCOUCHEMENT privée, allemande, toutes les pensionnaires reçoivent en tout temps les meilleurs soins, conseils et assistance. Discrétion absolue; offres à M. Kramer, Nancy, rue Hoche, 44.

T. 4112.

Qui pourra nous expliquer le sens exact de cette annonce ?

2 juillet 1914.

Décoré

Je lis dans un journal que le colonel de Winterfeld vient d'être nommé commandeur de la Légion d'honneur, sur la proposition du ministre de la Guerre. C'est un beau geste. Cet officier était chargé de suivre nos grandes manœuvres; il a eu la chance d'échapper à la mort dans un accident d'auto, grâce aux soins dévoués et empressés de nos officiers-majors, et, pour le récompenser, on lui octroie cette distinction honorifique.

Imaginez-vous un de nos officiers aviateurs tombant contre son gré en territoire annexé ou en pleine Prusse. De quelle façon les officiers allemands traiteraient-ils la victime? Elle serait coffrée pour longtemps comme espion et je vous certifie que s'il échappait à la mort, Sa Majesté Guillaume II ne décernerait pas à notre aviateur la croix de Commandeur de l'Aigle Impérial.

Je ne suis pas un exalté : je ne suis qu'un simple employé de Métro. Mais je suis patriote avant tout et je ne comprends pas que l'on fasse des bassesses à des gens qui, si honorables qu'ils soient, avaient sûrement la mission de faire à nos grandes manœuvres un service discret d'espionnage. Pendant ce temps-là on hésite à imposer les 300.000 Allemands qui nous mangent notre pain.

Si je n'avais pas l'amour de la patrie, ce serait à me dégoûter d'être Français.

Veuillez agréer, etc.

B. C.

300 fr. à gagner

Voulez-vous une idée de la ténacité avec laquelle les Allemands essaient de pénétrer, que dis-je! de s'implanter chez nous?

Lisez cette annonce suggestive découpée dans le *Courrier*, organe spécial de l'industrie parisienne et de l'exportation.

1216. Allemand et Anglais. Jeune homme sérieux, connaissant à fond ces deux langues, ayant expérience commerciale, cherche emploi dans maison française pour se perfectionner dans cette langue; accepterait au besoin une place de volontaire et s'engagerait à rester un temps déterminé. Versera 300 francs à toute personne pouvant lui procurer cet emploi. Écrire W. F. au *Courrier*.

Les intrus

Je causais ce matin avec un commerçant qui est « dans l'alimentation ». Ne me disait-il pas qu'un étranger établi en France n'avait à subir aucun contrôle sur ses produits, payait moins de patente, et avait plus de clients par le seul fait qu'il a pour « pratiques » ses compatriotes?

Tous ces étrangers s'organisent entre eux. Leurs fournisseurs sont leurs nationaux, et le Français en arrive à ne plus faire honneur à ses affaires.

La décadence de la mode et de l'art français a pour auteurs tous ces Juifs allemands que l'on naturalise, qui se disent français (et que trois générations ne suffiraient pas à franciser) mais qui sont allemands de cœur, d'esprit et de goût.

C'est toute cette populace, ce sont tous ces envahisseurs que *l'on devrait jeter à la porte*, ce sont tous ces gens qui font de la France une colonie allemande.

Comment arriver à les mettre à la porte?

Voilà le grand problème!

Mais cela ne peut pas durer.

Il est aisé de dire aux Français : « Ayez des enfants », quand rien ne leur est facilité, quand ils ont la perspective de manquer d'ouvrage parce que tout est envahi par des intrus.   E. D.

9 juillet 1914.

Qu'il s'agisse d'un canon, d'un affût, d'une poudre ou d'une balle, c'est toujours la même histoire

M. R..., Lyonnais, est inventeur. Il a trouvé un procédé pour fabriquer des plumes d'autruche artificielles et des lampes électriques d'un pouvoir nouveau. Il a inventé enfin une balle pour fusils Lebel, et c'est à cette découverte qu'il attache le plus grand prix.

Je n'ai aucune compétence en matière de balistique, et je ne pourrais apprécier la valeur du nouveau projectile. À en croire celui qui le créa, il est d'une portée, d'une pénétration rares, et sa trajectoire très tendue donne au tir une assurance parfaite. Est-ce vrai ? Je n'en sais rien. Je sais seulement que M. R... fit pour « placer » son invention des démarches qui valent d'être contées.

Aussi patriote qu'ingénieux, il entendait la réserver à l'armée française. Mais pour tenter une expérience qui lui parut curieuse, il écrivit, le même jour 15 septembre 1913, au ministère de la Guerre, rue Saint-Dominique, et à la maison Krupp, à Essen-Ruhr. Krupp répondit « que la chose ne l'intéressait pas ». Le ministère de la Guerre ne répondit rien.

Seulement, le 10 octobre, M. R... recevait la lettre que voici :

Oskar Beudscher   Cologne, le 9 octobre 1913.
Brevets d'invention.
Vente, exploitation.

> *Monsieur Paul R...,*
>
> *J'ai l'honneur de vous informer qu'ayant lu votre nom dans certaines revues de brevets d'invention, je me mets à votre entière disposition au cas où vous voudriez vendre ou exploiter vos brevets. Je possède une organisation dans le monde entier et je puis de la sorte m'occuper dans tous les pays de la vente et achats de brevets.*
>
> *Tout entier à vos ordres, je vous prie d'agréer, etc...*
>
> O. Beudscher.

Ayant lu cette lettre « tout entière », M. R... la mit

dans sa poche, et ne répondit pas. Herr Oskar Beudscher revint à la charge.

M. R... répondit cette fois en parlant à Oskar de ses trois inventions. Et l'autre d'écrire sans perdre de temps:

Cologne, 19 novembre 1913.

Monsieur,

J'ai bien reçu votre lettre du 10 novembre écoulé, et vous prie de me donner de plus amples détails sur votre affaire : « Lampes électriques d'incandescence » — « Balle nouvelle ».

Votre invention de plumes artificielles ne m'intéressant pas du tout, envoyez-moi, je vous prie. le plus tôt d'urgence, le duplicata de vos brevets et votre manière de vue de la façon dont vous comptez les exploiter. Envoyez-moi aussi, dans le possible, un ou plusieurs spécimens.

Veuillez agréer, Monsieur, etc...

O. Beudscher.

Se trouvant « dans le possible », M. R... envoya quelques spécimens et « sa manière de vue. » Mais Beudscher n'était pas encore satisfait, et, le 2 décembre, il demanda à son correspondant de venir à Cologne : « Il faudrait, insinuait-il, que nous causions de vive voix et que nous puissions faire des essais, chose indispensable... Je pourrais vous payer vos frais de voyage si vous le désirez... »

L'exploiteur de brevets se montrait là bien généreux. Quelles puissantes raisons avait-il d'insister si fortement et si onéreusement? Nous le verrons plus tard.

M. R... se décida un jour à partir pour Cologne. Beudscher lui envoya deux cents francs, « avec lesquels il pourrait prendre ses dispositions pour venir en Allemagne. »

..... J'ai un de mes associés, ajoutait-il, M. Bodler, qui a tout ce qu'il faut à son entière disposition pour faire des essais. Informez-vous du jour et de l'heure de votre arrivée à la gare de Cologne; vous n'aurez qu'à me demander à la caisse du buffet.

Quand, le 12 janvier, M. R... arriva à Cologne, Oskar Bousdcher ne se souciait plus des lampes à incandescence. Seule, la « nouvelle balle » offrait à ses yeux un intérêt réel. Et l'on fit, chez l'associé Bodler, des essais concluants, devant trois témoins mystérieux. La balle R... porta à 6.000 mètres, assure son inventeur, alors que la balle D porte à 4.000 mètres à grand'peine.

M. R... rentré en France, apprit bientôt, par une lettre de Beudscher que certaines personnes en Allemagne,

« étaient susceptibles de s'intéresser très sérieusement »
à son invention.

Il écrivit alors de nouveau au ministre de la Guerre,
qui ne répondit rien.

Beudscher, cependant, se faisait pressant. Il invitait,
le 10 mars, M. R... à revenir en Allemagne pour conclure
l'affaire. L'invitation n'ayant pas touché son destinataire,
resta sans réponse; et Herr Oskar insista, le 12 avril, par
ce sec rappel à l'ordre :

Cologne, le 12 avril 1914.

Cher Monsieur,

Très surpris de n'avoir pas reçu de réponse à ma lettre du
10 mars, je vous serais très reconnaissant de me dire ce que
vous comptez faire. Vous le comprendrez très facilement, j'ai
fait des frais pour m'occuper de vos affaires et je voudrais
bien les mener jusqu'au bout.

Bien à vous.

O. BEUDSCHER.

Mais M. R... ne se décidait pas.

Il ne vint pas à l'esprit de M. Beudscher que ce pût
être par scrupule patriotique. Sans doute ce Français
craignait-il de ne pas rencontrer un preneur vraiment
« sérieux ». Il fallait l'allécher. Beudscher, alors, démas-
que ses batteries. C'est pour Krupp, pour le colossal
Krupp qu'il agit. Les témoins, lors des essais faits à
Cologne, étaient des représentants de Krupp. Maintenant, Krupp trouve la chose intéressante. « Le projectile,
présenté par M. Bodler, a vivement intéressé la maison
Krupp qui verrait avec plaisir faire de nouveaux essais
devant elle. » On ne demande à Essen qu'à voir l'inventeur. On causera. On finira bien par s'entendre.

Mais M. R... n'y tient pas. C'est à l'État français qu'il
veut donner sa balle. Si celui-ci la refuse, il verra
ensuite. Dame! il faut manger, et le métier d'inventeur
n'est pas lucratif tous les jours. Mais d'abord, que le
ministère de la Guerre examine la question : qu'il dise
oui, ou non! Qu'on s'explique.

Le 11 mai, il écrit encore, rue Saint-Dominique. Cette
fois, il recommande sa lettre, et c'est cette précaution
qui, sans doute, lui vaut, douze jours après, d'avoir une
réponse. Cette réponse n'est d'ailleurs qu'une formule
imprimée, dont les blancs furent hâtivement remplis,
et dont voici le texte :

Monsieur,

Le Président de la Commission me charge de vous informer
qu'aux termes de l'article 10 du règlement du 7 juin 1894,

— 305 —

les documents qui sont adressés soit au Ministre, soit à lui, concernant une invention, doivent contenir toutes les explications nécessaires à l'examen du projet auquel ils se rapportent.

Je ne puis donc que vous engager à compléter votre proposition du 11 mai 1914 relative à une nouvelle balle pour fusil Lebel par l'envoi :

1° D'une notice explicative détaillée avec dessins et croquis à l'appui faisant connaître le principe, l'organisation et le fonctionnement de cette balle;

2° De renseignements sur les expériences déjà exécutées et leurs résultats ;

3° De références concernant ces résultats...

— ... Et puis quoi encore? s'est demandé avec effarement notre inventeur.

Mais comme il se posait cette angoissante question, M. Poincaré arrivait à Lyon. Ce voyage présidentiel valut à M. R... la visite d'Herr Beudscher. L'excellent homme avait « brofité de l'Exposizion et des vêtes pour venir vaire un betit tour à Lyon. » Par la même occasion, il venait voir l'ami R..., qui oubliait les affaires, et lui rafraîchir la mémoire. « Krupp attendait, et il était si bien disposé! » Trois jours durant, le Champagne persuasif coula à flots, et l'on fit « la bombe » aux dépens du Teuton.

Pourtant, à toutes les démarches de l'inventeur, le ministère de la Guerre ne répondait qu'en lui proposant des formalités à remplir. M. R... se décida donc à continuer son expérience et, suivant les conseils de Beudscher, il écrivit, le 7 juin à la maison Krupp.

Il lui fut répondu, par retour du courrier (je traduis) :

FRIED KRUPP
Aktiengesellschaft

CR. Nr. 15017

Gussstahlfabrik, Essen Ruhr
pen 9 Juni 1914.

Monsieur l'ingénieur Paul R...,
16, rue T...

Lyon, Rhône.

En confirmation à votre lettre du 7 de ce mois, nous vous répondons que nous sommes prêts à vous recevoir ici, étant bien entendu qu'aucune obligation ferme ne résultera pour nous de cette entrevue.

En ce cas, voulez-vous vous faire annoncer à votre arrivée par notre « Hauptportier » (notre portier en chef) auprès de M. le directeur Schilling.

Vous trouverez ici notre M. Beudscher (1).

Hochachtungsvoll
pr Fried. Krupp
STEUERMANN.

____

(1) Ces mots écrits au crayon, et en français.

Donc, on attend M. R..., à Essen-Ruhr. Il sera bien accueilli. « Notre » M. Beudscher sera là. C'est lui qui a amorcé l'affaire pour le compte de Krupp, sur les indications de Krupp. C'est avec lui qu'elle sera conclue.

Venez vite, écrit-il à M. R... Vous pouvez absolument compter sur moi pour finir cette affaire...

Malgré de si pressantes sollicitations, M. R... n'est pas encore parti pour l'Allemagne. Il est venu à Paris. Il est allé rue Saint-Dominique. Quelqu'un l'a reçu, a écouté ses explications, l'inventeur a fait valoir que « là-bas » on s'intéressait à ses expériences, que le rival d'outre-Rhin allait sans doute accepter son invention, à notre détriment. Il demandait qu'on examinât son projet au plus vite... On lui a dit : « Voici les formalités qu'il faut remplir. Envoyez : 1° une notice explicative... »

Découragé, il a interrompu :

— Oui, oui, je sais...

Et il est parti.

Sur le pas de la porte, son interlocuteur a dit encore :

« Sortez-vous de Centrale ou de Polytechnique, Monsieur ?

— Ni de l'une ni de l'autre, Monsieur.

— C'est dommage, Monsieur : ça aurait pu avancer votre affaire... »

Je ne sais si maintenant M. R... va insister encore, ou s'il va porter à Essen-Ruhr son invention, dont il voudrait bien, tout de même, tirer parti. A Essen, on fera des essais et des calculs. S'ils donnent des résultats intéressants, on nous « chipera » cette invention, comme on nous a « chipé » le canon Deport. Mais on ne demandera pas d'abord à M. R... où il a appris à lire.

« Sortez-vous de Centrale ou de Polytechnique ? »

Toute l'Administration française est dans cette question. Krupp, lui, se moque bien de cela : il lui suffit de savoir si la balle va loin, et si les fusils tirent juste.

Jean Piot.

16 juillet 1914.

Ils en conviennent enfin !

Monsieur,

Je vous adresse cet article, extrait d'un journal du midi :

La France envahie par les Allemands.

« La France pourrait-elle se rapprocher de l'Allemagne sans prononcer sa déchéance de grande nation latine ? Dès à présent elle doit lutter contre l'invasion pacifique de son territoire par les Allemands. Quand on connaît bien ce qui se passe, cette invasion ne fait aucun doute actuellement. Il n'y a pas de branche du commerce et de l'industrie française où les Allemands ne pénètrent secrètement avec succès. La fabrication des articles de luxe en est infestée. La production vinicole est également menacée par eux. Les bureaux d'exportation, les comptoirs plus ou moins techniques et financiers comptent comme employés la plupart du temps des Allemands. Les hôtels, tavernes ou restaurants sont remplis de sujets d'origine germanique qui se disent volontiers Alsaciens ou Luxembourgeois suivant les besoins de la cause. Enfin les plus grandes institutions industrielles et financières de France ne sont pas exemptes d'une secrète, mais combien effective, dépendance de l'Allemagne. »

Voilà que les journaux s'aperçoivent enfin de ce que vous signalez depuis des années ! Malheureusement ce journal ne fait suivre cet article d'aucun commentaire et ne propose rien pour atténuer, sinon pour enrayer, cette invasion lente, mais sûre, de la France par les Teutons.

M. G.

30 juillet 1914.

Et le lendemain, la guerre était déclarée

TABLE DES MATIÈRES

DEUXIÈME PARTIE

Pages

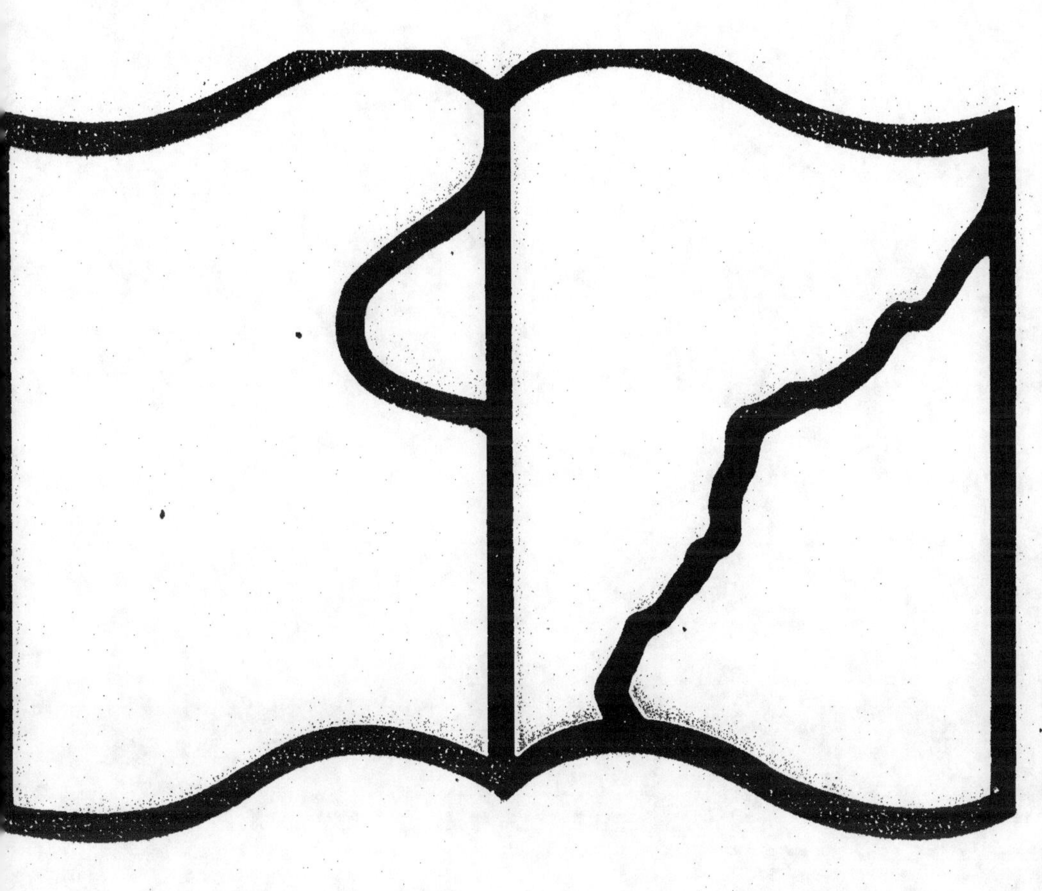

Texte détérioré — reliure défectueuse

NF Z 43-120-11